市场营销实战系列教材

公共关系理论与实务

（第 4 版）

主编　姚昕陶

副主编　朱洪静　王培才

电子工业出版社.

Publishing House of Electronics Industry

北京·BEIJING

内 容 简 介

本书根据高等职业教育培养高素质、高技能人才的要求，介绍了公共关系的基础知识和基本技能，主要包括公共关系行业认知及其产生与发展，公共关系的构成要素、工作程序、活动类型、传播、协调、专题活动、危机管理及相关礼仪、文书等。

本书融科学性、时代性、应用性于一体，可作为高等职业院校经贸类专业的教材，也可作为营销、管理、公共关系人员的培训教材及公共关系爱好者的自学用书。

图书在版编目（CIP）数据

公共关系理论与实务 / 姚昕陶主编． -- 4 版．

北京：电子工业出版社，2024. 8. -- ISBN 978-7-121
-48671-5

Ⅰ．C912.31

中国国家版本馆 CIP 数据核字第 20248MR540 号

责任编辑：张云怡

印　　刷：涿州市京南印刷厂
装　　订：涿州市京南印刷厂
出版发行：电子工业出版社
　　　　　北京市海淀区万寿路 173 信箱　　邮编：100036
开　　本：787×1092　　1/16　　印张：18　　字数：496 千字
版　　次：2005 年 8 月第 1 版
　　　　　2024 年 8 月第 4 版
印　　次：2024 年 8 月第 1 次印刷
定　　价：59.00 元

凡所购买电子工业出版社图书有缺损问题，请向购买书店调换。若书店售缺，请与本社发行部联系，联系及邮购电话：（010）88254888，88258888。

质量投诉请发邮件至 zlts@phei.com.cn，盗版侵权举报请发邮件至 dbqq@phei.com.cn。

本书咨询联系方式：（010）88254573，zyy@phei.com.cn。

前　言

《公共关系理论与实务》(第1版)于2005年出版以后,受到了读者的好评,也有很多读者提出了中肯的意见。2008年,该书被评为普通高等教育"十一五"国家级规划教材。编者在心存感激的同时,于2009年4月再次修订出版。从读者的反馈情况来看,修订本的结构、内容等得到了普遍好评。2024年,面临信息化浪潮和高职教育的新要求,编者在原有教材的基础上,重点增加了课程的职业化项目训练,并突出了教材的立体化、信息化、创新性特点。

本书符合职业教育本身的要求,具有以下特点。

(1)在内容安排上,做到理实一体。本书在精练地阐述公共关系基本理论的基础上,通过"公共链接"的形式,补充了公共关系理论的最新研究成果;突出了公共关系实务内容,书中所介绍的原则、方法、技巧等能够作为处理公共关系的指南,能够帮助学生尽快掌握从事公共关系工作的技能和技巧。

(2)在结构安排上,体现了边学边做,学练结合。项目开头有"思考"和"教学目标";项目中安排了"知识储备""案例""案例讨论""公共链接"等内容。这样,不但形式十分活泼,而且便于教师组织课堂教学。为了检验学生的学习成果,每个项目末尾还设有"延伸练习"。

(3)在教学思路上,教师可以在教学过程中,以课前自学、课堂小组学的方式,在师生互动、生生互动中完成理论知识的学习,以实操练习方式强化技能,巩固理论知识。项目学习结束后,以思政探讨的方式,完成素养目标的建设。

(4)在案例安排上,适用信息化、立体化的方式,增加了大量国内最新案例,如"卖'内卷'的文旅局局长们:在'狂飙'的流量中携手景区出圈""人民需要什么,五菱就造什么"等,把案例穿插于知识、技能之中,使案例与内容结合更加紧密,便于开展案例教学。同时,在案例选取上,巧妙融入大量国货品牌,以提升学生的民族文化自信。

(5)本书在修订过程中,增加了"思政探讨"内容。编者希望以"党的二十大精神进课堂"和"思政素养探讨"的方式,将思政素养教育潜移默化地浸润于教材和课堂中。

本书由姚昕陶担任主编,朱洪静、王培才担任副主编。

本书在修订过程中,参阅了大量相关著作,在此对相关著作的作者致以诚挚的谢意。电子工业出版社的领导、编辑为本书的修订出版付出了很多心血,在此一并表示衷心的感谢。

由于编者水平有限,书中难免存在疏漏之处,敬请广大读者批评、指正。

目 录

项目 1

公共关系认知

思考：

★ 公共关系与人际关系有何不同？

★ 公共关系工作的目标是什么？

★ 现代公共关系是如何产生的？

教学目标：

★ 知识目标

● 明确公共关系的构成要素及公共关系工作的目标、基本方法与内容

● 了解公共关系的基本特征、基本原则与基本职能

● 了解公共关系产生的原因与条件

● 知晓公共关系产生与发展的历史

● 掌握公共关系与宣传、广告、市场营销、人际关系、庸俗关系的联系和区别

★ 能力目标

● 能够分析公共关系行业发展趋势

● 能够分析公共关系的社会功能

★ 思政目标

● 培养学生的文化自信自强

● 培养学生的家国情怀

★ 素养目标

● 培养学生的团队协作能力

● 培养学生发现问题、解决问题的能力

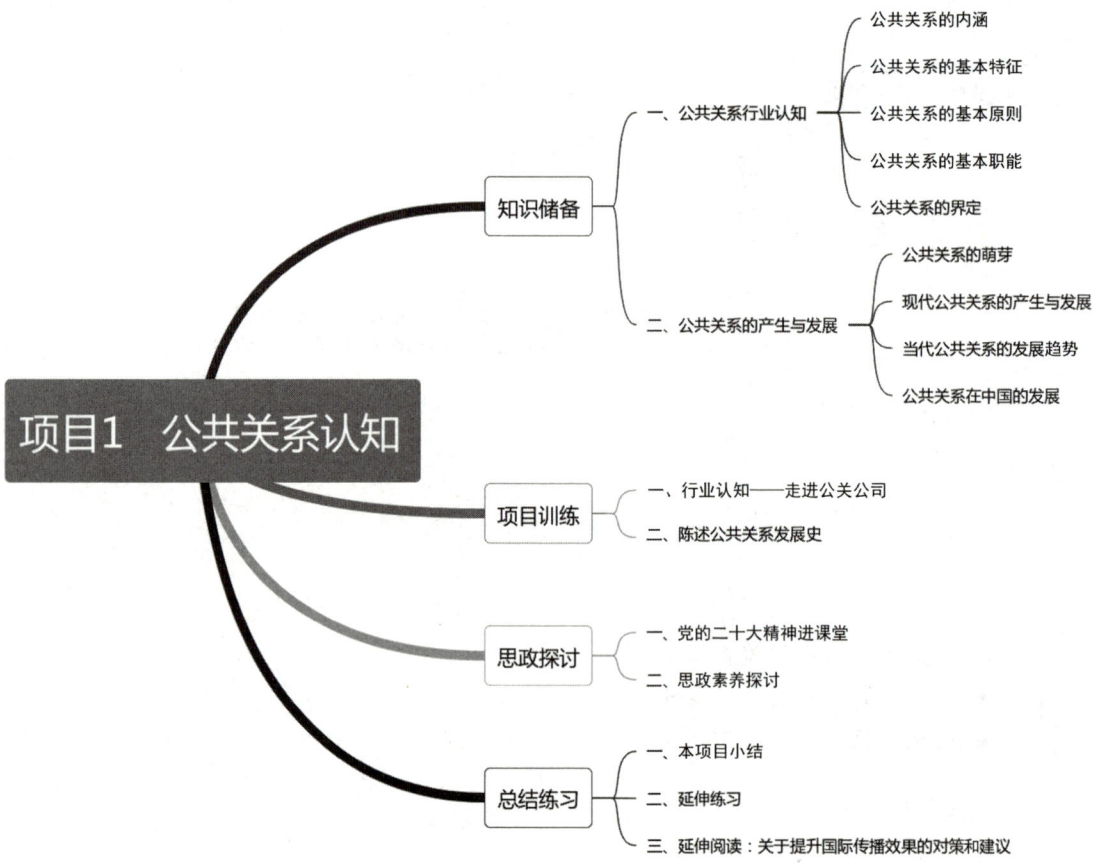

项目1 公共关系认知

知识储备
- 一、公共关系行业认知
  - 公共关系的内涵
  - 公共关系的基本特征
  - 公共关系的基本原则
  - 公共关系的基本职能
  - 公共关系的界定
- 二、公共关系的产生与发展
  - 公共关系的萌芽
  - 现代公共关系的产生与发展
  - 当代公共关系的发展趋势
  - 公共关系在中国的发展

项目训练
- 一、行业认知——走进公关公司
- 二、陈述公共关系发展史

思政探讨
- 一、党的二十大精神进课堂
- 二、思政素养探讨

总结练习
- 一、本项目小结
- 二、延伸练习
- 三、延伸阅读：关于提升国际传播效果的对策和建议

【知识储备】

　　要想学好公共关系理论与实务，应先掌握公共关系的基本理论，如公共关系的内涵、基本特征、基本原则、基本职能等。为了进一步理解公共关系的含义，还要分析公共关系与宣传、广告、市场营销、人际关系、庸俗关系的联系和区别，同时要了解公共关系产生与发展的历史，从而知晓公共关系产生的原因与条件，把握当代公共关系的发展趋势及公共关系在中国的发展。

1.1 公共关系行业认知

1.1.1 公共关系的内涵

"公共关系"一词是由英文 Public Relations（缩写为 PR）翻译而来的。公共关系是一门正在发展中的新兴学科，涉及不同的学科领域和不同的实践领域，因此对公共关系的定义众说纷纭。据统计，公共关系的定义有上千种；也有人认为，只要有多少人尝试对它下定义，便有多少种定义。随着公共关系理论研究的深入，在我国也逐渐形成了形象学派、协调学派、传播学派、管理学派等不同学派。不同学派从不同的角度揭示公共关系的本质属性，虽然都有其合理性，但在对公共关系定义的表述上显得异彩纷呈。

通过对众多公共关系定义的借鉴及对公共关系特征的概括，编者认为，公共关系是社会组织通过形象塑造、传播管理、利益协调等方法，提高认知度、美誉度、和谐度，促使社会组织与其相关公众良好合作并和谐发展的科学和艺术。要想进一步理解公共关系的定义，我们有必要认识公共关系的构成要素、公共关系工作的目标、公共关系工作的基本方法和公共关系工作的内容。

1. 公共关系的构成要素

公共关系的构成要素主要包括以下三个。

（1）社会组织。社会组织是指人们为了有效地达到特定目标，按照一定的宗旨、制度、系统建立起来的共同活动集体。它有清晰的界限、明确的目标，内部实行明确的分工，并确立了旨在协调成员活动的正式结构，如政府、企业、学校、医院、各种社团等。

社会组织是公共关系的主体，是公共关系中处于主动地位的一方。

（2）媒介。媒介是指使社会组织与公众发生联系的人或事物。

人通过语言、行动表达思想和情感，传递信息，使社会组织与公众建立和发展关系。

事物包括为建立和协调公共关系所开展的活动，使社会组织与公众发生联系的物品、符号、图画等。在现代社会，报刊、电视、广播、网络等是非常重要的媒介。

（3）公众。公众是指由与社会组织相关的有共同利益需求的个人、群体、组织集合而成的整体。社会组织的员工、顾客、合作者、竞争者及社区居民等都是重要的公众。公众构成了社会组织生存和发展的社会环境。

公众是公共关系的客体。它对社会组织进行制约和影响，是社会组织认识、作用的对象。

社会组织通过媒介作用于各类相关公众，各类相关公众对社会组织产生认知，表示赞誉，与社会组织进行合作，从而形成互助互利、和谐发展的关系。

2. 公共关系工作的目标

公共关系工作的目标是指社会组织希望通过一系列工作，树立自身良好的形象。具体来说，公共关系工作涉及认知度、美誉度、和谐度三个方面的目标。

（1）认知度。认知度是指一个社会组织被公众所认识、知晓的程度。它包含被认识的深度和被知晓的广度两个方面。例如，一家企业的名称、法人代表、历史沿革、行业归属、主要产品、产品商标、产品特征、经营状况等诸多具体信息在多大范围内被公众所知晓，在多大程度上被公众所认识，二者合起来就是这家企业的认知度。

认知度与我们常说的知名度相比内涵更为丰富。它不但指社会组织的名声在多大范围内被公众所知晓，而且指社会组织有多少信息被公众所了解。一般来说，公众如果只闻其名，即"知名"，对社会组织的意义并不是很大；而在"知名"的基础上，公众对社会组织的认识越多、越深，对社会组织的意义就越大。社会组织开展公共关系工作的目标之一就是拥有较高的认知度。

（2）美誉度。美誉度是指一个社会组织获得公众赞美、称誉的程度，是社会组织形象受公众给予美丑、好坏评价的舆论倾向性指标，属于对社会组织道德价值评判的范畴。

由于不同社会组织的道德价值的体现不同，因此其美誉度的确定应分解为不同的内容。例如，在确定生产性企业的美誉度时，可分解为产品评价、服务评价、贡献评价、文化评价等内容；在确定政府机关的美誉度时，可分解为政绩评价、服务评价、民主建设评价、廉政建设评价等内容。

（3）和谐度。和谐度是指一个社会组织在发展运行过程中，获得目标受众态度认可、情感亲和、言语宣传、行为合作的程度。和谐度与美誉度一样，也属于对社会组织道德价值评判的范畴。

在客观世界，关系无所不在，而关系的最佳境界就是和谐。和平共处、和谐发展，是处理各种各样社会关系的基本准则。可以说，公共关系学就是为求取社会组织与公众关系和谐应运而生的。显然，和谐度是在认知度、美誉度基础上的必然延伸，是社会组织极其关心的一个目标。

3. 公共关系工作的基本方法

社会组织要想提高自身的认知度、美誉度、和谐度，可以采用各种各样的方法，其中属于公共关系工作的基本方法有形象塑造、传播管理、利益协调三种。

（1）形象塑造。组织形象是指公众对一个组织综合认识后形成的印象和评价。良好的形象对社会组织来说至关重要。在现代社会中，一个组织的形象如何，直接关系着其生存和发展。特别是对企业而言，如果拥有良好的形象，就能赢得公众的支持，进而拥有市场，获得源源不断的利润，在激烈的市场竞争中立于不败之地。就公共关系工作来说，形象塑造也是一个社会组织提高其认知度、美誉度、和谐度的先决条件。社会组织只有通过开展组织形象的定位与设计、建立与推广、巩固与矫正等工作，做好自身实力形象、文化形象、人才形象、品牌形象等各方面的形象塑造工作，才能赢得公众的信任、支持，从而使自身得到更好的发展。

（2）传播管理。传播管理是指社会组织为了提高自身的认知度、美誉度、和谐度，对借助传播方式所开展的传播活动进行规划、组织、指挥、控制和监督等一系列活动的总和。从传播管理的内容来说，既有对公共关系宣传活动，如开放参观、展览展销、新闻发布会、记者招待会、公共关系广告等的管理；也有对公共关系一般活动，如联谊活动、庆典活动、赞助活动等的管理。从传播管理的任务来说，在组织发展的不同阶段应有明显的区别，如在组织创建的初始阶段，传播的主要任务是为组织造声势，吸引公众的注意力，培植公众对组织的善意和信任，争取在公众心中树立良好的形象；在组织发展的兴盛阶段，传播工作应居安思危，从长远着眼，从实际出发，通过持久的努力增强组织的社会影响力，巩固和完善良好

的组织形象；在组织发展的危难时期，传播工作对内应稳定民心，查找原因，对外应尽快消除公众对组织的猜忌、误解或怨恨，澄清事实真相，尽快扭转局势。

（3）利益协调。公共关系协调既可反映社会组织与公众之间的关系处于和谐状态，又可表明社会组织为争取公众的支持与合作而开展的各种协调关系的工作。和谐的公共关系环境是实现社会组织的目标与可持续发展的必要条件，而做好公共关系协调工作是建立和谐的公共关系环境的根本保证。公共关系协调包括利益协调、态度协调、行为协调等诸多内容，其中最基本、最关键的是利益协调。社会组织在协调组织内部员工关系、股东关系和协调组织外部顾客关系、社区关系、政府关系、新闻媒介关系的过程中，应当认清各自的利益需求，把握相互利益的结合点，调整利益目标，做到互惠互利。可见，利益协调是赢得和谐的公共关系的基本途径，也是公共关系工作的基本方法。

4. 公共关系工作的内容

公共关系工作的内容一般可划分为以下三个层次。

（1）开展业务专题活动，包括接待、交往、宣传、服务、促销、文化和危机管理活动，分别被称为接待型公共关系工作、交往型公共关系工作、宣传型公共关系工作、服务型公共关系工作、促销型公共关系工作、文化型公共关系工作和危机管理型公共关系工作。这是公共关系工作中最基本、最低层次的项目内容。

（2）塑造社会组织的整体形象，即导入、推行企业识别（Corporate Identity，CI）战略。这是公共关系工作较高层次的项目内容。企业识别战略就是从经营哲学、组织文化、员工工作规范、礼仪要求、营销战略、广告宣传、文化仪式乃至建筑物外观设计等方面，对社会组织进行全方位的规划和包装，以内在统一、外观一致的手法强化社会组织的整体观，从而有效地塑造良好的形象。

（3）充当社会组织的高层次智囊角色，为其提供公共关系顾问、诊断、咨询和策划服务。这是公共关系工作最高层次的项目内容。由于工作涉及面广，要求比较高，一般的公共关系人员是无法胜任这个层次的工作的。但是，从发展趋势来看，这也是公共关系工作的一项基本内容，表现为咨询型公共关系工作。

案例 1.1

卖"内卷"的文旅局局长们：在"狂飙"的流量中携手景区出圈

厚重黄沙的城墙之下，着一袭红衣的"妇好"将军已佩妥剑，抬首回眸间尽显飒爽英姿；高原丝路文化长廊，江湖侠客纵马奔腾于苍茫雪原之上；炎帝故里春风和畅，文人墨客徜徉山林吟赏烟霞……

近日，全国各地的文旅局局长走进"内卷"行列，使出浑身解数"变装"，为家乡代言，并借助互联网传播平台迅速出圈。前有四川道孚县文化广播电视和旅游局局长降泽多吉玩Cosplay（角色扮演），扮宇航员；后有黑龙江塔河县文体广电和旅游局局长都波零下20多度，在雪地里着一袭鄂伦春族长裙，为家乡"冻人"代言；而坐拥丰厚文旅资源家底的河南，岂能在一旁观战？在人们的期盼中，安阳市文化广电体育旅游局局长刘洁华化身为中国第一位女将军"妇好"，在北京举行的"中华字都·安阳"红旗渠——殷墟文化旅游推介会上热情推介。

短视频见证着文旅局局长们相继出圈，圈粉无数，也见证着旅游经济的迅速复苏。2023年旅游业迎来新的发展契机，通过短视频"变装"为家乡代言的各路局长们，尽管化上浓妆、隆重登场有点"费脸"，但为老百姓带来了实实在在的好处——除了带动当地旅游业的发展，有的文旅局局长借助超高的人气，顺带卖起了当地的农产品，甚至为当地创造了新的就业岗位。

如何更好地唤起人们对某个地方的向往始终是文旅工作者应该思考的问题。在短视频时代，传统以自然风光为主的宣传方式的影响力已经逐渐减弱，"网红"效应和个人 IP 的盛行使得人们纷纷在互联网端宣传发力，从如今的"网红"局长热潮，也可以看出当前文旅公职人员及各地旅游公关观念的转变。

（资料来源：正观新闻官方账号，有改动）

案例讨论

从公关关系工作的目标、基本方法和内容来分析文旅局局长们公关观念的转变。

1.1.2　公共关系的基本特征

1. 客观性

公共关系是不以人的意志为转移的客观存在，普遍存在于社会组织的环境中。任何社会组织的生存和发展都离不开公共关系的影响，也都毫不例外地有意或无意地在进行公共关系工作，以维护和改善现有的公共关系状态，塑造良好的社会组织形象。

2. 公开性

公共关系主张社会组织与公众的双向沟通，即通过提高社会组织的透明度，来增进公众对社会组织的了解、理解、支持与合作。同时，公共关系活动是在法律、法令和政策允许的范围内进行的，以公开的手段、方式和渠道宣传组织的方针、政策与行为，以实现公共关系工作的目标。

3. 艺术性

社会组织面临的公众复杂多变，若拘泥于一种公共关系模式，则无法满足复杂多变的公众需求，即使同一公众在不同的时期，其需求也有区别。因此，有效的公共关系活动必然渗透着创造性思维、具有针对性的模式和具有技巧性的方式方法。用一句话来说，我们应该在科学的理论和原则的指导下，讲究具体的方式方法和策略性、技巧性，以艺术的形式和手段达到最佳的客观效果。

4. 情感性

从本质上说，公共关系是社会组织与公众之间关系的综合表现，但又在一定程度上表现为人与人之间的关系与交往。因此，情感因素渗透公共关系工作的全过程，甚至左右着公共关系活动的进程与成果。公共关系强调以信任他人、关心他人为宗旨，在其活动中重视情感上的沟通、联结，营造良好的组织氛围。从这一点来看，把公共关系活动比作感情投资是不无道理的。

5．战略性

公共关系的基本方针是着眼于未来，注重平时努力。任何一个组织要打造和巩固良好的社会形象，都不是一朝一夕、轻而易举就能完成的，必须依靠系统、全面、有计划、坚持不懈的艰苦努力和扎实的公共关系工作。开展一次活动就取得立竿见影的效果，是不符合客观实际的。同时，公共关系要求厘清长远利益与眼前利益、整体利益与局部利益、大利益与小利益之间的关系，依据组织的长远利益、整体利益、大利益规划公共关系活动和公共关系过程，达到处理好公共关系的目的。

1.1.3　公共关系的基本原则

1．真实性原则

真实性原则是指社会组织的公共关系工作，要以事实为基础，据实、客观、公正、全面地传递信息，反映真实情况。具体来说，就是要尊重事实，是好说好，是坏说坏；有一说一，有二说二，不夸大成绩，也不掩饰问题；在调查研究的基础上，客观地反映现实，不以主观想象代替客观事实；对事实采取公众可接受的方式进行说明，不袒护、不推诿。

2．平等互利原则

平等互利原则是指社会组织与公众平等相处，共同发展，利益兼顾。公共关系是为组织的既定目标和任务服务的，但这种服务要以一定的道德责任为前提，以利他的方式"利己"，既要对组织负责，又要对公众负责。公共关系强调主体与客体的平等权利和义务，尊重双方的共同利益和各自的独立利益，坚守组织与公众平等互利、共同发展的信念。

3．双向沟通原则

双向沟通原则是指一个组织在开展公共关系活动时，与公众互相传播、接收、反馈各自的信息，如进行对话、讨论等，从而使组织与公众互相影响、互相启发，最后达到相互信任。组织与公众之间建立良好的关系的过程，实质上是组织与公众之间相互适应的过程，亦是信息交流和信息反馈修正的过程。双向沟通原则不仅立足于信息的相互交流，更注重情感的相互沟通。

4．整体一致原则

整体一致原则是指组织从社会全局的角度，审视公共关系工作，评价其经济效益，明确自身的责任和义务，使其符合公众的长远利益和根本利益。一个社会组织要想保证自己的长远利益，求得稳定发展，就必须取得公众和其他社会组织的支持，顾及社会整体利益。公共关系整体一致原则的具体体现是社会组织对公众和社会负责。

5．全员公关原则

全员公关原则是指组织的公共关系工作，不仅要依靠公关专门机构和专职公关人员的努力，还有赖于组织各部门的密切配合和全体员工的共同关心与参与。这要求组织的全体成员树立公关意识，共同关注并参与公共关系工作，建立、维护和发展组织的良好公共关系不是某个人的事，也不是单一部门能够完成的工作。每个成员都是组织形象的宣传者，他们与外界的交往活动都反映了组织的整体形象和风貌。因此，组织的每位成员都必须注意自己的形象，用心维护组织的良好形象。

6. 长期坚持原则

公共关系工作是长期的、持久的，任何组织良好形象的形成都是建立在长期努力的基础上的。成功的组织在开展公共关系活动时，总是着眼于未来，以长远的眼光来确定目标，并制定战略和政策。当然，随着社会经济、文化的发展，公众的价值观和需求也会发生相应的变化，对组织形象的评价标准也会不断变化，期望值也会越来越高。社会组织应当不断地改造和更新自身的形象。

公共链接

公共关系工作原则的"二十互"

互联互访：互相联系，互相访问；

互通互知：互相沟通和交流，互相了解和知晓；

互尊互信：互相尊重，互相信任；

互忠互爱：互相忠诚，互相珍惜和爱护；

互勉互享：互相勉励，互相分享快乐；

互悦互融：互相使对方高兴，彼此融合与调和；

互补互助：互相补充，互相帮助；

互惠互利：互相给予对方优惠和好处，互相有利于对方；

互谅互让：互相谅解，互相谦让；

互赢互荣：彼此都获得利益，大家共同繁荣发展。

（资料来源：李道平，等. 公共关系学 [M]. 4 版. 北京：经济科学出版社，2011. ）

1.1.4 公共关系的基本职能

公共关系的职能指的是公共关系在组织中应发挥的作用和应承担的职责。从根本上讲，公共关系的职能是调动一切可以调动的力量，运用各种手段，塑造良好的组织形象，赢得良好的生存环境，促进组织的生存发展，使组织在激烈的竞争中取胜。公共关系的基本职能可概括为收集信息、咨询建议、沟通协调、塑造形象和教育引导。

1. 收集信息

管理就是决策，而决策的好坏，取决于信息收集与分析工作做得如何。在"情报准确、及时就等于竞争胜利"的今天，进行信息管理已成为企业的一大要务。只有准确、及时地收集信息，才能使组织更好地了解环境、监视环境、反馈舆论、预测趋势、评估效果，对复杂多变的公众环境保持高度的敏感性，维持组织与整个社会环境之间的动态平衡。

2. 咨询建议

咨询建议是公共关系最有价值的职能之一。公共关系咨询建议是指公共关系人员为决策层和各管理部门提供有关公共关系方面的意见和建议，从而使决策更加民主化、科学化、系统化，提升组织形象，与公众的关系更加和谐。咨询建议的具体内容包括关于企业奋斗目标的咨询、对社会组织及其产品形象的咨询、对社会组织认知度和美誉度方面的咨询、关于公众心理的咨询和预测。

3. 沟通协调

公共关系活动的过程主要是组织与公众之间进行传播和沟通的过程。通常，社会活动中所讲的"沟通"是指信息的往来传递；协调是指在沟通的基础上，经过调整达到"彼"与"此"的和谐平衡与共同发展。公共关系中所讲的沟通协调是指组织与公众在信息传递的基础上相互认识，并据此调整其中的不合理因素，对内提高组织的向心力、凝聚力，对外争取公众的好感与支持，为组织的生存和发展奠定"人和"的基础。

4. 塑造形象

公共关系中的组织形象是指公众对社会组织的整体印象和评价，是社会组织的表现和特征在公众心目中的反映。良好的形象对社会组织来说是一笔无形的财富。良好的形象既可以使社会组织获得更好的发展条件和发展环境，又可以为社会组织的各种服务和产品创造优良的营销环境，还可以为社会组织吸引人才、集中人才提供优越的条件，同时有助于社会组织寻求到可靠的原材料和能源，增加投资者的信心，获得稳定而优惠的经销渠道，增进周围地区对社会组织的了解。

5. 教育引导

公共关系中的教育引导职能主要体现在两个方面。一是对组织员工素质的培育和提高。公共关系的一个职能就是传播公共关系知识，传播公共关系的思想和技巧，进行知识更新。通过公共关系活动，可以培养和提高员工各方面的素质。二是对公众进行引导。人们常说"公众永远是对的"，这是从服务的角度来讲的，但客观地讲，公众不可能永远是对的，而是需要加以引导的。这种引导主要体现在公共关系活动对社会互动环境和社会心理环境的优化上。

案例 1.2

《似是故人来》的文化传播

2020 年，中国网制作的首个大型实景文化类深度访谈节目《似是故人来》在中国网、江苏卫视、爱奇艺同步播出，这是中国网跨平台传播的一次全新尝试。第一季节目采访"杂交水稻之父"袁隆平先生，探索中国几千年的农耕文化；与古文字学家黄德宽教授畅谈，追寻中国汉字的前世今生……节目带领国内外受众领略中华文化的魅力与力量，运用多样的表现形式和传播手段，以有趣、生动、有创意的方式实现中国传统文化的国际化表达，激发了国内外受众对中国传统文化的兴趣。

随着社交媒体平台的快速成长，中国网潜心研究海外社交平台的用户习惯，着力加强策划，创新产品形式。中国网在 Facebook、Twitter、YouTube、Instagram、LinkedIn、VK 六个海外主流社交媒体平台开设多个官方账号，粉丝数量巨大。其中，"热点中国""探索中国"等专题账号粉丝数均超过千万人，不断释放来自中国的真诚和善意，拉近了与各国受众的距离。根据平台受众的特点，中国网设计制作《体验中国》《创变中国》等微视频栏目，从不同的角度呈现当代中国的缤纷多彩。

（资料来源：王晓辉. 外宣媒体要当好国家形象的公关使者. 中国青年报客户端，2021-03-07.）

案例讨论

请从公共关系基本职能的角度分析《似是故人来》节目的文化传播作用。

1.1.5　公共关系的界定

虽然公共关系传入我国已有20多年的历史，但许多人对它的性质、功能、手段等还只是一知半解，在使用公共关系这一概念或开展公共关系工作时，往往会出现一些偏差和错误，因此有必要将公共关系和与其相关的其他社会现象进行区分，使公共关系朝着正确的方向发展。

1. 公共关系与宣传

宣传是社会组织为了获得公众对其实施的政策、行动的理解和支持而采取的一系列活动。公共关系要塑造组织形象，扩大组织影响，引起公众的注意并进而引导公众的行为，也要进行宣传，并且要利用人们在宣传过程中积累的各种理论、经验、技术和技巧；同样，为了适应现代社会的发展，只有不断吸收公共关系的新内容、新方法，才能把宣传工作建立在更加科学的基础上，才能不断强化宣传效果。二者的区别主要有以下四点。

（1）形成历史不同。宣传是随着古代文明社会的产生而出现的一种社会行为；公共关系则是现代社会的产物。

（2）活动内容不同。宣传的全部工作都在"说"字上下功夫；公共关系的全部工作不但要在"说"字上下功夫，而且要在"做"字上下功夫。

（3）工作准则不同。宣传既可奉行实事求是的准则，也可奉行以宣传者主观需要为中心的准则；公共关系则只能奉行尊重事实、实事求是的准则。

（4）行为特征不同。宣传偏重单方面诱导式的影响、灌输；公共关系则注重双向的交流和沟通。

2. 公共关系与广告

广告是通过付费购买或使用传播媒介，以对产品、服务及某项行动的意见和想法进行推销宣传的活动。公共关系常常借助广告的形式实现信息的传播，在建立组织形象职能时，广告常常借助公共关系增强自身的说服力，但公共关系绝不等同于广告。

（1）行为导向不同。广告以销售产品、服务，引起公众的购买行动为导向，注重的是对产品、服务的介绍和宣传；公共关系以实现组织与公众的双向交流和沟通为导向，注重的是对组织形象的介绍和宣传。

（2）使用范围和活动领域不同。广告一般只在工商组织中使用，并且在工商组织中属于销售经营类局部性工作；公共关系可以在各类组织中使用，并且是涉及组织各个环节的全局性管理工作。

（3）传播信息的原则和特征不同。广告传播信息的原则是引人注目，形成轰动效应，因此它往往进行不加掩饰的自我宣传，具有明显的倾向性、渲染性和夸张性；公共关系传播信息的原则是实事求是，因此它强调在信息传播中体现真情、真意，以客观、公正的态度向公众介绍各种情况。

公共链接

广告是风，公关是太阳

关于公共关系与广告的区别，《公关第一，广告第二》一书中列举了14条：

（1）广告是风，公关是太阳；

（2）广告是三维的，公关是线性的；

（3）广告采用大爆炸的方式，公关采用缓慢说明的方式；

（4）广告是可视化的，公关借助的是语言；

（5）广告影响所有人，公关影响某些人；

（6）广告是指向自身的，公关是指向他人的；

（7）广告会消亡，公关却永生；

（8）广告是昂贵的，公关并不昂贵；

（9）广告偏爱延伸产品，公关偏爱新品牌；

（10）广告喜欢旧名字，公关喜欢新名字；

（11）广告是随意的，公关是严肃的；

（12）广告是没有创意的，公关是有创意的；

（13）广告是不可信的，公关是可信的；

（14）广告是品牌维护，公关是品牌塑造。

（资料来源：阿尔·里斯，劳拉·里斯著. 公关第一，广告第二 [M]. 罗汉，虞琦，译. 上海：

上海人民出版社，2004. 上述观点仅供参考）

公关热点：2022年中国广告公司50强排名出炉（二维码1-1）

3. 公共关系与市场营销

市场营销是指工商企业为满足消费者的要求，把产品和服务从生产领域与流通领域转移到消费者手中的一切经营管理活动。在实践中，许多企业将公共关系作为重要的促销策略，借助公共关系与消费者进行情感沟通，使得传统的"硬性推销"向现代的"软性推销"转变；同时，许多公共关系活动要与具体的经营活动结合在一起。例如，组织形象的宣传往往与组织生产经营的产品和服务的宣传联系在一起，组织与公众的良好关系往往要通过组织为公众提供优质的产品和服务来实现。同时，公共关系与市场营销也有明显的区别。

（1）应用范围不同。公共关系的应用范围比市场营销的应用范围要广得多。在企业中，市场营销只是企业经营管理的一个方面，而公共关系贯穿企业管理的全方位、全过程；市场营销的对象主要是消费者，而公共关系的公众对象除消费者之外，还有政府公众、社区公众等。

（2）任务不同。市场营销的任务主要是销售产品和服务；公共关系的任务则主要是协调组织与公众的关系。

（3）着眼点不同。市场营销的着眼点主要是组织的经济效益；公共关系的着眼点既有组织的经济效益，又有组织的社会效益。当这两种效益暂时发生冲突时，公共关系从组织的长远发展考虑，往往更注重组织的社会效益。

扫一扫

二维码1-1

4．公共关系与人际关系

人际关系是依赖某种媒介并通过个体交往而形成的人与人之间的关系。公共关系与人际关系联系紧密。组织内部的联系主要是个人与个人之间的联系；组织与组织之间的联系往往表现为一个组织中若干人与另一个组织中若干人之间的联系。公共关系实务工作除了运用大众传播的手段，还常常通过人际沟通来进行。公共关系是以人际关系为基础的，良好的人际关系有助于组织内部环境和外部环境的和谐与发展。同时，公共关系与人际关系也有明显的区别。

（1）目的不同。公共关系的目的是为组织在公众中树立良好的形象，建立组织与公众之间的良好合作关系；人际关系的目的是为个人结良缘、交朋友，实现个人的心理需要，建立个人与个人之间和谐的人际环境。

（2）结构不同。公共关系的主体是社会组织，在组织与公众的交往中实现的是组织的宗旨，体现的是组织的价值观念和行为规范。公共关系的客体，即公众，也是一个整体概念，即使是通过人际交往的形式来实现的公共关系，构成关系的主客体仍然是两个集合体。人际关系则是个人与个人之间的关系，关系的主体与客体都是个体，实现的是个人的意愿、个人的目的，体现的是个人的价值观念和行为规范。

（3）沟通方法不同。公共关系尽管也需要人际沟通的手段，但它主要是运用大众传播和群体传播的技术和方法，如借助报纸、电视、广播，或者召开记者招待会、大型集会等。人际关系则以自己的言语、举止为媒介，采用个人之间面对面直接交谈的方式，或者借助电话、书信等维持。

总之，公共关系要比人际关系复杂得多。因此，在开展公共关系工作时，不能把它当作人际关系来处理；即使以个人身份出现，也必须增强自己的角色意识，要透过个人之间的关系，将组织与公众联系起来。

课堂讨论

举例说明公共关系与人际关系的区别。

5．公共关系与庸俗关系

庸俗关系是一种不健康的、被扭曲了的、庸俗化的社会人际关系，包括人们通常所讲的"走后门""拉关系"等。公共关系与庸俗关系有着本质的区别。

（1）产生的基础不同。公共关系是以商品经济、民主政治和大众传播媒介高度发达为特征的开放型社会的产物；而庸俗关系是以自然经济、集权政治和信息闭塞为特征的封闭型社会的产物。

（2）本质和目的不同。公共关系追求社会组织与公众利益的一致化和均衡化，强调社会组织与公众的互惠互利、共同发展，目的是争取公众的理解、信任和支持，树立社会组织的良好形象；而庸俗关系通常通过损害国家、集体和公众的利益，不惜违法乱纪，以谋取个人和小团体的私利。

（3）使用的手段和方式不同。公共关系主要利用各种传播媒介，尤其是大众传播媒介，光明正大、实事求是地开展工作；而庸俗关系利用职权、人情、物质利益等，以权谋私、以情谋私、以钱谋私，因而只能采取偷偷摸摸、躲躲闪闪的方式进行暗中交易。

（4）社会效果不同。公共关系有助于社会树立一种以诚相待的合作风气，有助于形成和

谐、友善、健康、正常的人际关系，有助于提高社会的文明程度，对社会发展起促进作用；而庸俗关系会给社会带来各种各样的矛盾，严重污染社会风气，破坏正常的人际关系，宏观上导致社会文明程度下降，是阻碍社会进步的绊脚石，让人们深恶痛绝。

从整个社会环境来看，若公共关系的气氛浓烈，庸俗关系的市场就会缩小甚至消失。开展公共关系工作是削弱庸俗关系市场、纠正不正之风的有效途径。

课堂讨论

结合实际分析庸俗关系大行其道对公共关系工作的不良影响。

1.2 公共关系的产生与发展

1.2.1 公共关系的萌芽

公共关系的起源可追溯到古代社会。西方的一些公共关系学者认为，公共关系开始于古希腊。早在2300多年前，古希腊著名学者亚里士多德在其《修辞学》一书中就强调语言修辞在人际交往和宣讲中的重要性，并提出修辞是争取和影响听众思想与行为的艺术。因此，西方的一些公共关系学者认为《修辞学》一书是人类历史上最古老的公共关系经典著作。另外，当时的王公贵族为了树立自己的形象，雇用诗人给他们写赞美诗，这种行为实际上就是一种公关活动，而诗人可以被看作古代的公共关系人员。古罗马政治家恺撒的《高卢战记》则被有些学者认为是古代一流的公共关系著作。恺撒为了实现个人的政治目的，在被派往高卢统率军队期间，把他本人和军队的情况写成报告，并将报告送往罗马。这些报告通俗易懂、生动活泼，被人们广为传诵，影响很大。这一系列的策划和运作也被认为是古代公共关系活动的典型例证。

我国的一些公共关系学者认为，我国公共关系的萌芽早于古希腊和古罗马。在春秋战国时期，诸子百家争鸣，他们从各自学派的立场出发，提出了许多类似于公共关系思想的论述。例如，孔子主张"己所不欲，勿施于人"，提倡为他人着想，并认为"人无信不立""人而无信，不知其可也"，这与公共关系中讲求诚信的原则是一致的。孟子提出"仁言不如仁声之入人深也，善政不如善教之得民也"，强调舆论传播的重要性。墨子主张"兼爱""非攻""与人为善"的交往原则。除这些思想认识之外，还有大量的类似于公共关系的实践活动。战国时期苏秦、张仪的游说活动，秦末刘邦攻入咸阳后与百姓的"约法三章"，汉代张骞出使西域等，都是古代公共关系活动的例证。

综上所述，古今中外有许多类似于现代公共关系的思想认识和活动，但是我们不能把这些思想认识和活动与现代意义的公共关系等同起来。作为一种社会分工、一种独立职业、一门独立学科的现代公共关系，在19世纪末20世纪初发端于美国。

公共关系的起源（二维码1-2）

1.2.2　现代公共关系的产生与发展

现代公共关系是在特定的社会政治、经济、文化、科技条件下产生的，并随着这些社会历史条件的变化而不断发展。现代公共关系的发展大致经历了以下四个历史时期。

1. 费尼斯·巴纳姆时期

有组织的公共关系活动发端于19世纪中叶在美国风行一时的报刊宣传代理活动。当时的一些政治组织和企业发现利用报刊宣传自己的主张、美化自己的形象有良好的效果，于是纷纷雇用一些能在报刊上发表文章的记者和其他与新闻界有关系的人员为自己进行宣传，挖空心思"制造新闻"。报刊为了提高发行量，也推波助澜，以"制造"的"新闻"吸引读者，以离奇的故事激发公众的好奇心和引起公众对自己的注意。其中，在这方面表现最为突出的人物是报刊宣传员费尼斯·巴纳姆。费尼斯·巴纳姆是一个新闻传播方面的行家，具有卓越的吸引公众的才能，但是他为了赚到更多的钱，经常无中生有。他的工作信条是"凡宣传皆好事"，完全不把公众放在眼里。因此，费尼斯·巴纳姆非但没有给公共关系带来正面影响，反而滥用公众信任的大众传播手段，败坏了报刊宣传员的声誉。这种做法与公共关系职业的基本要求和道德准则相去甚远。这使得整个费尼斯·巴纳姆时期在公共关系的历史上成了一个不太光彩的时期，有人称之为"公众受愚弄"的时期。但这一时期的报刊宣传活动已带有一定的组织性和较为明确的目的性，其范围也从政治领域、思想宣传领域扩大到经济领域。

2. 艾维·李时期

19世纪末，美国进入垄断资本主义时代，垄断财团占据着社会的绝大部分财富，同时垄断财团与公众之间的矛盾、冲突与日俱增。于是，一些大财团和大型企业公开雇用记者创办自己的报刊，仿效费尼斯·巴纳姆时期报刊宣传活动的做法，杜撰有利于工商巨子们的"神话"和"新闻"，遮掩组织中出现的种种问题。结果适得其反，公众对垄断财团的敌意倍增。于是，以"说真话""讲实情"来获得公众信任的主张被提了出来，并得到工商界一些开明人士的赞同。艾维·李就是"说真话"这一公共关系社会思潮的主要代表人物。艾维·李认为，一个组织要想获得良好的形象和声誉，不能封锁消息或欺骗、愚弄公众，而是应把真实情况披露于世，把与公众利益相关的真实情况告诉公众，以此来争取公众对组织的理解和信任。即使披露真实情况可能对组织不利，也不能极力遮盖实情，而是应积极寻求解决方案。组织要想建立良好的公共关系，创造最佳的生存发展环境，应遵循的最根本的公共关系理念就是"说真话"。1903年，艾维·李辞去新闻记者的工作，成立了一家正式的公共关系事务所，承接企业和其他组织所委托的业务，协调各方面的关系。艾维·李开创公共关系事务所后，成功地运用公共关系学原理处理了一些重大事件，在社会上引起了热烈的反响，为他本人和公共关系学赢得了良好的声誉。例如，他帮助洛克菲勒财团摆脱了困境。1904年，洛克菲勒因科罗拉多州燃料和钢铁公司工人罢工而处于焦头烂额的境地。洛克菲勒在处理工人罢工事件时，态度强硬，试图对工人进行镇压，在公众中声誉极差。在一筹莫展的情况下，洛克菲勒向艾维·李求助。艾维·李接受委托后，采取了一些有效的措施：调查事发原因并公之于众，聘请有声望的劳资关系专家来协助调查，以示公正；邀请工人代表参与商讨解决劳资纠纷的办法；建议增加工人福利和向慈善机构捐款，以改变自身形象。洛克菲勒采取这些措施后，平息了事端，

挽回了声誉。从此，艾维·李声名鹊起。艾维·李通过这样一系列卓有成效的公共关系实践活动，使公共关系在社会上产生了巨大的影响并使之正式成为一种职业，他也被人们尊称为"公共关系之父"。

3. 爱德华·伯内斯时期

艾维·李虽然提出了一系列独创的公共关系思想，但是由于当时历史条件的限制和个人精力的局限，还没有形成比较系统的公共关系理论，完成公共关系理论体系奠基任务的是美国著名的公共关系顾问爱德华·伯内斯。1913 年，爱德华·伯内斯受聘于美国福特汽车公司，担任该公司公共关系部经理，他为塑造福特汽车公司在公众心目中的良好形象，促进福特汽车公司的迅速发展立下了汗马功劳。第一次世界大战结束后，他和他的夫人在纽约开办了一家公共关系公司，并开始致力于公共关系理论研究。1923 年，爱德华·伯内斯出版了他的第一部公共关系学专著《公众舆论之凝结》；同年，他在纽约大学首次讲授公共关系课程；1925年，他出版了教科书《公共关系学》；1928 年，他出版了《舆论》。就这样，他使公共关系的基本理论和方法形成一个较为完整的体系。爱德华·伯内斯公共关系思想的核心是"投公众所好"。他认为，以公众为中心，了解公众的喜好，知晓公众对组织的期待与要求，明确公众的价值观念，是公共关系的基础工作，只有按照公众的意愿开展宣传工作，才能做好公共关系工作。爱德华·伯内斯的理论研究和实践活动为公共关系的职业化、科学化，以及公共关系教育的发展做出了重要的贡献，他也因此享有"公共关系先驱者之一"的美誉。

4. 斯科特·卡特利普和艾伦·森特时期

第二次世界大战以后，世界各国之间的经济、技术和劳务合作日趋频繁与紧密，但由于不同民族和国家之间在交往过程中存在语言文字、思想文化、社会制度与风俗习惯等方面的障碍，客观上要求有一批公共关系人员从中斡旋，进行有效的沟通与协调。一个社会组织要想在世界范围内有所发展，应当和发生利益关系的一方相互了解、相互信任、相互支持，最终才能共同发展。在这样的社会背景条件下，美国著名的公共关系专家斯科特·卡特利普和艾伦·森特在他们的代表作《有效公共关系》中提出了"双向对称"公共关系模式，这一模式成为当代公共关系的重要标志。该模式的基本思想是：一方面要把组织的想法和信息向公众进行传播与解释，另一方面要把公众的想法和信息向组织进行传播与解释，目的是使组织与公众结成一种双向沟通、和谐的关系。根据"双向对称"公共关系模式，公共关系应有选择性地注意那些对组织有影响的公众或者组织政策所涉及的公众。这不仅需要确定目标受众，还需要运用研究技术，在协调组织本身的同时协调公众。"双向对称"公共关系模式还具有在组织内部促进正确行为发生的能力和指导进行影响公众知识结构、观点与行为的工作的能力。在这种模式中，对公众的知识结构、观点与行为施加影响，是为了实现组织的目标，而且这一目标符合组织与公众的共同利益。

课堂讨论

现代公共关系为什么最先在美国产生？

1.2.3 当代公共关系的发展趋势

纵观当代公共关系的发展，其趋势主要表现在以下六个方面。

1. 公共关系的职业化和行业化

公共关系在美国刚兴起时，仍然属于新闻业的范畴，具有明显的附属性。其中，艾维·李的公共关系活动带有浓厚的新闻色彩。到了爱德华·伯内斯时期，公共关系才逐步从新闻界分离出来。即便如此，当时以公共关系为职业的人数仍是极少的，公共关系还不能在社会上真正成为一种独立的职业。而当今的公共关系大不相同了，它作为一门全新而独特的职业得到了蓬勃发展。以美国为例，全国公共关系从业人员众多，这些人员的待遇及收入与大学教授、律师、工程师、物理学家等的待遇及收入接近。在美国，较大的公共关系公司有2000多家，从总统到平民都求助于公共关系公司。不仅美国，世界许多国家的公共关系都呈迅猛发展的势头，从业人员、相关机构、活动经费等年年递增。公共关系已发展成为一种被社会广泛承认的很有前途的职业。

2. 公共关系的规范化和国际化

公共关系刚兴起时，对这一活动的具体称呼并无规定，更不用说在活动范围、方式、对象、原则等方面有一个统一的标准了，因此谈不上规范化，加上当时的公共关系活动主要在美国开展，因此也谈不上国际化。但随着第二次世界大战后整个世界范围内公共关系学科的推广与公共关系活动的广泛开展，公共关系的理论体系与操作体系日益走上规范化和国际化的轨道。1955年，国际公共关系协会成立；1959年，欧洲公共关系联盟组织问世；同一时期，比利时、意大利、法国、瑞士、日本等国家的公共关系协会也纷纷成立。我国于1987年成立了"中国公共关系协会"，并于1994年成立了"中国国际公共关系协会"。所有这些组织尽管规章条文各异，但有一个共同的宗旨，那就是促进公共关系活动的规范化，促进各组织及成员之间联系交流的定期化、网络化。目前，公共关系的规范化和国际化目标已基本达到。

3. 公共关系活动主体与功能的多元化

早期公共关系活动的主体是企业，其社会功能仅限于经济领域，如今的公共关系活动已大不相同。公共关系活动主体越来越多元化，充当这一活动主体的不仅仅是企业，还包括政府、社会团体等社会组织。同时，公共关系活动主体的多元化也带来了公共关系功能的多元化。目前，公共关系的社会功能早已突破单一的经济领域，在社会的各个领域和各种组织中发挥着重要作用。

4. 公共关系活动技术手段的现代化

早期的公共关系活动主要利用报纸、杂志等进行宣传，这种单一的文字语言传播方式，必然使公共关系活动受到一定的限制。随着科学技术的迅猛发展，公共关系活动的技术手段也日益现代化，比如广播、电视的推广，计算机的广泛应用，科学的调查研究方法的不断出现等，这些技术手段不但扩大了公共关系活动的范围，而且大大优化了公共关系活动的效果。特别是互联网的迅速发展，为公共关系提供了新的传播渠道，公共关系网络化随之出现。

网络化公共关系与传统的公共关系（这里指通过报纸、杂志、广播、电视等大众媒体进行的公共关系传播）相比有较多优势。第一，由于网络互动的特点，传播者与受众的界限变得模糊不清了。借助互联网，传播者与受众可以进行互动，你既可以是传播者，也可以是受众。这样，公众可以了解更多的信息，有更多的机会发表自己的意见，参与社会互动或传播。第二，由于互动传播，组织能够更好地把握公共关系的主动权，能够在对公众（客体）产生直接影响的同时与新闻记者建立良好的关系。第三，在传统的公共关系传播中，编辑、记者、导演等人充当"守门员"的角色，他们决定有关组织的新闻是否发布和以什么风格发布；而网络化使组织直接面向公众发布新闻，不再依赖中介。组织可以通过网络论坛、BBS、E-mail 等直接发布新闻。第四，不像报纸或杂志每天、每周或每月往往只发布一次新闻，在互联网上可以全天 24 小时随时发布新闻，十分方便。这种改变对公共关系人员来说既是机会也是挑战。记者们需要更多的信息，组织发布新闻的机会增加了，同时那种慢节奏的公共关系工作方式不复存在了。第五，由于 E-mail 即时互动的特性，网络化公共关系还具有创建组织与公众"一对一"亲和关系的优势。第六，网络化公共关系具有裂变式、爆炸式的特点，一旦出现负面信息，即使在源头能删除，但是超快的传播速度所产生的影响力也是不容忽视的。

公共链接

微博公关营销

（1）企业和 CEO 要有官方微博；

（2）可以为公关活动开通专门的官方微博；

（3）推广的产品或服务应尽可能符合网友的偏好；

（4）充分挖掘品牌故事并制造容易引起关注的话题；

（5）设计的活动互动性要强，线上线下相结合；

（6）活动周期要短；

（7）在不同的阶段设置奖品，吸引网友不断参与，并及时公布获奖信息，建立公信力；

（8）"意见领袖"参与；

（9）整合热点营销手段，如秒杀、团购等；

（10）安排专人，及时解答网友的疑问。

（资料来源：中国公关网）

5. 公共关系实务运作的整合化

随着公共关系实务运作的深入，人们越来越发现原来自己理解和实施的公共关系是一些局部的、零星的、散乱的、单个的活动，如开业典礼、迎来送往、记者招待会、产品展销会等。这些从战术角度理解和运用的公共关系很难适应公共关系实践的需要，于是公共关系的社会实践向人们提出了整合化公共关系的课题。

公共关系在组织中要发挥各种主要职能，而不能偏颇任何一个方面。它的主要职能包括收集信息、分析环境、决策咨询、研究计划、传播设计、形象塑造、协调沟通、宣传推广、策划活动、教育引导、辅助服务、危机管理等。各种职能不应各自为政，而是应相互协调与整合。公共关系实务运作的整合化还体现在战略公共关系与策略公共关系的有机整合。在战略公共关系方面，公共关系要支持组织总部的整体经营管理战略，其要点是高层协调、配合默契和有效沟通。策略公共关系要远离组织总部，到基层去，要接近公众，进入具体技术操作层面，这样战略公共关系才有生存发展的根基，其战略决策才会正确无误。

6. 公共关系文化思想的立体化

公共关系自诞生以来，就不断吸纳、融汇诸多社会科学和人文科学的最新成果，具有多学科交叉综合的特征，使得公共关系理论在趋于丰富的过程中形成了一种立体化的文化思想。公共关系文化思想的立体化主要在三个层面影响人类的社会生活。

（1）高层。公共关系的理论思想是国际组织和各国政府协调国际关系、实施民主政治、优化人类生存环境、推进社会文明的重要思想武器。联合国的宗旨及其行动就是公共关系思想的体现。

（2）中间层。公共关系具有优化组织行为、塑造组织形象、协调组织内外部环境等功能，也促使各组织的管理者把原来视为临时抱佛脚的"点子"看作经营管理必不可少的哲学，赋予其组织运作战略思想的色彩。一些企业已实现了"公关进入董事会"的重大转变，公共关系的作用从参与决策提升到成为决策的一部分。

（3）基础层。公共关系作为一种现代人的基本意识与能力而在全民中得到普及。公共关系的一些基本常识已成为公众需要掌握的文化知识，"公共关系"已不是新鲜的词汇，由于公共关系运用的普遍性，它将无所不在，甚至将淡化自身的学科性，成为常规的社会文化。人们若不具备一定的公共关系文化知识与相应的素质能力，将无法与他人相处、合作，也就无法更好地生存、发展。因此，公共关系已经真正成为一种普及性的文化思想。

课堂讨论

如果不从事公共关系职业，是否需要学习公共关系文化知识？为什么？

1.2.4 公共关系在中国的发展

1. 公共关系在中国的发展过程

现代公共关系思想和实践进入中国，应以20世纪60年代中国香港、中国台湾地区的公共关系的引进为发端。公共关系作为一种新的经营管理思想和技术传入中国大陆，则始于20世纪80年代。随着中国实行对外开放政策，公共关系很快呈现出由南向北、由东向西，由服务行业向工业企业，由外资企业向国有企业，由企业组织向政府组织逐步发展的格局。公共关系在中国最早的教学和研究始于民国时期。

（1）导入阶段（20世纪80年代初期）。改革开放以后，深圳、广州等地的一些中外合资企业和外商独资企业采用海外的管理模式，出现了公共关系活动，最早设立了公共关系部。在这些公共关系部中，多数由在海外受过公共关系培训的人担任经理。1980年，深圳华森建筑与工程设计顾问有限公司率先成立，这是中国第一家公共关系性质的专业公司，它主要的作用是满足特区建设的需要，提供经验与技术。1982年，深圳竹园宾馆设立公共关系部，开展以招徕顾客为目标的扩大影响的服务性公共关系活动。1983年，中外合资的北京长城饭店设立公共关系部。1984年，广州中国大酒店等宾馆、酒楼和服务部门设立公共关系部。后来，广东电视台以这批宾馆、酒楼的公共关系活动为背景拍摄了第一部反映公共关系理论与实践的电视连续剧《公关小姐》。该剧在全国放映后，影响了千家万户，使公共关系为亿万中国人所知晓。1984年9月，国有企业广州白云山制药厂设立公共关系部，这是中国第一家设立公共关系部的国有企业。1984年11月，《经济日报》发表长篇通讯《如虎添翼——记广州白云山制药厂的公共关系工作》，并配发重要社论《认真研究社会主义公共关系》，对公共关系的引进和发展发表了原则性的看法和指导性的意见。这标志着现代公共关系在中国确立。导入阶段的公共关系主要是把国外公共关系的运作模式、运作程序、管理经验及具体做法引入中国。由于之前人们对公共关系缺乏认识和了解，公共关系的运用多采取简单照搬或模仿外

国公共关系的做法。即便如此，当时人们能以新的思想观念接受外国的经验技术，已经是一个了不起的进步了。

（2）迅速发展时期（20世纪80年代中后期）。这期间，中国出现第一个"公关潮"。其标志是专业公共关系公司、公共关系协会、公共关系教育及公共关系理论研究迅速发展起来。1985年，两家世界上较有影响力的公共关系公司——伟达公司和博雅公司先后进入中国。其中，博雅公司与中国新闻发展公司达成协议，成立中国第一家公共关系公司——中国环球公共关系有限责任公司。1986年12月，上海成立公共关系协会，这是中国第一家省市级公共关系协会。1987年5月，全国权威性的公共关系社团组织——中国公共关系协会在北京正式成立。此后，全国各省、自治区、直辖市及若干大中城市相继成立地方性公共关系协会。许多企业内部的公共关系部开始运作，并取得较大的实践成果。健力宝等企业的公共关系活动在全国范围内产生了轰动效应。1985年1月，深圳市总工会举办全国第一个公共关系培训班。在此前后，深圳大学、中山大学、复旦大学、清华大学、中国人民大学等开始讲授公共关系课程或开办公共关系专业。1986年11月，中国社会科学院编著的《塑造形象的艺术——公共关系学概论》正式出版。从1988年起，全国公共关系组织联席会议相继在杭州、西安、广州等地召开。1989年，全国高校第一届公共关系教学研讨会召开。弗兰克·杰夫金斯所著的《公共关系学》、斯科特·卡特利普等所著的《有效公共关系》等国外公共关系著作在中国翻译出版。1988年1月，中国第一份公共关系专业报纸——《公共关系报》在杭州创办，面向全国发行。1989年1月，中国第一份对国内外公开发行的公共关系杂志——《公共关系》在西安创刊。公共关系的理论研究十分活跃，研究成果十分丰富。在第一个"公关潮"时期，虽然仍有机械模仿、良莠不齐、鱼龙混杂等情况，但理论上和实践上的"百家争鸣，百花齐放"的格局实实在在地为下一时期的公共关系发展打下了较好的基础。

（3）成熟稳定发展时期（20世纪90年代至今）。这一时期公共关系的发展特点如下。第一，中国的公共关系得到党和国家领导人的关注。1991年5月，中国公共关系协会在北京召开全国公共关系工作会议。党和国家领导人在给会议的贺词中充分肯定了中国公共关系取得的成就。第二，公共关系的教育和理论研究日趋成熟。1994年4月，中国国际公共关系协会成立，促进了中国公共关系理论研究与社会实践的国际化，推动了公共关系事业的进一步发展。1994年，中山大学被教育部批准开办部属院校第一个公共关系本科专业，随后在一些名牌学府开始尝试招收公共关系方向的硕士生、博士生。至今，全国公开出版的公共关系专著、教材等已超过1000种。1990年，中国公共关系协会在河北召开第一届全国公共关系理论研讨会，之后在上海、福州、杭州、石家庄、大连召开第二届至第六届全国公共关系理论研讨会，极大地推进了中国公共关系的理论研究进程。在这一时期，学术研究较为活跃。一些学术流派的产生，如形象学派、协调学派、传播学派、管理学派等，细化了对公共关系的研究。第三，公共关系的实践活动从自发走向自为、从盲目走向自觉、从照搬走向自主创造，全国有一大批公共关系专家、学者主持策划企业公共关系活动、进行城市形象建设。第四，1998年，公共关系职业被载入《中华人民共和国职业分类大典》，公共关系职业被纳入国家正式职业行列。1999年，国家职业资格工作委员会专门设立公共关系专业委员会，这标志着中国公共关系职业化迈出了关键一步。第五，中国加入世界贸易组织（WTO）后，中国企业与国际市场的交流和接触越来越多，加上市场经济的进一步深化发展，企业危机管理问题成为中国公共关系研究的焦点之一。第六，公共关系在中国多边外交活动中扮演着重要的角色，而国际公共关系能否成功的关键在于传播策略的选择，传播策略又包括传播内容策略和传播渠道策略，一

方面中国政府要重视在国际重大问题上的论述能力，另一方面要提升与国际媒体的沟通能力。早在中国申办 2008 年奥运会的时候，就有学者提出公共关系与申办奥运会等具有密切的关系。中国在 2008 年举办北京奥运会之后，又于 2022 年举办了冬季奥运会。奥运会本身就包含丰富的公共关系活动，如火炬传递、媒体和赛事合作伙伴关系的维护、奥运会视觉识别系统设计等。

2. 中国公共关系事业的发展趋势

（1）中国的公共关系市场将是最具潜力、发展最快的市场。因为中国的市场环境越来越开放，国外企业大概率会继续保持在中国市场的高速投资步伐，中国本土企业将越来越与国际惯例接轨，一批具有国际眼光的企业家将成为未来中国经济的主导力量，进而带动公共关系需求量的增加。

（2）公共关系市场竞争国际化。国际公共关系企业将取得良好的待遇，发展的种种限制将被打破，并以其品牌、技术等占据一定的市场。中国本土企业将凭借对国情的熟悉、创新能力、灵活性赢得市场。中国本土企业将继续学习国际公共关系企业先进的技术和管理经验，并研究适合中国国情的市场战略和公共关系服务方法，使自己走向国际化。

（3）高科技将普遍应用于公共关系行业。新经济在中国的迅猛发展，使信息技术、传播技术广泛应用于公共关系行业，媒体多元化、信息个性化为公共关系业务的创新发展提供了机遇。

（4）竞争将促使市场优胜劣汰，效益向有品牌、有规模的企业集中。一些著名的国际公共关系企业将继续加大投入，努力提高公共关系市场的占有率；一批与国际接轨、具有专业公共关系水平的中国公关企业将会迅速成长起来。

（5）新媒体给政府和企业公共关系活动的开展带来了巨大的影响，为了更好地适应新媒体传播环境，政府和企业应探索新的路径，如进一步增强公众的公共关系意识、建立完善的信息管理系统等。

案例讨论

请进一步收集有关资料并加以分析，在中国国际宣传中，有哪些成功的信息传递？

中国国际宣传片（二维码 1-3）

扫一扫

二维码 1-3

项目训练一：行业认知——走进公关公司

任务背景： 2021 中国公关行业发展趋势（二维码 1-4）

扫一扫

二维码 1-4

任务编号：1-1	小组成员：

任务描述： 谈一谈公共关系发展史，给出相应评述。

相关资源：

1. 聚焦公共关系服务高质量发展　2023 中国公共关系发展大会举办（二维码 1-5）
2. 公共关系市场规模及未来发展趋势（二维码 1-6）

扫一扫	扫一扫
二维码 1-5	二维码 1-6

实施步骤：

1. 查找公关行业发展趋势资料；
2. 概括公关行业发展趋势；
3. 列举公关行业面临的新挑战；
4. 提出公关行业目前可以采取的举措；
5. 列举一个公关行业目前较为成功的案例；
6. 评价这个成功的案例。

任务成果模板：

一、公关行业发展趋势资料汇总

二、公关行业发展趋势概述

三、公关行业面临的新挑战

四、公关行业目前可以采取的举措

五、公关行业目前较为成功的案例
六、公关案例评价
七、对公关的理解

项目训练二：陈述公共关系发展史

任务编号：1-2	小组成员：
任务描述：评述中国国际公关案例。	
相关资源： 国家形象宣传片——人物篇（二维码1-7） 扫一扫 二维码1-7	
实施步骤： 1. 描述中国公关发展历程； 2. 查找近年来中国国际公关案例； 3. 评价中国国际公关案例。	
任务成果模板： 一、中国公关发展历程	

二、近年来中国国际公关案例

三、对中国国际公关案例的评价

【思政探讨】

一、党的二十大精神进课堂

1. 党的二十大精神学习。

党的二十大报告指出："推进文化自信自强，铸就社会主义文化新辉煌。"文化自信自强是着眼全面建设社会主义现代化国家、全面推进中华民族伟大复兴提出的重大论断和重要任务，体现了我们党高度的文化自觉，彰显了我们党鲜明的文化立场，进一步凸显了文化建设在中国特色社会主义事业全局中的重要地位，把我们党对文化作用和文化发展规律的认识提升到一个新的境界。

（资料来源：共产党员网）

阅读材料：理直气壮向世界传播中华文化（二维码1-8）

2. 党的二十大精神是如何在本项目中体现的：公共关系中的文化自信、公共关系中的家国情怀？

扫一扫

二维码1-8

二、思政素养探讨

1. 你在完成任务的过程中，具体在哪些方面提升了文化自信和培养了家国情怀？

2. 你在完成任务的过程中，如何做好团队协作？

3. 你发现问题和解决问题的能力是否得到了提升？

【本项目小结】

公共关系是社会组织通过形象塑造、传播管理、利益协调等方法，提高认知度、美誉度、和谐度，促使社会组织与其相关公众良好合作并和谐发展的科学和艺术。

公共关系的三个构成要素是社会组织、媒介和公众。公共关系工作的目标是提高认知度、美誉度、和谐度。公共关系工作的基本方法是形象塑造、传播管理、利益协调。公共关系具有客观性、公开性、艺术性、情感性、战略性五个基本特征。公共关系应遵循真实性、平等互利、双向沟通、整体一致、全员公关、长期坚持等原则。公共关系与宣传、广告、市场营销、人际关系、庸俗关系等既有联系又有区别。

公共关系的职能是调动一切可以调动的力量，运用各种手段，塑造良好的组织形象，赢得良好的生存环境，促进组织的生存发展，使组织在激烈的竞争中取胜。公共关系的基本职能可概括为收集信息、咨询建议、沟通协调、塑造形象和教育引导。

现代公共关系是在特定的社会政治、经济、文化、科技条件下产生的，并随着这些社会历史条件的变化而不断发展。其发展大致经历了费尼斯·巴纳姆时期、艾维·李时期、爱德华·伯内斯时期、斯科特·卡特利普和艾伦·森特时期。

当代公共关系的发展趋势主要表现在六个方面：公共关系的职业化和行业化、公共关系的规范化和国际化、公共关系活动主体与功能的多元化、公共关系活动技术手段的现代化、公共关系实务运作的整合化、公共关系文化思想的立体化。

【延伸练习】

一、选择题

1. 公共关系协调中最基本、最关键的是（　　）。

A．利益协调　　　　　　　　B．态度协调　　　　　　　　C．行为协调

2. 公共关系工作不仅要依靠公关专门机构和专职公关人员的努力，还有赖于组织各部门的密切配合和全体员工的共同关心与参与。这说明公共关系要遵循（　　）原则。

A．平等互利　　　　　　　　B．整体一致　　　　　　　　C．全员公关

3. 有"公共关系之父"之称的是（　　）。

A．费尼斯·巴纳姆　　　　　B．艾维·李　　　　　　　　C．爱德华·伯内斯

4. 斯科特·卡特利普和艾伦·森特在他们的代表作《有效公共关系》中提出的主要观点是（　　）。

A．说真话　　　　　　　　　B．投公众所好　　　　　　　C．双向对称

二、填空题

1. 公共关系的三大构成要素是_____、_____、_____。

2. 公共关系工作的目标是提高_____、_____、_____。

3. 公共关系具有客观性、公开性、_____、_____、_____五个基本特征。

4. 公共关系的基本职能有收集信息、_____、_____、_____、_____和教育引导。

5. 1984年9月，中国第一家设立公共关系部的国有企业是_____。

三、简答题

1. 简述公共关系的主要工作内容。

2. 简述公共关系与市场营销的区别和联系。

3. 简述公共关系与人际关系的区别和联系。

4. 简述当代公共关系的主要特点。

四、操作题

1. 请3～5位同学上台讲一两个符合或违背公共关系原则的事例，并结合所学知识进行分析。

2. 观察你所在学校的领导或老师一天的工作，分析他(她)的哪些工作属于公共关系工作。

3. 以小组为单位采访一家企业，了解该企业的公共关系工作情况。

【延伸阅读】

关于提升国际传播效果的对策和建议（二维码1-9）

扫一扫

二维码1-9

项目2 公共关系的构成要素

思考：

★ 参与公共关系活动的主体有哪些？不同主体在开展公共关系工作时有哪些不同？

★ 组织面对的公众有哪些特点？对组织开展公共关系工作有什么影响？

★ 如何把握传播原理、提高传播效果？

教学目标：

★ 知识目标

- 知晓社会组织的特征、类型与环境
- 了解不同公共关系机构的特点、类型与工作内容
- 掌握公共关系人员的素质要求及职业道德准则
- 了解公众的特征、类型与心理
- 掌握传播的要素、模式与类型

★ 能力目标

- 能够界定公共关系公司的职能
- 能够对公众进行分类
- 能够在分析传播媒介优劣势的基础上选择合适的传播媒介

★ 思政目标

- 使学生了解马克思主义新闻观，为做好新时代党的新闻舆论工作提供根本遵循
- 培养学生的政治意识、大局意识

★ 素养目标

- 培养学生检索资料的能力
- 培养学生自学的能力

项目2　公共关系的构成要素

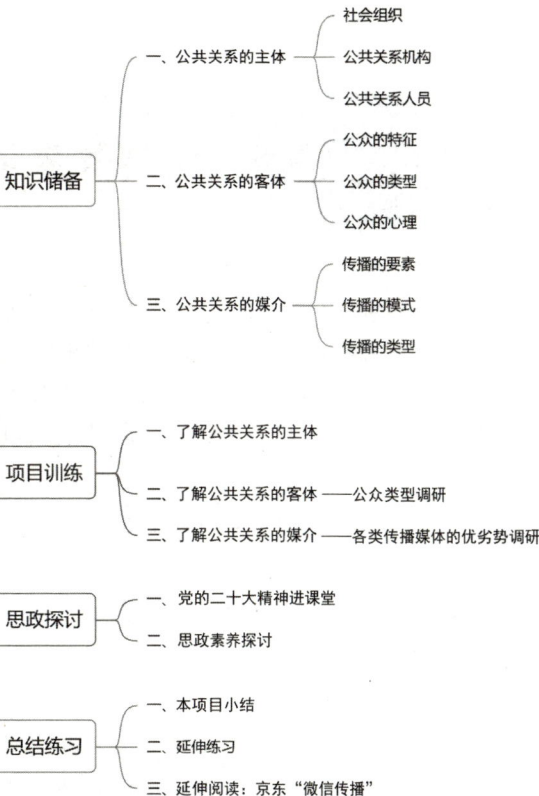

知识储备
- 一、公共关系的主体
  - 社会组织
  - 公共关系机构
  - 公共关系人员
- 二、公共关系的客体
  - 公众的特征
  - 公众的类型
  - 公众的心理
- 三、公共关系的媒介
  - 传播的要素
  - 传播的模式
  - 传播的类型

项目训练
- 一、了解公共关系的主体
- 二、了解公共关系的客体——公众类型调研
- 三、了解公共关系的媒介——各类传播媒体的优劣势调研

思政探讨
- 一、党的二十大精神进课堂
- 二、思政素养探讨

总结练习
- 一、本项目小结
- 二、延伸练习
- 三、延伸阅读：京东"微信传播"

【知识储备】

公共关系是社会组织运用各种传播手段，来维持和发展与公众之间良好关系的过程。公共关系由社会组织、公众、媒介三个要素构成，其中公共关系的主体是社会组织，客体是公众，联结主体与客体的是媒介。公共关系的三个要素构成了公共关系的基本范畴。公共关系的理论研究、实际操作和运行发展都以三者的关系为中心。科学地把握各个要素的含义、特征、类型，以及各个要素在公共关系活动中的地位与作用，对有效地开展公共关系实践活动具有指导作用，是有效地开展公共关系活动的前提。

2.1 公共关系的主体

公共关系的主体是指在公共关系活动中处在主导地位的各类社会组织机构，是公共关系活动的策划者和组织实施者。在公共关系中，社会组织对公共关系的主体活动起决策、发动、组织、实施、控制、管理等决定性作用。具体来说，公共关系的主体分为三个层次：社会组织；代表社会组织行使公共关系职能的公共关系机构；代表社会组织具体执行公共关系职能的公共关系人员。

公共关系组织机构（二维码2-1）

扫一扫

二维码 2-1

2.1.1 社会组织

1. 社会组织的特征

社会组织是指为达到某个共同的目标，通过对人员进行不同的分工，使之发挥不同的功能，并利用不同的权力和职责合理地协调群体活动的单位。社会组织是公共关系的第一构成要素，决定着公共关系的状态、活动、发展方向。在协调公众关系、改善公众环境，树立自身形象、提高社会信誉，内外沟通联络、谋求合作发展中，社会组织都是总体的控制者和组织者，处于公共关系的主导地位。

社会组织有其鲜明的特征，具体表现在以下几个方面。

（1）社会组织的目标性。任何社会组织都是为了实现一定的目标而建立起来的，目标是辨别组织的性质、类型、职能的基本标志，也是确定组织原则、组织宗旨、组织章程、组织计划的基础，对组织的活动起着指导和制约作用。一般来说，社会组织既有明确的社会目标，也有自身的目标，确定目标是建立社会组织的最重要的条件。共同目标是维系社会组织的基础；组织是由生活在同一社会背景中的众多人员组成的集合体；不同的组织有不同的目标。社会组织虽然形式多样，但它们的活动都主要是围绕自身的目标而开展的。例如，学校的目标是培养人才，医院的目标是救死扶伤，工厂的目标是生产产品等。

（2）社会组织的系统性。社会组织是由其下属的各部门按一定的结构组合而成的整体。社会组织及其内部的公共关系部和从业人员负责行使组织的公共关系职能；组织为他们提供开展公共关系活动的条件，进行思想指导。社会组织是按照系统方式构建的，组织系统各部分之间是相互联系、相互制约的，其中任何一部分发生变化都会影响整体。从内部结构来看，组织成员按一定的人事关系形成系统；从外部环境来讲，社会是一个多层次的复杂的大系统。社会组织存在于一定的社会环境之中，组织系统与外部大系统相互联系。因此，组织以系统的方式来进行构建才能更好地发挥其独特的功能。

（3）社会组织的开放性。如前所述，社会组织存在于一定的社会环境之中，与环境不断进行物质、能量和信息等的交流，以适应和影响变化着的环境。显然，社会组织是一个开放性系统。社会组织的生存和发展离不开环境，它既会受到环境的影响，又会对环境产生作用。

一方面，社会组织要有适应性，根据环境输入的物质、能量和信息等调整自己的结构或功能；另一方面，社会组织要发挥自身的能动性，以自己的功能影响或改变与自己发生联系的环境。

（4）社会组织的变动性。社会组织生存于社会环境之中，社会发展及社会环境的变化对社会组织的生存和发展必然产生一定的影响。社会组织的新生与消亡，在某种程度上也往往取决于社会环境的变化。社会组织的变动性具体指两方面：一是社会环境是不断变化的，要想适应这一变化，社会组织就应适时地进行目标、功能、机构及人员的调整；二是社会组织本身也会不断发展变化，在不同的发展阶段，其形象目标也会有所不同，随着环境的变化，社会组织也要不断修正、调整自身，以及公共关系工作的目标、职能、机构、运作方式和对人员的要求等，以提高自己的应变能力，创造更有利于生存和发展的条件。

2. 社会组织的类型

不同类型的社会组织的性质、目标、职能、结构形式和活动方式不同，其公共关系工作的重点、具体对象、实务活动和运作方法也不同。这就要求我们掌握社会组织的有关知识，以便更有针对性地开展公共关系工作。对社会组织进行分类，是为了在开展公共关系工作时，能够比较准确地判断其性质、任务，进而把握其公共关系行为和公众的类型，为以后的公共关系工作提供策划运作的依据。

（1）按组织的社会职能分类。按组织的社会职能，可以把社会组织分为以下五种类型。

①经济组织。经济组织是最基本的社会组织。它担负着向人们提供衣、食、住、行和文化娱乐等物质资料的任务，并负责实现其所有者和经营者的利益。其特点是，从事经济活动，具有经济职能。它包括工商企业、金融组织、交通运输组织、服务性组织等。经济组织公共关系工作的主要任务是建立一个良好的生产经营者形象，争取更多的客户和其他公众的支持，以使本组织在发展中不断增强竞争力。

②政治组织。政治组织是为某种政治目的而组建的，主要包括政党组织、国家政权组织、国家力量组织、国家司法组织等。它代表占统治地位的阶级的利益和意志，为其提出奋斗目标、制定方针政策、组织社会的经济建设、保卫国家政权、处理与他国的关系等。政治组织公共关系工作的主要任务是在人民群众中树立其良好的领导者、管理者、保卫者、服务者形象，得到广大人民群众的拥护、理解和支持，完成其政治职能。

③文化组织。文化组织以满足人们的文化和精神需求为目标，以从事精神文化活动为任务，包括文化艺术团体、教育科研单位、博物馆、文化馆、体育馆、俱乐部、医疗卫生部门等。文化组织公共关系工作的主要任务是，打造优秀的精神文明建设者和文化教育卫生事业的服务者的形象，争取社会各方和尽可能多的人民群众的支持、关心。

④群众组织。群众组织是由具有共同利益和共同志趣的个体组建起来的机构，包括群众性协会、团体、学术性组织等。在我国，工会、共青团、妇联、青联、文联、作协、科协及其他专业学会、协会等都是群众组织。群众组织公共关系工作的主要任务是，在人民群众中树立其社会利益和群众利益的捍卫者形象，取得社会各方和尽可能多的人民群众的支持，为广大人民群众服务。

⑤宗教组织。宗教组织是由具有共同宗教信仰的人组建起来的。佛教协会、道教协会、伊斯兰教协会等都是宗教组织。宗教组织公共关系工作的主要任务是，在信教群众和宗教界人士中树立一个组织者的形象，与有不同信仰的人和平共处，争取得到信教群众和宗教界人士的拥护和爱戴。

（2）按组织目标与受益者的关系分类。按组织目标与受益者的关系，可以把社会组织分为以下四种类型。

①营利性组织。营利性组织包括工商企业、金融机构、旅游服务性单位等，其公共关系工作的一项重要任务是增进效益。营利性组织侧重开展促销型公共关系活动。

②服务性组织。服务性组织以服务对象的利益为目标，为服务对象谋求利益，不以自身赚取利润为目标。这类组织有学校、医院、慈善机构、社会公共事业机构等。服务性组织公共关系工作的重要任务是提高服务质量，以质量求信誉、求生存，通过提供各种高质量的服务显示组织的诚意和品位，拉近与公众的关系。服务性组织侧重开展公益服务型、实力展示型公共关系活动。

③互益性组织。互益性组织以组织内部成员都获得利益为目标，即组织内各成员之间相互帮助，如群众团体、宗教等组织。互益性组织侧重开展内部沟通型、社会公益型公共关系活动。

④公益性组织。公益性组织以国家和社会利益为目标，包括政府、军队、治安机关。公益性组织侧重开展公益服务型公共关系活动。

（3）按组织是否营利和竞争分类。根据社会组织是营利还是非营利、是竞争还是独占两大因素，可以将其分为以下四种类型。

①竞争性营利组织。竞争性营利组织既有明显的经济利益驱动，又在激烈的竞争中争取公众的支持。因此，这类社会组织的公共关系意识较强，公共关系行为也较自觉和主动。工商企业就属于这类社会组织，它们十分注重与消费者的关系，因为消费者是它们实现利润目标、求得发展的根本。这类社会组织一般注重和那些与市场活动直接相关的公众的关系。

②竞争性非营利组织。竞争性非营利组织不以经济利益为根本追求，但由于它们需要在竞争中赢得舆论的理解和公众的支持，因此也会十分重视自己的公共关系工作，尽可能广泛地建立和发展自己的公共关系。学校、医院等就属于这类社会组织。

③独占性非营利组织。独占性非营利组织不仅没有经济利益的驱动，还缺乏竞争压力。因此，它们往往会忽略自己的公众，其公共关系工作一般是比较薄弱的。例如，公安机关、法院等社会组织的成员有时不是很重视公共关系，容易与公众脱离，产生误解，影响到自己的形象和信誉。

④独占性营利组织。独占性营利组织对其产品或服务具有垄断性，即使自己与公众关系不好或自身形象不良也能营利。这类社会组织往往在市场上占据领先地位，以至于竞争对手难以与之抗衡。由于这类社会组织在管理机制上不易接受公众的反馈，它们有时可能因为与公众的利益冲突而面临舆论压力，如电力部门、自来水公司、煤气公司等。

课堂讨论

不同类型的社会组织的公共关系状态和公共关系活动有什么特点？

3. 社会组织的环境

社会组织存在于复杂的宏观和微观环境之中，其存在和发展必然受到环境的制约和影响。一方面，社会组织的运作方式要同一定的社会环境相适应，其成员要通过对环境的监测和把握来选择，确定合适的运行方式和管理方法；另一方面，其成员必须想方设法地创造有利的环境，以实现组织的目标。因此，对所处环境的调节与控制，也自然成为社会组织公共关系工作的一项重要内容。

社会组织的环境大致分为两个方面：一是社会组织的内部环境，二是社会组织的外部环境。二者构成了社会组织的环境系统。

（1）社会组织的内部环境。社会组织的内部环境包括人际关系环境、管理环境及外观环境，其中人际关系环境是社会组织内部最普遍、最重要的环境。做好组织内部公共关系工作是社会组织搞好内部环境建设的重点。

在现代社会，一个组织要想生存和发展，必须具有较强的竞争力，而健全的运行机制、良好的工作业绩及全体成员的精诚合作是一个组织立于不败之地的根本保证。现代社会组织往往是由相互依存、相互联系的若干要素组合而成的。组织内部各职能部门之间能否密切配合、步调一致，组织成员是否爱岗敬业、士气高昂，决定着这个组织是否具有生存和发展所必需的生机与活力。一个组织的公共关系目标能否顺利实现，往往也取决于组织内部成员是否能够真诚接纳。因此，协调组织内部各个部门、各个科室之间的关系，使组织内部上上下下的全体成员都为组织目标的实现献计献策，是组织内部环境建设的重要任务。

（2）社会组织的外部环境。社会组织的外部环境主要是指组织的生态环境、社会文化环境、政治环境和经济环境等。如果说社会组织的内部环境主要影响组织本身的运作过程，那么社会组织的外部环境则主要影响组织的运行方向和目标。社会组织生存于确定的社会环境之中，其形象的塑造与呈现必须考虑环境的要求并与之相适应，否则再好的公共关系方案也不可能取得预期的效果。

① 生态环境。生态环境是指社会组织所处的自然环境，包括土壤、气候、地理位置等。生态环境一般相对稳定。

② 社会文化环境。社会文化环境包括人口数量、年龄构成、人口的生理状况、文化水平等。社会文化环境影响着社会组织成员的思想、观念和认识方法，同时决定着对社会组织所开展的公共关系工作的评价。富有创意的公共关系活动，如果得不到外界公众的认可也是徒劳的。

③ 政治环境。政治环境是与经济环境相关联的、具有重要作用的外部环境因素。政治环境主要是指对社会组织的活动有制约作用的社会政治制度、政治结构及政治关系等因素。它主要通过组织体系的合理化和有效的权利分配与机制对社会组织产生影响。政治关系则表明一定社会中的各种社会角色在政治体系运行中所形成的关系。这种关系往往影响着社会组织公共关系目标的选择和实现的程度。

④ 经济环境。经济环境是影响社会组织生存和发展基本的因素，经济环境主要是指特定的经济制度和结构、经济实力和发展水平等相关因素。这些因素无论是对社会组织的形态特征，还是对制度特征，抑或是对行为特征都有较大的制约作用。当然，对不同性质、不同规模的社会组织而言，环境因素的影响力和制约作用也会有所不同。正因为如此，组织决策者对不同环境因素的重视程度也存在一定的差异。

课堂讨论

同一社会组织处于不同的环境中，其公共关系活动会有什么不同？

2.1.2 公共关系机构

公共关系机构是组织内部从事公共关系工作的部门和社会上提供公共关系服务和代理的组织的总称。公共关系机构主要分为三类：一是社会组织内部设立的公共关系部；二是社会

上成立的公共关系公司；三是公共关系界成立的公共关系协会。

1. 公共关系部

公共关系部是社会组织内部自行设立的专门负责处理公共关系事务的部门或机构。公共关系部是社会组织公共关系职能部门常用的名称。从事公共关系工作的部门也多称为公共事务部、公共广告部、对外关系部、信息广告部、社区关系部、市场推广部等。

（1）公共关系部的类型。通常可将公共关系部分为以下几种类型。

① 部门所属型。部门所属型公共关系部通常附属于行政部门、销售部门、广告宣传部门等。其地位不是很突出，公共关系工作只是一种偶然性活动，一般适合小型企业或组织采用。

② 部门直属型。部门直属型公共关系部与企业其他的销售、财务、人事、技术各部门处于同一层次，是二级部门，地位比较突出，当然要想成功地开展公共关系工作，应积极地与其他部门密切配合。

③ 领导直属型。领导直属型公共关系部从组织系统和组织地位来看，属于第三级机构，公共关系部由部门经理领导，是一个有相当自主权的职能机构。这种类型的公共关系部综合了以上两种类型的优点，有利于公共关系工作灵活、全面地开展。

④ 职能分散型。许多企业不设置公共关系部，但会将公共关系的职能分解在其他部门。例如，有的企业在营销部门中安排了专门从事企业及产品形象宣传和调研工作的人员，在宣传部门中安排了专门负责与新闻媒介联系的工作人员等。

（2）公共关系部的作用。公共关系部的作用如下。

① 信息调研。公共关系部收集的信息主要包括：组织向社会提供的产品或服务的形象信息；关于组织自身总体形象的信息；社区的民意和舆论情况。公共关系部要积极地收集来自内外公众的各种信息及意见。收集到大量信息后，要进行处理，去粗取精，去伪存真，以便感知和预测影响组织目标实现的公众态度及社会环境的变化。公共关系部要及时、准确地向组织提供环境变化的信息，帮助组织准确分析并预测环境的变化，从而采取适当的行为和进行目标的调整。信息调研要依靠完善的信息网络和广泛的信息沟通渠道。

② 决策咨询。在采集、整理、分析信息的基础上，公共关系部应为组织目标的实现提供可选择的决策方案，或者对已有的决策方案提出意见，协助组织决策者进行科学决策。公共关系部的作用是协调组织决策者分析、权衡各种决策方案的利弊，预测组织决策会产生的社会后果，提示组织决策者修正不利于组织长远发展的政策与行为等。

③ 协调沟通。协调沟通是指借助各种媒介有效地与公众进行信息交流，获得公众的理解和信任、支持与合作。公共关系部要不断地向公众宣传组织的政策及行为，提高组织的透明度。现代组织应当是开放的，应当与公众进行有效的沟通。因此，传播信息、提高组织的认知度和美誉度是其重要职能，它还应通过对外联络，为组织广结良缘、发展友谊、化解矛盾、协调关系，创造一个"人和"的环境，对外赢得公众，对内增强组织的凝聚力。

（3）公共关系部的工作内容。公共关系部的工作主要包括外部关系的协调、内部关系的协调和专业技术三个方面。

① 外部关系的协调。外部关系主要涉及媒介关系、政府关系、社区关系等。其具体工作包括负责同新闻媒介、出版机构的合作；负责同政府有关部门的联系；负责与社区的联系；对消费者进行产品推销；进行各种接待工作等。

② 内部关系的协调。内部关系包括员工关系、部门关系、股东关系、干群关系等。其具体工作包括与员工沟通；教育引导组织的员工增强公共关系意识，真正实现"全员公关"；

编辑、出版内部刊物；收集组织内部员工的各种意见；参加董事会和生产、销售及其他主要部门的会议；为领导层确定公共关系目标提供方案，并为其他决策提供咨询；对公共关系工作人员进行培训等。

③ 专业技术。其具体工作包括组织安排庆典活动；策划和组织纪念活动；举办记者招待会；安排社会组织的领导人与新闻媒介的领导人洽谈；举办展览会；举办参观活动；开展广告业务；负责图片美化、摄影等技术性工作；民意测验，进行舆论意见研究等。

（4）公共关系部的人员配置。公共关系部的人员配置应视社会组织的规模和公共关系部的工作量而定，当然也要遵循机构精简、人员精干的原则。根据公共关系部的工作要求，通常需要配备以下五类人员。

① 调查分析人员。公共关系调查分析工作是开展公共关系工作的前提和基础。调研信息的质量关系着公共关系工作的成败，作为一名调查分析人员应具有市场学、社会学、社会心理学等方面的知识和各种社会调查经验。

② 策划人员。公共关系部为实现社会组织的某种目的，进行一系列的公共关系活动。要想使这些活动取得良好的效果，就需要有高水平的策划人员，这些人员应有创新思想，这样才能制定出优秀的公共关系方案。白沙集团借助"亚洲飞人"刘翔所开展的公共关系活动就较为成功。

③ 编辑、撰稿人员。这类人员的主要任务是采写新闻，撰写各种报告、请示，编辑各种刊物、年度报告、年鉴等。这类人员需要具有新闻写作的知识和经验。

④ 组织人员。其任务主要是具体组织、管理公共关系活动。他们一方面要充分了解公共关系实务的工作原则、方法和技巧，另一方面要有组织管理能力及处理日常事务的能力。

⑤ 其他专门的技术人员，如摄影师、印刷设计师、法律顾问等。这些专门的技术人员是不可缺少的。

公共链接

企业公共关系部的职能

企业公共关系部应发挥一种管理职能，即对企业的形象和声誉实施战略管理。企业公共关系部所行使的职能主要有以下七个方面。

（1）积极组织和开展有关调查工作，监测舆论环境，分析各种信息，为企业发展战略和相关工作计划的制定提供依据。

（2）对企业形象的定位、设计等有关企业形象整体建设方面的问题进行统筹考虑，并向决策层提出切实可行的建议。

（3）作为企业的新闻发言人，或是新闻发言人的支持部门，深入把握企业情况，及时向社会公众提供企业的各种信息。

（4）制订整体传播计划，通过策划和实施各种新闻发布活动或公共关系专题活动，有效地传播企业或品牌的良好形象。

（5）积极、主动地与企业运营有关的社会公众进行沟通，并协调和拓展这些关系，为企业发展营造一个良好的环境。

（6）协助企业决策层建立科学、务实的危机管理机制，并负责日常危机信息的收集及危机预警（防范）方面的工作。

（7）具体应对并妥善处理企业随时有可能面临的各种突发性危机事件，切实维护企业或品牌的社会声誉和良好形象。

（资料来源：企博网）

课堂讨论

举例说明某一社会组织中公共关系部的工作范围。如果该社会组织中没有公共关系部，分析其哪个部门的工作职能接近公共关系部，并分析与公共关系部的职能有什么不同。

2. 公共关系公司

公共关系公司又称公共关系咨询公司、公共关系顾问公司、公共关系事务所，是指由公共关系专家和专业人员组成，独立于社会组织之外，以提供公共关系咨询服务为主要工作内容的知识密集型专业机构。公共关系公司的业务范围很广，能参与任何方面的公共关系事务并提出建议，提供服务。公共关系公司的基本职能是对客户的一切影响公众利益的活动予以指导、建议和监督，帮助客户与社会公众之间实现双向信息交流和沟通，为客户建立美好的声誉和形象。公共关系公司的工作实际上是公共关系部工作的社会化。

（1）公共关系公司的类型。依据不同的划分方式，公共关系公司有多种类型。从国际上看，公共关系公司大致有以下几种类型。

① 综合服务咨询公司。这类公共关系公司以分类公共关系专家（如媒介关系专家、消费者关系专家、社区关系专家、员工关系专家等）和公共关系技术专家（如演说专家、出版物专家、民意测验专家、宣传资料专家等）为主体。这类公共关系公司经济实力较为雄厚，业务范围广泛，能为客户提供多方面的综合性服务。

② 专项业务服务公司。专项业务服务公司是以各种专业人才、技术和设备为客户专门提供各种公共关系技术服务的公司，如为客户专门提供广告设计服务或为客户专门提供形象调查服务等。

③ 特定行业服务公司。这类公共关系公司是为特定行业提供公共关系服务的公司，如帮助工商企业推广业务、促进经营、维护合法权益和树立良好形象等。

（2）公共关系公司的工作模式。公共关系公司的工作模式主要包括以下三种。

① 提供公共关系业务咨询。就客户提出的公共关系问题，提供建议和咨询，以及某方面的信息等，供客户决策层参考。

② 策划实施公共关系活动。受客户委托，全权负责某项专题公共关系活动，如市场调查、公众调查，大型活动方案的制定和执行，充当客户的引荐人和调解人等。

③ 代理客户的公共关系工作。受客户的长期聘请，包揽客户的全部公共关系工作或指派公共关系专家做客户的长期公共关系顾问。

（3）公共关系公司的工作内容。公共关系公司的业务可分为咨询业务和代理业务，具体工作内容涉及以下几个方面。

① 确立公共关系目标。通过协助客户开展调查研究，分析原因，提出解决问题的办法，进而确立公共关系目标。

② 制订和协助实施计划。根据已确立的公共关系目标，以及客户存在的实际问题，帮助客户制订有效的公共关系计划，并协助客户实施公共关系计划。

③ 培训人员。接受客户委托，对公共关系人员进行培训，以提高他们的业务水平和工作

能力。

④ 编制预算。帮助客户编制公共关系预算。

⑤ 协助客户开展内部公共关系工作。

⑥ 协助客户处理社会性事件，消除不良影响。

⑦ 帮助客户进行公共关系计划实施效果的评估。

⑧ 为社会组织提供一般公共关系咨询服务，如企业中的公共关系机构如何设置，公共关系人员如何培训，某个公共关系难题如何处理等。

⑨ 为客户提供公共关系一般业务服务，如帮助客户联系新闻媒介、策划专题活动、组织大型会议、撰写稿件等。

（4）公共关系公司的工作程序。公共关系公司的工作程序一般分为以下几个步骤。

① 接受客户委托并签订协议书。协议书的签订表明委托关系的正式形成。这种委托的形成既可以由客户主动提出，也可以由公共关系公司主动提出。

② 调查研究与分析。针对客户的公共关系目标，对公共关系现状和影响公共关系目标实现的因素进行调查研究与分析。

③ 撰写委托报告书。根据调查研究与分析的结果，向客户提交委托开展公共关系事务的详细方案。

④ 进行可行性论证。主要对委托报告书中的方案是否能够达到公共关系目标，以及是否具备实施的条件进行论证。可行性论证要有客户代表参加，若顺利通过，则可进行下一步骤；若未能通过，则重新进行调查研究与分析。

⑤ 实施工作计划。在这个过程中，公共关系公司应接受客户的检查和监督，若发现问题，则及时采取解决措施。

⑥ 效果检测评估。评估的结果作为公共关系公司此次工作业绩优劣的衡量标准。

（5）公共关系公司的机构设置。公共关系公司的内部机构一般由以下三个部分构成。

① 行政部门。行政部门通常包括总经理、副总经理和一定数量的业务经理人员，其中业务经理人员的主要工作是具体组织、制定和实施为客户服务的公共关系项目。

② 审计部门。审计部门一般由业务经理人员、业务部门负责人和公共关系专家组成。其任务是在公司承办的各项业务开始时或实施过程中，审查项目的可行性、效益高低和监督实施情况，并负责统筹安排人力、物力、财力，及时为各个项目提供指导和咨询服务，避免事故发生，保证质量。

③ 专业部门。专业部门是根据公司的业务范围和专业特色设置的具体业务部门，一般又可细分为以下部门：财政关系部、形象服务部、调研预测部、公共事务部、产品宣传部、项目研究部、美工影像部、顾客服务部、外事联络部、教育培训部等。

公共链接

博雅公关公司的服务内容

创建于1952年的博雅公关公司总部设在美国纽约，1992年成立广东博雅公共关系有限公司，公司的专业服务内容如下。

（1）企业传播：企业定位、大型活动策划及组织、与媒体建立关系。

（2）市场传播：产品及服务定位、市场营销支持、消费者权益保护、消费知识普及、教育活动、与媒体建立关系。

（3）公共事务：政府关系、社会热点问题监控、社会公益及慈善活动。

（4）危机管理：危机预警及传播系统的建立、现场危机处理、与媒体建立关系。

（5）医疗传播：医疗产品及服务定位与推广、医疗保健知识普及、患者咨询活动。

（6）企业改进沟通：企业文化融合、员工关系、社区关系。

（7）财经传播：企业上市传播、金融机构形象传播。

（8）新媒体传播：提供网络、多媒体等新兴媒体传播手段和技术支持。

（9）传播技巧培训：为企业负责人进行公共关系、媒体传播、公开演讲等与传播有关的技能培训。

思迈公关公司业务内容（二维码2-2）

扫一扫

二维码 2-2

课堂讨论

请比较分析公共关系部与公共关系公司的区别和联系。

3. 公共关系协会

公共关系协会是从事公共关系理论研究和实务工作的人按照一定的规章制度自发组织起来的群众团体，其宗旨是团结公共关系界同人，研究公共关系理论，交流公共关系信息，开展公共关系咨询服务和公共关系培训，促进公共关系事业的发展。

（1）公共关系协会的特征。

① 人员的广泛性。公共关系协会的会员由热爱公共关系事业的各行各业人士组成，既包括其所在地区新闻、科技、文教法律、党政机关等单位的人士，又包括协会所属行业中有代表性的单位，具有行业的广泛性和人员构成多层次、职业的差异性等特点。通过这种组织，可以形成四通八达的信息联络网，广采信息，广交朋友，广辟渠道，广泛合作。

② 组织的松散性。公共关系协会没有统一的组织活动，组织内部结构根据自身需要而灵活设置，其会员都对公共关系感兴趣。

③ 工作的服务性。公共关系协会聚集了一批懂理论、重实践的专家学者和实际工作者，利用这一优势，可以为社会提供信息咨询服务。服务是公共关系协会的宗旨，一切活动都应以服务为准则，服务的质量是其生命力的体现。通过提供及时、实用、优质、高效的服务，既可满足社会对公共关系的需求，又可提高协会的知名度、信誉度和权威度。

④ 经费的自筹性。作为自发组织起来的团体，公共关系协会的活动经费主要靠自筹，包括团体会员和个人会员的会费，为社会开展咨询策划活动、公共关系培训所获得的服务费，以及所属经济实体的营业收入和企业赞助等。

（2）公共关系协会的分类。

① 综合型协会。我国有两个知名的公共关系协会：中国公共关系协会和中国国际公共关系协会。大多数省、自治区、直辖市和众多地区都有自己的公共关系协会。综合型协会的会员来自不同行业，具有广泛性、代表性、权威性，其主要任务是为政府部门、企事业单位提供咨询服务，协助有关部门和单位开展大型活动。

② 学术型协会。这类组织主要指各类公共关系学会、公共关系研究会等，如中国高等教育学会公共关系教育专业委员会。学术型协会的会员主要来自大中专院校、科研机构，属于知识分子群体，学术性比较强，其主要任务是进行学术研究、探讨，交流公共关系理论，从

事公共关系培训，指导公共关系实践，把握公共关系发展趋势等。

③ 行业型协会。这类组织是一种行业公共关系组织。不同的行业开展公共关系工作，有不同的特点。随着公共关系的深入发展，公共关系组织的行业化势在必行，发达国家的许多行业都有自己的公共关系组织。

④ 联谊型协会。这类组织没有严密的组织机构和规章制度，形式松散，常见的名称有公共关系俱乐部、公共关系沙龙、公共关系联谊会等，其主要活动方式是定期、不定期举办一些沙龙活动，在成员之间沟通信息，联络感情，建立良好的人际关系。

（3）公共关系协会的职责。公共关系协会是一种特殊的公共关系组织，它既是广大公共关系专家、学者及公共关系爱好者组成的团体，又是公共关系界与政府、工商企业及其他组织相互联系的纽带和桥梁，其宗旨是宣传公共关系思想，普及公共关系知识，协调公共关系活动，其具体职责体现在以下几个方面。

① 发展和联络会员。
② 宣传普及公共关系知识。
③ 组织公共关系人员的培训工作。
④ 制定公共关系职业道德规范。
⑤ 交流公共关系信息，开展公共关系咨询服务。
⑥ 编辑、出版刊物。

公共链接

中国公共关系协会简介

中国公共关系协会成立于 1987 年，由公共关系领域相关的企事业单位、社会团体及个人自愿参加、组成，是经中华人民共和国民政部核准登记具有社会团体法人资格的非营利性社会组织。中国公共关系协会遵守法律法规和国家政策，遵守社会道德风尚，努力促进中国公共关系事业的发展，为会员、企业和政府服务，为完善社会主义市场经济，实现中华民族伟大复兴做出应有的贡献。

中国公共关系协会自成立以来，致力于开拓和发展中国的公共关系事业，积极参与国际公共关系活动，弘扬中华民族文化，积极开展行业自律、资源整合、国际交流与合作、人才培训、理论研究等方面的工作，对促进公共关系事业的发展起到了重要的推动作用。协会拥有众多国内外资深教授和业界专家队伍，与国内外相关组织、著名院校合作，举办职业认证和专业培训等；编著业界专业书籍，提供各类国家权威培训，促进行业整体素质提高。协会通过举办各类讲座、论坛，为会员和行业提供及时的信息服务；通过举办各类活动，增进不同行业之间、企业之间、国内与国际之间的了解；为中国企业走向世界，为海外信息、人才、技术、资金进入中国提供服务。

2.1.3 公共关系人员

公共关系人员是指专门从事组织机构公众信息传播、关系协调与形象管理事务的调查、咨询、策划和实施的人员。从狭义上讲，公共关系人员是指以公共关系为职业的专职人员，包括组织内公共关系职能部门工作人员和社会上公共关系公司的专业人员。从广义上讲，公共关系人员是指从事与公共关系相关工作的专、兼职人员。从事公共关系工作的人员应该具

备强烈的公共关系意识、良好的心理素质、全面的知识能力等基本素质，并遵守公共关系职业道德准则。

1. 公共关系人员的基本素质

（1）强烈的公共关系意识。公共关系意识又称"公共关系思想""公共关系观念"，是指一种尊重公众，自觉致力于塑造组织形象、传播沟通、争取公众理解与支持的观念和指导思想；是对公共关系知识的凝练、公共关系实践的升华，对公共关系实践有指导作用。公共关系意识是组织建立良好公共关系的必要前提，是组织公共关系工作人员必备基本素质的核心。公共关系意识包括以下内容。

① 服务公众意识。公共关系又称公众关系，公共关系就是在做公众工作，公共关系人员必须有尊重和服务公众的意识，一切公共关系工作都要从维护公众利益出发，满足公众各方面的需求，投公众所好，为公众提供周到的服务。

② 塑造形象意识。组织形象是公共关系传播工作的核心，社会组织应认识到自身形象、认知度、美誉度对其生存和发展的价值，良好的组织形象是组织最重要的无形资产。公共关系意识中最重要的就是珍惜信誉、重视形象。良好的组织形象是开展公共关系工作的最终目的，公共关系人员要知晓认知度、美誉度对组织的价值，努力塑造、维护或矫正组织形象。

③ 协调沟通意识。沟通意识强调重视信息的传播，是一种平等民主、真诚互惠的意识。公共关系工作是一个系统工程，需要协调各方面关系。公共关系人员应该具备良好的协调意识，要遵循双向对称原则，公平竞争、团结协作，在沟通中寻求理解与支持，以此来提高组织内部的凝聚力和外部的和谐度，在沟通中谋求和谐发展。

④ 立足长远意识。立足长远意识是塑造组织形象稳定性的要求，也是组织追求卓越的体现。组织形象一旦传播出去、树立起来，就具备了相对稳定性。与公众建立良好的关系，不可能一蹴而就，而是需要不断努力。公共关系人员要有长远的眼光，既要立足于公共关系活动的经济效益，又要着眼于长期的公共关系战略目标；既要追求公共关系活动的经济效益，又要注重公共关系活动的社会效益。

（2）良好的心理素质。良好的心理素质主要包括以下内容。

① 充满自信。自信是指当面对现实或需要解决的问题时，经过冷静的分析而产生的相信自己的乐观心态。公共关系工作复杂难办，只有充满自信，公共关系人员才能有较强的事业心、坚强的意志，创造性地开展工作。

② 具有开放的心态。公共关系工作是一项开放性的工作，具有开放的心态的人才能热情、宽容地与各类性格的人相处，并且建立良好的关系。开放的心态表现为易接受新鲜事物，善于学习他人的长处，不断解放思想、更新观念，在工作中能够大胆开拓创新，积极探索。

③ 具有热情乐观的心态。热情乐观的心态能使公共关系人员充满想象力和创造力，保持广泛的兴趣，用真诚的热情和乐观的精神去与人打交道，帮助和感染对方，这样才能结交众多的朋友，更好地完成公共关系工作。

（3）知识全面。公共关系既涉及多学科的理论，实践性也较强，作为公共关系从业人员，必须掌握多方面的知识，具体包括公共关系理论知识、经营管理知识、传播沟通知识、社会交往知识等。

（4）操作能力强。公共关系工作要求从业人员具有较全面的操作能力，如人际交往能力、组织协调能力、表达写作能力、创新策划能力等。此外，随着国际交往的加强，公共关系人员还应熟练地掌握一门或多门外语。

一次公关部部长的聘任考试

一家公司准备聘用一名公关部部长，经笔试筛选后，只剩八名应聘者等待面试。面试限定他们每人在两分钟内对主考官的提问做出回答。当应聘者进入面试室后，主考官说的是同一句话："请您把大衣放好，在我面前坐下。"

然而，在面试室中，除了主考官使用的一张桌子和一把椅子，什么东西也没有。有两名应聘者听到主考官的话以后，不知所措，另有两名应聘者急得直掉眼泪；还有一名应聘者听到提问后，脱下自己的大衣，搁在主考官的桌子上，然后说了句："还有什么问题？"结果，这五名应聘者全部被淘汰了。

剩下的三名应聘者，一名听到主考官的提问后，先是一愣，随即脱下大衣，往右手上一搭，躬身致礼，轻轻地说道："这里没有椅子，我可以站着回答您的问题吗？"主考官对这个人的评价是："有一定的应变能力，但创新开拓不足。彬彬有礼，能适应严格的管理制度，可用于财务和秘书部门。"另一名应聘者听到问题后，马上回答道："既然没有椅子，就不用坐了。谢谢您的关心，我愿听候下一个问题。"主考官对此人的评价是："守中略有攻，可先培养用于对内，之后再对外。"最后一名应聘者听到主考官的提问后，随即走出门去，把候考时坐过的椅子搬进来，放在离主考官桌前约一米处，然后脱下自己的大衣，折好后放在椅子背后，自己在椅子上端坐着。当"时间到"的铃声一响，他马上站起来，欠身一礼，说了声"谢谢"，便退出面试室，把门轻轻地关上。主考官对此人的评价是："巧妙地解决了问题；富有开拓精神，加上笔试成绩佳，可以录用为公关部部长。"

结合案例，谈一谈一名优秀的公共关系人员应具备哪些素质。

2. 公共关系人员的职业道德准则

各国公共关系职业道德准则的具体条文虽然不尽相同，但都可归纳为以下三个方面。

（1）遵纪守法，不损害社会道德和他人正当权益。任何一个国家的公共关系人员，或者在任何一国进行公共关系活动的人员，必须遵守该国基本的法律、法规和社会公认的道德规范，这是公共关系人员最基本的职业道德准则。在公共关系实践中，某一组织的个体利益与社会整体利益有可能发生冲突，公共关系人员在这种情况下应当牺牲组织的个体利益，不能采取不正当的手段和方式，不能损害社会整体利益或其他组织的利益。

（2）忠于职守，自觉维护组织信誉。公共关系人员是代表某一组织进行公共关系工作的，应忠于职守，避免使用含糊或可能引起误解的语言；对客户或雇主始终忠诚；在任何场合均应在行动中表现出对所服务机构和公众的正当权益的尊重，以赢得有关方面的信赖；不能借用公共关系的名义从事任何有损所属组织或公共关系信誉的活动。

（3）公正诚实，不传播虚假信息。公共关系人员在开展公共关系活动时，不能传播没有确凿依据的信息，或者为了个体利益故意传播虚假的或容易使人误解的信息。做好这一点既是公共关系人员对公众权益的尊重，也是从根本上长久维护组织良好信誉的保证。

公共链接

中国公共关系协会发布的公共关系人员职业守则

（1）奉公守法，遵守公德；

（2）敬业爱岗，忠于职责；

（3）坚持原则，处事公正；

（4）求真务实，高效勤奋；

（5）顾全大局，严守机密；

（6）维护信誉，诚实有信；

（7）服务公众，贡献社会；

（8）精研业务，锐意创新。

时尚公关人的一天（二维码2-3）

扫一扫

二维码 2-3

2.2 公共关系的客体

公共关系的工作对象是公众。公众的支持和信任是组织生存的基础，公共关系的工作对象与中心任务就是处理和协调好社会组织所面对的各类公众，在公众心目中树立良好的组织形象，营造和谐合作的公众环境。公共关系实际上就是公众关系。

2.2.1 公众的特征

公众的特征如下。

1. 层次性

组织所面临的相关公众环境是由若干个人、群体和社会团体组合而成的，具有多层次的主体结构。组织的公众从外到内都是复杂的、多样的。组织要全面、系统地分析自己面对的公众。不同的群体和不同的层次形成不同的公众：紧密程度比较高的社会组织；比较松散的群体组合；更为松散的初级群体。他们可以属于三个层次：内部公众、外部有组织的公众和外部无组织的公众。

2. 相关性

一个人或一个群体和组织能够成为某一组织的公众，是因为其与该组织具有一定的相关性。组织的行动和政策会对公众产生影响，同时公众的言行与态度也会对组织的生存和发展产生影响。社会群体由于共同的需求和目的而成为某一组织的相关公众。相关公众是具有某种内在共同性的群体，例如职务、年龄、工作、性别不同的消费者，由于购买了同一品牌的产品，就成为该企业的公众，形成了利益共同体，他们的态度、行为就能对该企业产生影响。

公共关系工作首先就是要寻找自己的目标，然后才能有针对性地开展工作。

3．互动性

互动性是指某些公众的意见、观点和行为同组织相关且相互作用。公众对组织的目标和发展具有实际或潜在的影响力、制约力，甚至可以决定组织的成败。同样，组织的决策和行为对其公众也具有实际或潜在的影响，制约着公众所面临问题的解决及需求的满足。

4．多变性

公众与组织之间的联系及相互作用总是处在不断变化和发展中，具体体现在以下几个方面：首先，公众性质的变化性，如相关公众变成无关群体，潜在公众变成行动公众，次要公众变成主要公众，协作关系变成竞争关系等；其次，公众数量是随时变化的，如用户增多或减少等；最后，内部员工在不断变化，如员工的吸纳与解雇等。由于公众具有多变性，组织在开展公共关系工作时要随时调整自己的方针政策。

2.2.2　公众的类型

组织面对的公众是复杂多样的，要想更好地了解自己的公众，提高公共关系工作的针对性和目的性，应根据不同的需要，从不同的角度，对公众进行科学的分类，把握其内在的规律，从而更好地开展公共关系工作。具体来说，可以根据以下标准对公众进行分类。

1．根据公众的隶属关系分类

根据公众的隶属关系，公众可分为内部公众和外部公众。

（1）内部公众。内部公众一般与组织有归属关系，是组织的构成部分，包括组织的职工、股东及家属等。这类公众与组织有着密切的关系，他们的意见、态度、情感等对组织的生存和发展会产生直接影响，同时组织的境况也直接决定着他们的利益，他们是组织最重要的公众，协调好内部公众的关系，是公共关系工作中最重要的任务之一，是组织内求团结、外树形象的保障。

（2）外部公众。外部公众是指那些与组织没有归属关系的公众，是组织面临的外部微观环境，包括政府公众、社区公众、媒介公众、消费者公众、同行公众、社会名流公众等。

2．根据公众的重要程度分类

根据公众的重要程度，公众可分为首要公众和次要公众。

（1）首要公众。首要公众是指对组织的生存和发展能够产生重大影响，甚至具有决定性作用的公众，如政府要人、社会名流、新闻记者、意见领袖等。

（2）次要公众。次要公众是指对组织的生存和发展有影响，但影响程度不大的公众，如普通消费者。

一般来说，首要公众较少，而次要公众较多。组织应对首要公众投入大量的人力、物力和时间，将其作为公共关系工作的重点；对次要公众注意其群体倾向，注意引导、转化。首要公众和次要公众是相对而言的，二者之间可以互相转化。

3．根据公众对组织的态度分类

根据公众对组织的态度，公众可分为顺意公众、逆意公众和边缘公众。

（1）顺意公众。顺意公众是指那些对组织的政策、行为持赞成意向和支持态度的公众。

（2）逆意公众。逆意公众是指对组织的政策、行为持否定意向和反对态度的公众。

（3）边缘公众。边缘公众又称独立公众，是指对组织持中间态度，尚未表明观点或意向不明朗的公众。

顺意公众和逆意公众往往只占少数，边缘公众则是大量的。公共关系工作应注意稳定和增加顺意公众，不断加强与他们的联系；减少逆意公众，做好逆意公众的转化；重点争取边缘公众，引导他们成为顺意公众，防止他们成为逆意公众。

4. 根据公众构成的稳定性分类

根据公众构成的稳定性，公众可分为临时公众、周期公众和稳定公众。

（1）临时公众。临时公众是指因某一突发事件、偶然因素或专题活动而形成的公众，如示威游行的队伍，展览会、音乐会的观众等。突发事件往往难以预测，处理不好会影响公共关系工作。因此，组织平时要注意防患未然，提高应对突发事件的能力。

（2）周期公众。周期公众是指按一定规律和周期出现的公众，比如节假日的游客，他们的出现是有规律的、可以预测的。商家经常利用"五一"或"十一"黄金周开展促销活动。

（3）稳定公众。稳定公众即比较稳定的公众，如老主顾、常客、社区人士等。稳定公众是组织的基本公众，数量的多少是衡量一个组织公共关系工作的主要标志。企业如果有大量的稳定公众，其发展会更有保障。

5. 根据组织对公众的态度分类

根据组织对公众的态度，公众可分为受欢迎的公众、不受欢迎的公众和被追求的公众。

（1）受欢迎的公众。受欢迎的公众是指那些主动接近组织、扶持组织，有利于组织生存和发展的公众，如赞助者、投资者、慕名前来的顾客等，对这类公众应给予一定的回报。

（2）不受欢迎的公众。不受欢迎的公众是指那些违背组织意愿，对组织构成潜在的或现实威胁，并损害组织利益的公众，如持不友好态度的记者等。这类公众虽然不受欢迎，但也不能不理不睬，而应实事求是地说明情况，争取他们的理解，防止双方对立。

（3）被追求的公众。被追求的公众是指能够给组织带来有利影响，但对组织不了解或不感兴趣的公众，如著名的记者、社会名流等。对这类公众，要设法接近，与他们建立密切的关系。

课堂讨论

对公众进行科学的分类对有效地开展公共关系活动有哪些帮助？

6. 根据公众发展的阶段分类

根据公众发展的阶段，公众可分为非公众、潜在公众、知晓公众和行动公众。

（1）非公众。非公众是指与本组织无关，其观点、态度和行为不受该组织影响的公众。明确了组织的非公众，可以降低公共关系工作的盲目性，避免浪费。

（2）潜在公众。当某一社会群体或个人与组织发生利益关系时，这个组织的行为可能会引起某个共同问题。由于这些问题尚未暴露或这些公众还未意识到问题的存在，这些公众就成为组织的潜在公众。因此，及早发现潜在问题及其可能导致的后果，迅速采取行动，是最佳的公共关系方案。

（3）知晓公众。知晓公众是由潜在公众发展而来的。当潜在公众意识到自己面临的问题

时就会发展成知晓公众。这时，组织就要积极沟通，主动传播控制，引导局面。

（4）行动公众。行动公众是由知晓公众发展而来的。当知晓公众采取实际行动或准备采取实际行动来解决所面临的问题时，他们就成为行动公众。组织对于行动公众要冷静处理，防止事态扩大，使问题得到妥善解决。

2.2.3　公众的心理

1. 公众的心理倾向

公众并非被动地接收组织的信息，而是具有主观能动性的。公众的这种能动性发挥得越好，他们的参与意识和实际介入程度越高，公共关系活动也就越容易成功。公众的参与和介入通常考虑五个方面：喜欢与否、需要与否、值得与否、能够与否、实行与否。这五个方面与下列五种心理倾向有着密切的联系。

（1）公众的兴趣。兴趣是人脑对特定事物的特殊认识倾向，它表现为个人渴望深入探究某种事物，并力求参与该种活动的意向。兴趣对一个人的动机和行为模式有重要的影响，在某种程度上可以指导一个人的行为。正如孔子所说："知之者不如好之者，好之者不如乐之者。"公共关系人员要善于观察，发现不同公众在不同时间与地点的不同兴趣和爱好，投其所好才有利于优化公共关系活动的效果。

（2）公众的需要。需要是人们对某种目标的渴望和个体的欲望，是人们缺乏某种东西或受到某种刺激时产生的一种主观状态。不同的人有不同的需要，同一个人在不同的时间和场合也有不同的需要。美国心理学家马斯洛的"需要层次理论"，将人类的需要由低到高分为五个层次：生理需要、安全需要、社交需要、尊重需要和自我实现的需要。人类的需要是发展的，不一定严格按照这种顺序出现。在现实生活中，随着社会的进步，人类的需要越来越多样化，但在某一特定时期，每个人都会有他最迫切的需要，我们称其为优势需要。公共关系人员要及时了解和满足公众的优势需要，以赢得公众的支持和依赖。

（3）公众的价值观。价值观是一个人对周围事物好坏、善恶和重要性的评价，是决定一个人态度和行为的心理基础。国家和民族不同，宗教信仰或社会制度不同，往往会产生不同的价值观。在相同的客观条件下，价值观不同的人会产生不同的行为。在开展公共关系活动时，要具有针对性。我国加入 WTO 后，各组织要在国际范围内与更多的人打交道，所面临的环境更为复杂。因此，公共关系人员要加强学习，只有具备了全面的知识，学会了与具有不同价值观的人打交道，求同存异，才能取得更多公众的支持。

（4）公众的自我倾向。公众中有的是主观自我倾向占主导地位，有的则是客观自我倾向占主导地位。主观自我倾向就是强调自身的主体地位，这类公众经常考虑"我想怎样""我要怎样"；而客观自我倾向主要强调环境的制约作用，这类公众经常考虑"我应该怎样""我能怎样"。这两种自我倾向因人而异，因时间和地点不同而异。公众的这两种自我倾向都可以通过对某件事的认识、评价，以及他们的态度反映出来。作为公共关系人员，不仅要了解公众的自我倾向，还要努力引导公众，使公众的态度与评价向着有利于组织生存和发展的方向转化，通过与抱有消极态度的公众进行沟通与交往，"化干戈为玉帛"。

（5）公众的决策倾向。不同的人，甚至同一个人在不同的场合，对某件事的决策会表现出不同的特点。以消费者的购买行为为例，有理智型、冲动型、习惯型、不定型等几种决策倾向。作为经营者，要与各种各样的消费者打交道，如果能及时、准确地判断出消费者的购买意向，则有利于交易的成功，能够提高营销活动的效率。从公共关系的角度来看，作为公共关系主体的社会组织，应该针对不同的收入阶层，不同的职业和文化水平，以及不同的性别和年龄段的消费者，采取积极主动的公共关系策略，适时引导和满足消费者的需求。

案例2.2

《乌合之众》是法国著名社会心理学家古斯塔夫•勒庞的重要著作，被誉为大众心理学的开山之作。它首次出版于1895年，迄今已有一百多年的历史。

在书中，勒庞探讨了群体的道德观、情感、想象力、信念等，并指出个人在群体中容易丧失自我意识，成为盲目、冲动、狂热、轻信的"乌合之众"中的一员。

此外，勒庞还深入研究了群体行为的特点和规律，包括模仿性、易感性、情绪化、短视性等，并分析了集体意识的产生和集体想象力的作用。

这本书不仅深入剖析了群体心理的本质，还涉及心理学、社会学、传播学、政治学等多个领域，为人们理解集体行为的作用及对社会心理学的思考提供了重要的参考。

《乌合之众》是一部深刻揭示群体心理和行为规律的经典之作，对于理解人类社会中的集体现象和行为具有重要的指导意义。

案例讨论

阅读《乌合之众》或相关书评，分析公众的心理特征。

2. 公众的心理定式

公众的心理定式是指在一定的社会条件下，由人与环境相互作用而出现的公众对某一对象（人、事、物等）的共同的心理状态与一致的行为倾向。

心理定式有时会产生积极作用，但很多情况下会造成消极的影响。公共关系人员应了解如何利用心理定式，如何对待和处理公众的心理定式。

（1）首因效应。首因效应又称首次效应，指交往双方形成的第一印象对今后交往关系的影响。在公共关系活动中，公共关系人员与公众打交道时要十分注意自己的仪表和形象，争取给公众以良好的"第一印象"，这是很有必要的；同时，应避免"第一印象"可能造成的错误判断。首因效应不仅仅来自直接的接触，很多情况下也来自传播媒介的间接影响。显然，组织在开展公共关系活动时还应注意传播媒介的特殊功能，应从一开始就注意，因为很多媒介传播的速度快、覆盖面广。

（2）近因效应。近因效应是指最后给人留下的印象往往会造成的影响。例如文艺演出，放在最后的一个节目往往是高质量的，也是十分能吸引观众的，也就是人们常说的"压轴戏"。同样的道理，在开展公共关系活动时，要想让活动给公众留下深刻的印象，就要注意结尾的高潮部分，一项公共关系活动如果"虎头蛇尾"，那么往往不会取得理想的效果。与首因效应一个道理，了解公众也不能太受近因效应的影响。

（3）晕轮效应。在刮风天气出现之前的晚间，月亮周围会出现一个大圆环，这种现象称为月晕，又称晕轮。月晕是月光照在带水分的空气上产生的一种特殊的光学效应。由于这种效应，人们看不清月亮本来的面目。"晕轮效应"就是由此引申过来的，用以表示主体对认知对象的一种认知偏差倾向。这主要表现为"以木为林"，以偏概全的心理定式。"晕轮效应"

也有正面和负面两个方面的影响。公共关系人员可以利用人们的这种认知偏差，策划并开展一些公共关系活动。

（4）社会刻板印象。由于地理、政治、经济、文化等条件不同，人们往往对不同的人群形成一种较为固定的看法，这种判断未必有充分的理由，但在很多场合左右着人们对不同人群的评价和判断。这就是社会刻板印象。

社会刻板印象也是一种以偏概全的思想方法，因为它只凭一些过去的经验，或者沿袭下来的看法，以有限的信息得出较为普遍的结论，当然容易出现偏差。刻板印象的存在，在一定程度上阻碍了人与人之间的正常沟通。一些公共关系人员与他人打交道时，常以学历高低去判断他人的水平高低。切忌只凭职业、地区、性别等方面的已知经验，把人分为豪爽、细腻、粗鲁、诚实等类型。

（5）定型效应。定型效应又称定型作用或经验效应，是指公众个体在对对象进行认知时，总是凭借自己的经验对对象进行认识、判断、归类的心理定式。也就是说，人们在认识他人或一些物品时，会自觉或不自觉地根据自己的经验进入一种心理准备状态，这种准备状态会使他对对象做定型或定式分析。由于定型效应在公共关系活动中广泛存在，因此公共关系人员应注意利用定型效应：一是要利用公众的定型效应来巩固自己组织在公众心目中的良好形象；二是要注意一旦因为某事或某人使自己组织在公众心目中的形象受损，就要改变公众的定型模式。

（6）移情效应。移情效应是指人们在对对象形成深刻印象时，当时的情绪状态会影响他对对象本身及其关系者（人或事物）的评价的一种心理倾向，即把对特定对象的情感迁移到与该对象相关的人或事物上，引起他人的同类心理效应。移情效应首先表现在"人情效应"方面，即以人为情感对象，并将自己的情感迁移到他人身上的效应；还表现为"爱屋及乌"，即由于爱某人而爱关于他的一切；同时突出地表现在人们之间的情绪感染方面，即人的喜、怒、哀、乐等情绪往往会影响其周围的人，从而产生情绪迁移。例如，现代广告的"名人效应"就是移情效应的运用。乔丹为耐克鞋做了代言人以后，乔丹的粉丝们都争相购买耐克鞋。由于移情效应的影响很大，因此公共关系人员要自觉利用移情效应，充分调动公众的良好的情感体验，有效地开展公共关系活动。

课堂讨论

通过公众心理有关内容的学习，分析企业请明星代言产品有哪些好处。

2.3 公共关系的媒介

连接公共关系的主体与客体的纽带是信息传播。信息传播是指一定的社会组织在特定的时空范围内，将自身产生的或已吸收的信息，通过一定的编码处理，借助一定的信息传播通道，按照预定的目标，向有关公众进行传播的一种组织信息传播活动。要想使信息传播真正有效，就应当先了解传播的有关知识。

2.3.1 传播的要素

传播是人们在交往过程中将信息进行传递、接收、共享和沟通的过程。传播要素是构成传播活动的必要条件。构成信息传播的要素有哪些，学术界至今还没有完全统一的意见，有人认为是四个要素，即传播者、信息、途径、接收者；还有人认为是六个要素，即传播主体、传播内容、传播媒介、传播对象、传播效果和传播反馈；编者认为，信息传播由五个要素构成，即信源、信宿、信息、信道、反馈。它们之间相互联系、相互制约，并且处于不断循环的过程当中。

1. 信息发生源——信源

信息发生源是信息交流的基础，即传播者。在信息传播过程中，传播者处于积极、主动的地位。它确定传播的内容，选择传播的形式、方法。信源影响和制约着整个信息传播的过程：传播什么、向谁传播、什么时候传播、在什么地点传播、通过什么渠道传播、要达到什么目的等，都是由它所决定的。因此，信息发生源是信息传播中最关键的因素。

2. 信息接收源——信宿

信息接收源就是信息接收者，实际上就是公众，是信息到达的地方，即接收并利用信息的一方，又称受传者或受众。受众是传播的目标和归宿，在传播活动中虽然处于被动地位，但对信息的接收有决定权。信息源从类型上来说，可以是个体、群体，也可以是各种社会组织。信息传播只有尊重公众的需要，反映公众的要求，并从传播内容上确保公众接收的可能性，才能使公众真正接收和分享组织传来的信息，取得良好的传播效果。

3. 信息内容——信息

信息是可以被感知、采集、储存和传递的，它是信息传播中具体传播的原材料，是传播得以存在的基础。信息内容包括信息的实质内容及其表现形式。信息传播的内容一般包括组织的基本情况、组织的实力、组织的产品与服务情况、组织的生产与工作情况、组织的管理与组织的文化建设情况、组织的重要活动、组织获得的荣誉和社会影响、公众对组织的评价等。选择与加工出质高量足的信息内容，是确保信息传播有效的关键之一。

4. 信息传播通道——信道

信息传播通道是指信息从发生源传播到接收源的过程中所经过的地方，又称媒介，媒介是信息传播的载体或渠道，用于记录、保存、传递、反馈信息，如语言媒介、文字媒介、实物媒介等。在信息传播中，信息从发生源到接收源总是要经过一些通道的，具体包括人际信息传播通道、组织信息传播通道、大众信息传播通道、邮电信息传播通道、信息网络传播通道、专题活动传播通道，它们在功能和作用方面，彼此之间可以相互交叉、相互借用。

5. 信息反向传播——反馈

在信息传播系统中，信息的发送者将信息传输给接收者，接收者将接收和应用的效果及有关问题作为信息反向传输的内容传输给发送者，以便发送者了解传播效果，并且为下次的传播活动决策提供依据，这种信息的反向传输过程就是信息反馈。在传播过程中，传播者可根据受众对信息的反馈来调整自己的传播行为。也就是说，信息反馈使信息传播构成了一个闭环控制系统，真正实现了信息传播的双向交流特性，有利于提高信息传播的质量和信息传播的效益。

2.3.2　传播的模式

1. 拉斯韦尔模式

美国传播学家拉斯韦尔将传播的过程归纳为五个方面，即 Who（谁——传播者）、What（说什么——传播内容）、Which channel（通过何种渠道——传播媒介）、Whom（对谁说——传播对象）和 What effects（达到什么目的——传播效果）。因为这五个方面的英文首字母都是 W，所以又称"5W 模式"。5W 模式忽略了信息反馈，是单向的信息传播，因此又称线性传播模式。拉斯韦尔模式虽然存在一些缺陷，但仍为人们提供了非常有用的线索，帮助人们把错综复杂的传播过程理出头绪来，使人们弄清楚影响传播效果的因素究竟有哪些，如图 2-1 所示。

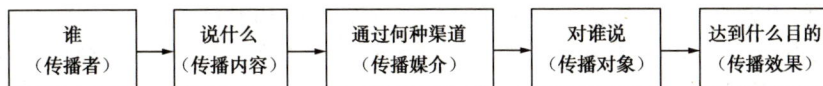

图 2-1　拉斯韦尔模式

2. 香农－韦弗模式

香农－韦弗模式是美国贝尔实验室工程师香农和韦弗在研究如何获得传播的最好效果时，从信息论角度提出的传播模式，如图 2-2 所示。

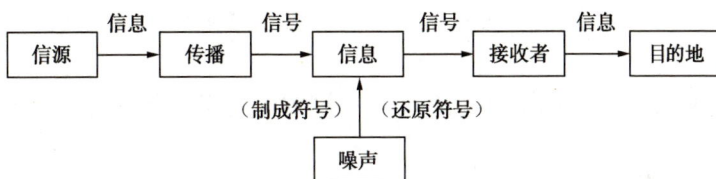

图 2-2　香农－韦弗模式

香农－韦弗模式的特点是包含"制成符号"和"还原符号"，特别是提到了"噪声"，表明信息在传播过程中会受到干扰，从而可能引起信息失真。

但这种模式仍属于一种单向直线传播模式，后来的研究者认为，只考虑到噪声还不够，传播中的信息反馈过程更能反映出其实质。后来的研究者在研究传播模式时，都在尽可能的范围内充分体现接收者的反馈作用，施拉姆模式就是这种模式。

3. 施拉姆模式

施拉姆是美国的大众传播学权威，他提出的传播模式又称控制论传播模式，如图 2-3 所示。

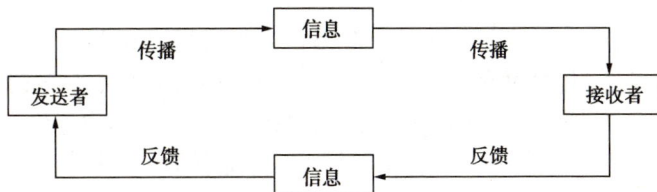

图 2-3　施拉姆模式

施拉姆模式是一种双向的循环式运行过程，它与传统线性传播模式的根本区别在于它引

进了反馈机制。

以上三种模式分别代表了不同时期人们对传播过程的不同理解，体现了人们对传播认识的不断深化。

课堂讨论

分析三种不同的传播模式分别对我们提高传播效果有什么帮助。

2.3.3 传播的类型

信息传播的类型不同，其特点、适用范围、实施过程和具体要求也不尽相同。在信息传播中，明确地区分信息传播的类型，有利于正确地选用信息传播方法，使组织取得良好的公共关系效果。在此，我们从不同的角度介绍信息传播的一些主要类型。

1. 按照信息传播的范围划分

按照信息传播的范围不同，信息传播可分为组织内部传播与组织外部传播。

（1）组织内部传播。其是指公共关系主体利用组织内部传播系统向组织内部公众进行的信息传播，如组织通过发文、编辑内部刊物、召开员工大会向员工传播信息等。

（2）组织外部传播。其是指公共关系主体利用组织外部传播系统向组织外部公众进行的信息传播，如企业向消费者传播产品信息、向合作者传播协作意向信息、向新闻媒介发布新闻信息等。

信息在组织内部范围的传播和在组织外部范围的传播应有所不同，在技术方法和内容上也要内外有别。

2. 按照信息传播的目标对象划分

按照信息传播的目标对象不同，信息传播可分为单向传播与多向传播。

（1）单向传播。其是指公共关系主体将信息按某一方向单纯地向某一类公众传播，如企业向政府部门汇报工作、报告经营情况、回答个别消费者咨询的问题等。其传播的目的是集中影响或服务于某一类特定的公众，以求得某一类特定公众对组织的深入了解和理解。

（2）多向传播。其是指公共关系主体将信息向多种公众传播，如企业的宣传广告、新闻报道、开业典礼等。其传播的目的是扩大影响和服务的公众范围，以求得更多的公众对社会组织的了解和支持。在某些信息传播活动中，可以实现二者有机结合，以求得信息传播的最佳效益。

3. 按照信息传播的级次划分

按照信息传播的级次不同，信息传播可分为直接传播与间接传播。

（1）直接传播。直接传播又称单级传播，是指信息由信息发生源直接向信息的接收利用者传播，是中间不经过其他人员或组织的传播。例如，企业之间的业务磋商、公共关系谈判、企业领导与员工谈心等。其传播特点为传播途径少，信息易被公众接收，但在某些信息传播中影响力会受到限制。

（2）间接传播。间接传播又称多级传播，最典型的是两级传播，是指信息从发生源发出后，经过某些作为中介的人员或组织，间接地把信息传达到目标受众的信息传播。其传播特

点为在公共关系主体和目标受众之间插入了其他的媒介，信息的影响力增大，容易引起公众的注意。

4．按照信息传播媒介的特征划分

按照信息传播媒介的特征不同，信息传播可分为人员传播与非人员传播。

（1）人员传播。其是指通过人员途径把信息传向目标受众的传播。通常的传播人员有公共关系人员、业务人员、社会名流等。其传播特点为灵活机动、富有感情色彩，便于进行双向沟通，可以适时回答接收者提出的问题，及时调整传播策略，特别是借助社会名流进行传播，还能使信息产生更大的影响力。因此，人员传播是信息传播的一种有效形式。

（2）非人员传播。其是指不直接通过人员途径，而是通过其他媒介把信息传向目标受众的传播。常见的传播媒介有大众传播媒介、邮电通信媒介、实物媒介、书面传播媒介等。其传播特点为传播信息数量大、时空扩散范围广、社会影响较深远。在现代公共关系工作中，非人员传播被日益广泛地采用。二者的有机结合能更好地传播公共关系信息。

5．按照信息传播渠道的特征划分

按照信息传播渠道的特征不同，信息传播可分为正式渠道传播与非正式渠道传播。

（1）正式渠道传播。其是指借助组织可控的传播渠道和传播路线进行的信息传播。其传播特点为组织所要传播的信息内容，传播信息渠道、路线、方向、范围，以及传播的时空都是可控的。正式渠道是信息传播的主渠道。任何有组织、有计划、有目标、有规范程序的信息传播活动都可以被看作正式渠道传播。

（2）非正式渠道传播。其是指通过不受组织正式控制或无法由组织正式控制的传播路线进行的信息传播。其传播特点为信息传播迅速。公共关系人员应重视利用，以借助非正式渠道快速地、扩散性地传播信息。但是，信息内容时常被严重地歪曲，为此公共关系人员应采取一定的措施迅速做出反应，如对其不准确的传闻或被歪曲的信息内容进行辟谣、解释等，以使不当的非正式渠道传播中断或不确切的信息内容得以纠正。

6．按照信息传播的数量与集中程度划分

按照信息传播的数量与集中程度不同，信息传播可分为集中性传播与连续性传播。

（1）集中性传播。其是指在一定时间内、一次性地集中传播一定数量的信息的传播。其传播特点为传播的信息量较大，能比较系统、全面地反映一定时期内某一事物的发展状况及特征，且传播活动时间集中，影响力大，特别适用于组织发展有重大进展或组织公共关系状态因某种原因而发生较大变化的情况，如企业通过 ISO 认证、企业重组等。

（2）连续性传播。其是指在日常公共关系事务中，以连续的形式不断地向公众传播信息。其传播特点为一次传播的信息量较少，但因其及时、客观、真实地连续传播，能使公众从不同角度了解组织，特别适用于日常信息传播和维系型公共关系工作的开展。

7．按照信息传播的方式划分

按照信息传播的方式不同，信息传播可分为自身传播、人际传播、组织传播与大众传播。

（1）自身传播。自身传播以自我为传播对象，是每个人几乎每时每刻都在进行的一种内在传播活动。其传播特点为传播量大，在个人自身意识中进行，是外在交流的基础。

（2）人际传播。人际传播是指人们之间通过语言、动作和表情、电话、书信等媒介进行交流的传播方式。它是最常见、最广泛的一种传播方式。其传播特点为情感性和隐私性强，

对象明确、有限，近距离直接传播，信息反馈及时，简便易行，但传播范围小。因此，它的使用广泛、频繁，是增进情感的有效手段。

（3）组织传播。组织传播是指组织与其内部公众之间进行的信息沟通交流活动，传播主体是一级组织，传播对象是内部成员，可根据信息的内容在一定范围、一定级别内进行传播。其传播特点为具有层次性，可控性、保密性强，且传播范围小，一般限于组织成员。其传播方法主要有会议、座谈、谈话、板报、广播等。组织传播是增强组织凝聚力、密切员工关系、提高工作效率的有效手段。

（4）大众传播。大众传播是通过大众传播媒介向大量的社会公众进行信息传播的过程。大众传播媒介有两大类：一类是印刷类大众传播媒介，如报纸、杂志等；另一类是电子类大众传播媒介，如电视、广播和互联网，其优点是传播范围广、影响力大、可信度高，但技术要求高。大众传播是提高组织认知度、美誉度的有效手段，是现代公共关系主要采用的传播方式。其传播特点为受众广泛、分散，传播者职业化，借助外在传播媒介，内容丰富，形式多样。

课堂讨论

简单介绍某一组织的某一传播活动，分析其传播类型。

8. 按照公共关系理论研究和实务活动划分

按照公共关系理论研究和实务活动的不同，信息传播可分为新闻宣传型传播、公共信息型传播、双向非对称型传播和双向对称型传播。

（1）新闻宣传型传播。新闻宣传型传播的目的是进行宣传。公共关系人员依照直觉开展活动，向社会提供不完整的、歪曲的或半真半假的信息。因此，新闻宣传型传播是单向的，公共关系人员不具有倾听来自公众信息的意识，而且对企业完整形象的介绍也缺乏兴趣。

（2）公共信息型传播。公共信息型传播的目的是传播信息，而不是进行诱导。公共关系人员一般由新闻记者担任，其工作是向公众客观地提供组织的信息，但不注意倾听来自公众的信息。可见，公共信息型传播也是单向的，但是公共关系人员比较注意对企业完整形象的介绍。

（3）双向非对称型传播。双向非对称型传播的目的是进行科学的劝导。公共关系人员向公众传播组织的态度和行为，引导公众接受组织的观点。双向非对称型传播是双向的，公共关系人员既向公众传递信息，也了解公众的意见，只不过双向非对称型传播要求有利于组织，并且不打算根据公众的信息反馈改变自己，而是希望通过组织传播信息来影响或改变公众的态度和行为。可见，它是一种以组织为主的非对称型传播，有时甚至是单向传播。

（4）双向对称型传播。双向对称型传播的目的是促进和加深组织与其公众之间的相互理解。公共关系人员通常利用社会科学中的传播理论和方法，而不是诱导理论来规划和评估公共关系。双向对称型传播是双向的，而且组织与其公众的对话地位是平等的，双方可以对等地影响对方，组织通过传播信息影响或改变公众的态度和行为，同时组织也要根据公众的信息反馈改变自己的态度和行为。通过公共关系传播活动，双方实现了沟通和理解，因此真正实现了双向交流与沟通，组织与公众之间是互动的过程。

项目训练一：了解公共关系的主体

任务背景：2021 全国 TOP50 公关公司（二维码 2-4）

任务编号：2-1	小组成员：
任务描述：选择中国公关公司 TOP50 中的一个，对其进行深入分析。	

相关资源：
1. 蓝色光标公关公司官网；
2. 际恒锐智传播集团官网；
3. 奥美中国传播集团官网；
4. 索象集团官网；
5. 宣亚国际官网。

实施步骤：
1. 查找公关公司资料；
2. 查找公关公司相关案例；
3. 描述公关公司的职责；
4. 评价公关公司相关案例；

任务成果模板：

一、×× 公关公司的资料

1. 公司简介

2. 使命、愿景、价值观

3. 服务对象

4. 主营业务

5. 该公司的优秀公关服务案例（3 个）

二、评价公关公司

1．该公关公司的类型

2．该公关公司的工作模式

3．该公关公司的工作内容

4．该公关公司的工作程序

5．该公关公司的机构设置

三、案例描述（选择其中一个案例，具体描述公关服务案例）

四、对公关公司的认知

项目训练二：了解公共关系的客体——公众类型调研

任务编号：2-2	小组成员：
任务描述：以小组为单位，选准某品牌，对该品牌的公众进行调研。	
相关资源：可供选择的品牌有超能洗衣粉系列、I DO 钻石、李宁、瑞幸等，可以选择提供的品牌，也可以自行选择其他品牌。	
实施步骤： 1．查找选择的品牌的相关资料； 2．对该品牌的公众进行分类； 3．描述该品牌几种类型的公众； 4．分析对该品牌几种公众的公关策略。	
任务成果模板： 一、××品牌的公众调研及分析 1．选择的品牌的相关资料	

2．对该品牌的公众进行分类

非公众：

潜在公众：

知晓公众：

行动公众：

3．该品牌几种类型的公众

（1）非公众

（2）潜在公众

（3）知晓公众

（4）行动公众

4．对该品牌几种公众的公关策略

（1）非公众

（2）潜在公众

（3）知晓公众

（4）行动公众

二、对公关公众的认知

项目训练三：了解公共关系的媒介——各类传播媒体的优劣势调研

任务编号：2-3	小组成员：
任务描述：以小组为单位，对各类传播媒体的优劣势进行调研。	
相关资源：微信、微博、抖音、B站。	
实施步骤： 1．查找微信、微博、抖音、B站传播的相关资料； 2．对比微信、微博、抖音、B站传播的优劣势。	
任务成果模板： 一、微信 1．微信传播介绍	

2. 微信传播的优势

3. 微信传播的劣势

二、微博
1. 微博传播介绍

2. 微播传播的优势

3. 微播传播的劣势

三、抖音
1. 抖音传播介绍

2. 抖音传播的优势

3. 抖音传播的劣势

四、B站
1. B站传播介绍

2. B站传播的优势

3. B站传播的劣势

【思政探讨】

一、党的二十大精神进课堂

1. 党的二十大精神学习。

党的二十大报告指出："增强中华文明传播力影响力。坚守中华文化立场，提炼展示中华文明的精神标识和文化精髓，加快构建中国话语和中国叙事体系，讲好中国故事、传播好中国声音，展现可信、可爱、可敬的中国形象。加强国际传播能力建设，全面提升国际传播效能，形成同我国综合国力和国际地位相匹配的国际话语权。深化文明交流互鉴，推动中华文化更好走向世界。"

2. 在公共关系传播中，如何利用传播的特点做好大国外交？

大国外交（二维码2-5）

扫一扫

二维码 2-5

二、思政素养探讨

1. 你在完成任务的过程中，如何选择传播媒介？
2. 你在完成任务的过程中，如何与团队合作创作组织形象故事？
3. 你通过哪些方式提升了发现问题、解决问题的能力？

【本项目小结】

公共关系由社会组织、公众、媒介三个要素构成，其中公共关系的主体是社会组织，客体是公众，联结主体与客体的是媒介。

社会组织一般具有目标性、系统性、开放性和变动性四个特征。但应注意，不同类型的社会组织的公共关系工作的重点、具体对象、实务活动和运作方法不同。

公共关系机构主要分为三类：一是社会组织内部设立的公共关系部；二是社会上成立的公共关系公司；三是公共关系界成立的公共关系协会。它们有不同的业务范围和工作职责。

公共关系人员应该具备强烈的公共关系意识、良好的心理素质、知识全面、操作能力强等基本素质，并遵守公共关系职业道德准则。

公共关系实际上就是公众关系。公众的特征有层次性、相关性、互动性、多变性。组织要想更好地了解自己的公众，提高公共关系工作的针对性和目的性，应对公众进行科学的分类。

传播是人们在交往过程中将信息进行传递、接收、共享和沟通的过程。信息传播由传播者、接收者和传播媒介等要素构成。传播的模式有拉斯韦尔模式、香农－韦弗模式和施拉姆模式。

在信息传播中，明确地区分信息传播的类型，有利于正确地选用信息传播方法，使组织取得良好的公共关系效果。

【延伸练习】

一、选择题

1. 金融机构属于（　　）。

A. 文化组织　　　　　B. 公益性组织　　　　　C. 营利性组织

2. 根据公众的（　　），组织在开展公共关系工作时要随时调整自己的方针政策。

A. 层次性　　　　　B. 多变性　　　　　C. 互动性

3. 根据（　　），公众可分为非公众、潜在公众、知晓公众和行动公众。

A. 公众发展的阶段　　　B. 公众构成的稳定性　　　C. 公众的重要程度

4. 人们在对对象形成深刻印象时，当时的情绪状态会影响他对对象本身及其关系者（人或事物）的评价的一种心理倾向是（　　）。

A. 晕轮效应　　　　　B. 定型效应　　　　　C. 移情效应

5. 表明信息在传播过程中会受到干扰，从而可能引起信息失真的模式是（　　）。

A. 拉斯韦尔模式　　　B. 香农－韦弗模式　　　C. 施拉姆模式

二、填空题

1. 公共关系机构主要有＿＿＿＿＿、＿＿＿＿＿、＿＿＿＿＿三种类型。

2. 公共关系人员应有的公共关系意识有服务公众意识、＿＿＿＿＿、＿＿＿＿＿、＿＿＿＿＿。

3. 按照信息传播媒介的特征不同，信息传播可分为＿＿＿＿＿与＿＿＿＿＿。

4. 按照信息传播的方式不同，信息传播可分为自身传播、＿＿＿＿＿、＿＿＿＿＿、＿＿＿＿＿。

三、简答题

1. 简述公共关系部的主要工作。

2. 简述在公共关系活动中应注意公众的哪些心理定式。

3. 简述信息传播一般由哪些要素构成。

四、操作题

1. 请到一家设有公共关系部的企业进行调查，分析社会到底需要什么样的公共关系人才。

2. 假如你是一家企业的公共关系部部长，你将如何组建一个公共关系部？选拔公共关系部成员的标准是什么？

3. 请为你熟悉的组织列举出三种不同类型的公众。

4. 根据自己的身份、经历，列出你曾经是哪些组织、哪种类型的公众。

5. 请到公共场所与三个以上的陌生人沟通，然后结合传播原理和同学交流感受。

【延伸阅读】

京东"微信传播"（二维码 2-6）

扫一扫

二维码 2-6

项目 3 公共关系的工作程序

思考：

★ 开展公共关系工作应采取哪些步骤？它们之间的关系是怎样的？

★ 公共关系调查有什么特点？组织在开展公共关系调查时应注意什么？

★ 策划公共关系活动时可以采用哪些技巧？

教学目标：

★ 知识目标

- 了解公共关系工作的程序
- 掌握公共关系调查的内容、程序和方法
- 熟知公共关系策划的程序及方法
- 熟知公共关系调查报告及策划书的撰写
- 了解公共关系实施的注意事项
- 掌握公共关系评估的主要内容及基本方法

★ 能力目标

- 能够完成公共关系调查并撰写公共关系调查报告
- 能够策划公共关系活动并完成公共关系策划书
- 能够实施公共关系活动
- 能够评估公共关系活动

★ 思政目标

- 培养学生实事求是的品质
- 使学生理解党的群众路线

★ 素养目标

- 帮助学生树立正确的工作价值观
- 培养学生发现问题、解决问题的能力

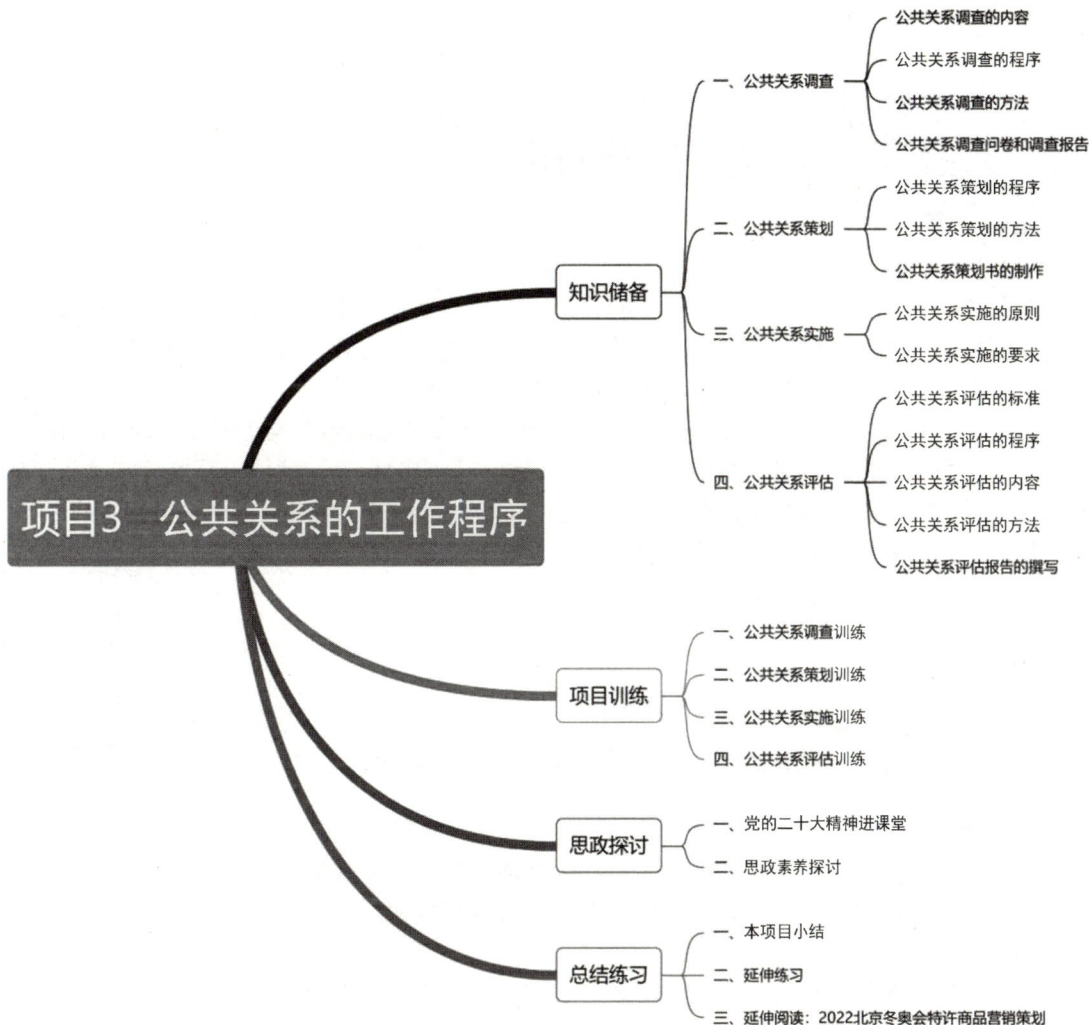

```
                                                      ┌─ 公共关系调查的内容
                                        ┌─ 一、公共关系调查 ─┼─ 公共关系调查的程序
                                        │              ├─ 公共关系调查的方法
                                        │              └─ 公共关系调查问卷和调查报告
                                        │              ┌─ 公共关系策划的程序
                                        │ 二、公共关系策划 ─┼─ 公共关系策划的方法
                            ┌─ 知识储备 ─┤              └─ 公共关系策划书的制作
                            │           │ 三、公共关系实施 ─┬─ 公共关系实施的原则
                            │           │              └─ 公共关系实施的要求
                            │           │              ┌─ 公共关系评估的标准
                            │           │              ├─ 公共关系评估的程序
                            │           └─ 四、公共关系评估 ─┼─ 公共关系评估的内容
                            │                          ├─ 公共关系评估的方法
                            │                          └─ 公共关系评估报告的撰写
                            │           ┌─ 一、公共关系调查训练
 项目3  公共关系的工作程序 ─┤ 项目训练 ─┼─ 二、公共关系策划训练
                            │           ├─ 三、公共关系实施训练
                            │           └─ 四、公共关系评估训练
                            │ 思政探讨 ─┬─ 党的二十大精神进课堂
                            │           └─ 二、思政素养探讨
                            │           ┌─ 一、本项目小结
                            └─ 总结练习 ─┼─ 二、延伸练习
                                        └─ 三、延伸阅读:2022北京冬奥会特许商品营销策划
```

【知识储备】

为了使公共关系活动顺利地开展,应当对公共关系工作进行全面策划,制定一套完整的方案,保证公共关系工作遵循一定的程序有条不紊地进行,其基本程序可分为公共关系调查、公共关系策划、公共关系实施和公共关系评估四个步骤,这四个步骤通常又被称为公共关系的"四步工作法"。在公共关系的"四步工作法"中,公共关系调查是起点,是基础;公共关系策划是关键,是公共关系实施的指南和效果评估的标准,离开了公共关系策划,公共关系工作就会漫无目的,不得要领,难以协调统一,成效甚微;公共关系实施是核心,是执行公共关系策划,取得成效的具体行动,离开了公共关系实施,再好的策划也只是纸上谈兵;公共关系评估是重要的反馈环节,也是下一轮活动的起点。

3.1 公共关系调查

公共关系调查是运用科学的方法，有计划、有步骤地收集相关信息，综合分析相关因素及其相互关系，以考察组织的公共关系状态，了解组织面临的公共关系方面的实际问题，从而为组织的形象设计、公共关系活动的策划提供依据。

公共关系调查是公共关系工作的基础，在整个公共关系活动中发挥着举足轻重的作用。通过公共关系调查，可以帮助组织了解自身在公众心目中的形象和地位，开展公共关系工作的条件、面临的困难、竞争对手的情况及实现目标的可能性等，为组织决策提供科学的依据，从而提高公共关系活动的针对性和成效。

公共关系调查（二维码 3-1）

扫一扫

二维码 3-1

3.1.1　公共关系调查的内容

公共关系调查的内容非常广泛，具体可分为以下两个方面。

1. 组织形象调查

组织形象是指社会公众对一个组织机构的全部看法和总体评价，也是一个组织的实际表现在公众中的投影。对组织而言，良好的社会形象是最重要的无形资产，拥有它，就会得到公众的信任与支持。

组织形象的衡量是以组织的认知度和美誉度两项指标为依据的。认知度表示一个组织被公众知晓、了解的程度，对社会影响的广度和深度，是评价组织名气大小的客观尺度。美誉度表示一个组织获得公众赞美、称誉的程度，是评价组织声誉好坏的社会指标。

（1）组织形象调查的类型。

① 组织内部形象调查。组织内部形象调查主要是采集组织内部各层级员工对组织实际形象评价与期望形象要求的相关信息和数据。调查对象主要为组织领导层、中级干部层与操作员工层的代表；调查课题主要包括经营方针、经营政策、决策能力、计划能力、预算能力、信息通畅度、办公环境、生活环境、生产状况、技术优势、协同能力、财务状况、薪资福利、服务质量、发展前景、员工关系等；采集人员应认真听取、详细记录员工的意见和建议。

② 组织外部形象调查。组织外部形象调查主要是采集组织外部公众对组织实际形象评价与期望形象要求的相关信息和数据。调查对象主要为外部公众的代表；调查课题主要包括办公环境、生活环境、技术优势、品牌影响力、产品质量、包装形象、供货速度、服务态度、专业化水平、售后服务、信誉度、价格等；采集人员应认真听取、详细记录外部公众的意见和建议。

（2）组织形象评价指标。对组织实际形象的评价分析指标可以采用百分制，并通过计算平均值得出最终结果（见表 3-1）；也可以在每个评价指标的正负两极之间设立若干档次，如非常、相当、稍微等 5～7 个档次，用以表示不同的程度，然后将表格发给公众填写，最后

统计汇总。

表 3-1　组织实际形象评价表

评价指标	得分/分										
	30	35	40	45	50	55	60	65	70	……	100
经营方针											
生活环境											
管理政策											
协同能力											
……											
平均值											

说明：30～40分表示极差；41～50分表示较差；51～60分表示一般；61～70分表示良好；71～80分表示优；81分及以上表示极优。

（3）组织形象调查的内容。一般来说，对组织形象的调查包括三个方面：自我期望形象测定、实际形象调查和形象差距比较分析。

① 自我期望形象测定。任何一个组织都有自我期望形象标准，自我期望形象越完美，标准越严格，组织自觉做出公共关系努力的可能性就越大。对组织自我期望形象的设计，应通过对组织凝聚力、组织实际状态和基本条件、组织的员工对组织形象的分析与评估三个方面进行调查和分析，在组织自我期望与实际可能相结合的基础上，确定自我期望形象。

② 实际形象调查。实际形象调查是通过了解公众对组织认知度、美誉度的评估和分析，从而了解组织的实际社会形象。由于组织自我期望形象只是反映了组织对树立自身形象的主观要求，带有较强的主观性，因此这种形象与公众对组织的实际印象会有差距。要想使公众对组织的实际印象与组织所期望的印象一致，就必须通过实际形象调查，找出差距，以便有的放矢地制定改善公共关系状况的具体措施。

某管理顾问公司邀请 100 人参加组织形象调查，调查之后将所收集的信息制成了调查表，如表 3-2 所示。

表 3-2　组织形象要素调查表

单位：人

正评价	非常	相当	稍微	中等	稍微	相当	非常	负评价
经营方针正确		70	20	10				经营方针不正确
工作效率高			25	60	15			工作效率低
服务态度诚恳				20	15	65		服务态度不诚恳
管理手段富于创新					20	15	65	管理手段缺乏创新
管理水平高						15	85	管理水平低
经营规模大					20	60	20	经营规模小

表 3-2 说明，该公司总体形象是低认知度和低美誉度，具体表现为经营方针正确，但工作效率一般、服务态度不诚恳、管理手段缺乏创新、管理水平低、经营规模过小等。这个调查结果可以进一步用来分析组织形象差距及出现差距的原因，并且有必要针对这些原因制订公共关系计划和措施。

③ 形象差距比较分析。要使公众对组织的实际印象与组织所期望的印象一致，就必须通过比较组织实际形象与组织的自我期望形象，找出二者的差距，以此作为组织公共关系应该

努力的方向，从而帮助组织制订切实可行的工作计划。"组织形象要素差距分析图"能比较直观地显示出这一差距。

组织形象要素差距分析图的绘制分为三步：第一步，将组织形象要素调查表中表示不同程度评价的七个档次数据化，使其成为数值标尺，用实线表示组织实际形象；第二步，将组织形象要素调查表中的自我期望形象的各要素数据化，用虚线表示；第三步，将实线所表示的组织实际形象和虚线所表示的组织自我期望形象进行比较，就可以清楚地看出二者之间的明显差距，并从中得到一定的启示。

以前面提到的某管理顾问公司为例，其形象要素差距分析图如图3-1所示。

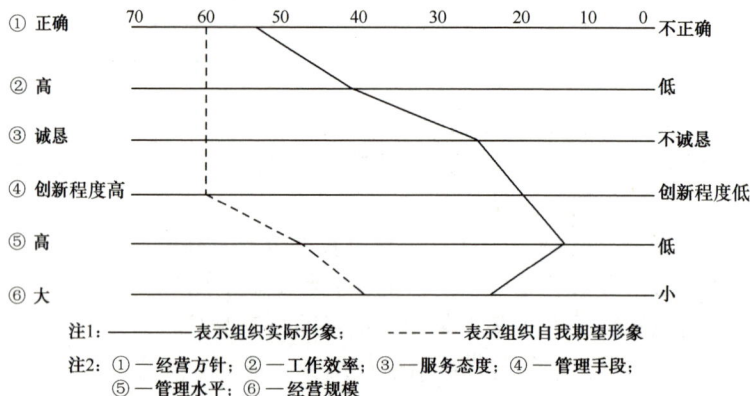

图3-1　某管理顾问公司的形象要素差距分析图

2．组织所处的社会环境调查

社会环境是指与组织有关的各类公众和各种社会条件的总和，它影响着组织的生存和发展。社会环境主要包括组织的政治环境、经济环境、人文环境、技术环境、公众环境等。进行社会环境调查的目的是找出影响组织发展的主要因素，预测其变化规律，为组织的发展决策提供依据。

（1）政治环境调查。政治环境调查是指对现在和未来一定时期国内外的政治形势、政治制度及方针政策、法规、案例、规章制度等的调查，凡是同组织活动特别是同公共关系有关的政策法规都应被纳入调查的内容。

（2）经济环境调查。经济环境调查是指对一个国家或地区的经济制度、经济结构、物质资源、经济发展水平、消费结构、消费水平及未来的发展趋势等状况的调查。经济环境的变化影响和制约着组织公共关系活动的开展，只有把握国际和国内经济形势，才能做出正确的经营决策，保证组织在错综复杂的经济环境中求得生存和发展。

（3）人文环境调查。人文环境调查是指对一个国家或地区的人口结构、家庭状况、文化教育水平、生活习俗、社会规范和文化观念等因素的调查。其中，最主要的是对生活习俗、文化观念的调查，如民族的特点、区域文化的基本特征、目标消费者的宗教信仰及禁忌等。

（4）技术环境调查。技术环境调查主要调查目标市场的技术水平、技术特征、技术要求、技术标准、技术类型等，这种调查对企业成功地占领目标市场、迅速打开销路是十分有效的。

（5）公众环境调查。公众环境调查主要包括组织内部公众调查和组织外部公众调查两部分。组织内部公众调查已在前面有所介绍，下面仅介绍组织外部公众调查。组织外部公众包括消费者公众、媒介公众、社区公众、政府公众等，组织外部公众调查主要了解各类公众的特征、覆盖面、需求、对组织的评价等，以便针对不同公众开展个性化公共关系活动，协调组织与公众的关系，促进组织的发展。

公共链接

下面是某商厦委托某公共关系咨询公司设计的企业整体形象调查内容清单。

（1）信誉：在商厦经营管理领域中的声誉；在同行业中的知名度；顾客支持率；上级组织对商厦的评价。

（2）产品的品种和质量：产品的种类和数量；名特优产品的营销情况；产品的价格、包装与升级换代；产品的进货渠道、质量检查制度及对假冒产品的处理。

（3）服务态度：工作时间和文明礼貌服务的规定；售前、售中与售后服务的措施；维修和退换的制度；送货上门和分期付款的情况。

（4）商厦的效益：营业额和利润；职工的工资、奖金和保险福利待遇；赞助社区建设和公益活动的项目；银行的贷款和发展的规模。

（5）商业文化：商厦的特色和标志；商厦的历史和传统；商厦的人文景观；商厦的橱窗、柜台和铺面布置。

（6）商厦职工：职工数量、文化程度、岗位设置；职工的营业水平和服务技巧；职工中的先进人物；职工的主人翁意识。

（7）商厦的环境：商厦所处位置、交通、文化氛围；商厦的社区公众；社区服务和社区建设；商厦的社会网络、消费者组织及监督机构；商厦的国际公众、对外贸易、跨国公司。

（8）商厦的硬件设施：商厦的内外装潢；商厦的传播设备与计算机管理；商厦的占地面积和横向联营；商厦硬件建设的经费与投资。

（9）商厦的经营管理：寻求新业务的迫切程度；价格表、说明书和组织的宣传材料；展览、示范、现场操作和导购人员的情况；现金、转账等支付方法；商厦内部的管理制度和岗位责任制。

（10）商厦的公共关系：商厦的公共关系部门、人员配备；商厦的公共关系技术运用情况；商厦接待、营销、广告中的公共关系技巧；商厦的公共关系专题活动开展情况。

课堂训练

请为你所在的学校设计一份整体形象的调查内容清单。

3.1.2 公共关系调查的程序

为了使整个调查工作有计划、有步骤地进行，保证整个活动的科学性，公共关系调查应按照制定调查方案、收集调查资料、整理分析资料、撰写调查报告四个步骤开展。

1. 制定调查方案

在确定了调查课题以后，调查者应当根据调查的课题制定调查方案。制定调查方案时应完成以下工作。

（1）确定调查目的。调查目的是指调查所要解决的问题。确定调查目的是制定调查方案的关键所在。只有确定了调查目的，才能确定调查的范围、内容和方法，才能有针对性、有目的地进行公共关系调查，避免盲目行动导致的工作失误。

（2）确定调查对象。调查对象是根据调查目的、任务所确定的调查范围与调查单位。调查单位是构成调查对象的一个个具体单位，是我们收集信息、分析信息的基本单位。在实际调查中，应注意选择调查对象的科学性，保证公众的代表性。社会组织的公众范围十分广泛，在开展公共关系调查时，不可能也没有必要对所有的公众进行调查，只要注意选择公众工作的科学性，遵循随机原则，借助抽样技术，就可以获得接近公众总体的资料。

（3）确定调查项目和调查表。调查项目是调查的具体内容，确定调查项目就是要明确向被调查者了解些什么，如消费调查中消费者的性别、民族、文化程度、年龄、收入、动机、态度等。调查者应对调查项目进行科学的分类、排列，以构成调查提纲和调查表。

（4）确定调查时间和地点。调查时间的确定应包括两个方面：一是要明确规定调查资料所反映的是调查对象从何时起到何时止的资料；二是规定调查工作的开始和结束时间。调查地点应与调查单位相统一。

（5）确定调查方式和方法。在调查方案中，应明确采用什么方式和方法获得调查资料。收集资料的方式有普查、重点调查、典型调查、抽样调查等；具体的调查方法有访谈法、观察法、问卷法和实验法等。调查采取的方式和方法不是固定统一的，往往取决于调查对象和调查任务。大中型调查要注意将多种方式和方法结合使用。

（6）制订调查组织计划。调查组织计划是指开展整个调查活动的具体工作计划，主要是指调查的组织领导、调查机构设置、人员的选拔和培训、调查工作步骤及善后工作等。

（7）制定调查预算。在制定调查预算时，要尽可能全面地考虑可能需要的费用。一般来说，调查预算应包括四个方面：调查方案设计及实施费用、调查资料整理分析费用、调查报告撰写费用、相关办公费用。

2. 收集调查资料

收集调查资料是指按调查计划的要求与安排，系统地收集各种资料。

调查资料的收集可以从两方面进行：一方面是收集未进行任何加工整理的原始资料，原始资料又称第一手资料或初级资料；另一方面是收集他人已整理过的资料，这类资料又称第二手资料或次级资料。

第一手资料的收集方法包括观察法、询问法、实验法等。第二手资料往往是已经公开出版或发表的资料，对这类资料的收集采取文案调查法。

3. 整理分析资料

整理分析资料是指运用科学的方法，对调查所得的各种零散的资料进行审查、检验和综合加工，使之系统化、条理化，从而以集中、简明的方式反映调查对象总体情况的工作过程。资料的整理分析通常包括下列工作。

（1）审查核实。在进行资料汇总前，应先对调查得到的资料进行审核，这是保证调查工作质量的关键，主要是对资料的及时性、完整性和正确性进行审核。

（2）分类汇编。资料经过审查核实后，为了便于归档查找和统计，还应按照调查的要求进行分类汇编。资料的分类是根据资料内在的特点和调查的要求，按某种标准将资料划分为若干组成部分，然后进行分类及归档，以备查阅。汇编是按照调查的目的和要求对分类后的资料进行计算、编辑和汇总，使之成为能反映调查对象客观情况的系统、完整、集中、简明的材料，为分析工作打下良好的基础。

（3）分析处理。资料的分析包括定性分析和定量分析。前者是以资料或经验为依据，主要运用演绎、归纳、比较、分类和矛盾分析的方法找出事物本质特征或属性的过程；后者是

运用概率论和数理统计的测量、计算及分析技术，对社会现象的数量、特征、数学关系和事物发展过程中的数量变化等方面进行的描述。为了取得比较符合实际的结论，对资料不但要进行定性分析，而且要进行定量分析。定量分析是指要在定性分析的基础上尽量根据不同要求把资料量化，在此基础上编制成统计表或统计图，或计算百分比、平均值等，然后运用这些量化资料进行分析，并将分析所得的结论提供给相关的决策部门，作为策划的依据。

4．撰写调查报告

撰写调查报告是公共关系调查的最后一个环节。作为调查的收尾工作，最终要形成一份调查报告。撰写调查报告的目的是对调查活动过程和调查资料整理分析的过程及其工作成果进行总结汇报，为制订科学的公共关系计划和方案提供依据，为领导者决策提供参考，寻求领导的支持和帮助。

3.1.3　公共关系调查的方法

公共关系调查的方法有很多，采用不同的分类方法可以把它们分成不同的类别。在进行公共关系调查时，应根据调查的目的、意义、规模、对象、范围的不同，选择适当的方法。

1．按获取调查资料的方法分类

根据获取调查资料的方法不同，公共关系调查方法可以分为第一手资料的调查和第二手资料的调查，如图 3-2 所示。

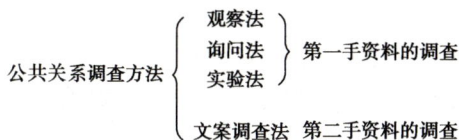

公共关系调查方法 ｛ 观察法 / 询问法 / 实验法 ｝ 第一手资料的调查
　　　　　　　　　　 文案调查法　第二手资料的调查

图 3-2　公共关系调查方法的分类

（1）观察法。观察法是指调查者深入现场，通过直接观察、跟踪和记录被调查者的情况来收集第一手资料的一种调查方法。这种方法具有目的性、计划性和系统性，要求调查者事先做出观察计划，事后对所观察到的事实给出实质性的结论。在采用这种方法时，调查者既可以直接参加他所观察的活动，以一个参与者的身份来观察，也可以作为一个旁观者置身于他所观察的情景之外进行观察。

（2）询问法。询问法又称访问法，是指调查者通过面谈、电话访问、信函调查等方式向被调查者进行调查的一种调查方法。面谈又可分为个别面谈和集体面谈。个别面谈灵活方便，彼此容易沟通，可以深入了解情况，还可以多方面收集资料；集体面谈（座谈会）能集思广益。电话访问可克服空间的障碍，但只适用于有电话的场合。信函调查是将设计好的调查表邮寄给被调查者，由被调查者根据要求填好后寄还的一种调查方法，这种方法对于居住分散的被调查者最为适用，不但成本较低，而且可使被调查者有充足的时间作答。

（3）实验法。实验法是在人为控制某种因素的前提下，通过做各种对比实验而获得资料的方法，其结果较客观、准确、可靠，但往往费时、成本高，而且许多因素无法人为控制，会导致实验结果存在误差。

（4）文案调查法。文案调查法又称历史法、文件法、文献调查法，是一种收集、整理、分析现成文献资料的调查方法。这是第一手资料不够用或不可能获得第一手资料时，收集第

二手资料的方法。调查者运用这种方法获取资料较为方便、容易，调查成本低，但所获得的资料可能在时间上、完整性上具有一定的局限性。

2. 按调查对象的选择方法分类

根据调查对象的选择方法不同，公共关系调查可分为普查、重点调查、典型调查和抽样调查。

（1）普查。普查是将调查区域中的每个对象都列为调查对象，无一遗漏地逐个进行调查。这样的调查比较全面，但是工作量大、成本高。普查的特点决定了它一般在较小规模的公共关系调查中被运用，较大规模的公共关系调查一般不运用普查方法。

（2）重点调查。重点调查是从调查总体中选出少数重点调查对象进行的调查。所谓重点调查对象，是指在总体中处于重要地位的调查对象，或者在总体中占较大比重的调查对象。重点调查的调查对象少，能够用较少的人力、物力、财力进行深入调查，从而较快地掌握调查对象的基本情况。

（3）典型调查。典型调查是指从调查总体中有意识地选择若干具有代表性的调查对象进行调查，以达到推算一般的调查方法。典型调查由典型调查对象的情况可推断总体调查对象的情况，一般比较接近实际。因此，典型调查适用于总体调查对象庞大，调查者对总体情况比较了解，能准确地选择有代表性的调查对象进行调查的情况。

（4）抽样调查。抽样调查是遵循一定的原则，从调查区域中的所有调查对象中抽取一部分样本进行调查，以此推断总体特征的一种调查方法。由于这种调查方法针对性强、调查次数少，因此可以降低调查成本、提高调查效率，是公共关系调查中经常采用的一种方法。抽样调查可分为随机抽样和非随机抽样两种。随机抽样是在若干个平等的调查对象中随机选择几个作为调查对象，具体抽样方法包括单纯随机抽样、分层随机抽样和分群随机抽样。非随机抽样是在若干个调查对象中主观地选择几个作为调查对象，具体抽样方法包括便利抽样、判断抽样和配额抽样。

上述调查方法各有各的优势和劣势。因此，为保证公共关系调查所收集的资料的可靠性、准确性和科学性，在选择调查方法时，应注意多种调查方法、技术的综合使用，集中各种调查方法的优势，充分而准确地收集信息资料。

课堂讨论

各种公共关系调查方法分别有何特点？

3.1.4　公共关系调查问卷和调查报告

1. 公共关系调查问卷

调查问卷是进行直接调查的重要工具，在采用询问法进行公共关系调查时，往往需要使用一定的调查问卷来收集资料。调查问卷一般分为自填问卷和访问问卷。自填问卷是指由被调查者自己填写的问卷；访问问卷则是指由调查者根据被调查者的口头回答来填写的问卷。自填问卷依据发送的方式又可分为邮寄问卷和发送问卷两种。邮寄问卷通过快递公司把问卷寄到被调查者手中，被调查者填完问卷后，仍通过快递公司寄回；发送问卷则由调查者将问卷送到被调查者手中，被调查者填完问卷后，由调查者逐一收回。此外，有的企业采用二者

相结合的方式发送问卷。

（1）调查问卷的结构。调查问卷通常包括三部分：前言、主体和结束语。

① 前言。前言是对调查目的、意义及有关事项的说明。

② 主体。主体通常指具体调查的问题。

③ 结束语。在调查问卷的末尾，会用简短的语言对被调查者的配合表示感谢，这就是结束语。

（2）调查问题的形式。调查问题一般有两种形式。

① 第一种是封闭式问题。这种问题往往会限制被调查者的回答，即被调查者只能选择已拟定的备选答案。这种问题设计较难而回答容易，便于统计分析，且数据较准确；但答案范围狭窄，往往不全面（不能穷尽各种情况）、不具体（如归入"其他"一项）。封闭式问题的提出有多种形式，具体如下。

- 选择题——要求做是非选择，或者列出多个答案，选其中一个或多个。

- 比较题——要求进行对比。

- 顺位题——要求排出先后顺序。

- 评判题——要求表示对某个问题的态度或认识程度。

② 第二种是开放式问题。这种问题能让被调查者自由回答，不受任何限制。这种问题设计容易而回答难，答案过于分散，不易归纳，不利于统计分析，且数据不准确，易产生偏差；但可以让被调查者充分发表意见，从而得到足够全面、具体的答案。

开放式问题一般用于探索性问题研究，当调查者对此问题不了解，需要收集原始资料时较多采用，它还常用于正式调查前的小规模调查，这样便于了解情况。

由于开放式问题和封闭式问题都有一些不足之处，因此在一份问卷中，应该既有开放式问题，又有封闭式问题。

（3）调查问卷设计的原则。调查问卷设计得好坏会直接影响调查内容，关系到能否得到有效的答案。在设计调查问卷时，应遵循以下原则。

① 针对性和必要性。调查问卷的设计是为了取得理想的调查结果，因此应严格按照调查目的设计问题，保证所有项目都是必需的，无关紧要的问题不应列入。

② 简明性和准确性。问题不应过多、过长、过散，以减轻被调查者的负担和减少调查统计的工作量；所提问题力求明确，用词准确简洁，没有歧义，应避免出现词意不清的问题。

③ 客观性和可行性。所提问题避免带有倾向性、暗示性、引导性，保持中立态度，以求真实，以免造成调查的偏差。调查问卷的设计应同被调查者的身份和水平相符，尽量避免提出一些被调查者难以回答的问题。

④ 系统性和艺术性。调查问卷的设计应讲究系统性和艺术性，问题排列应有逻辑性，层次分明，由易到难，由浅到深；提问亲切自然，有礼貌、有趣味，注意社会影响。

案例 3.1

兰州市八大商场服务质量及公共关系形象调查问卷

亲爱的顾客：

您好！

为了促使兰州市商业系统服务质量的提高，为了您能享受到更好的服务，请您回答下列问题。答题时，第1题至第19题在您所选定的序号上打"√"，第20题请简洁地写上几句。谢谢合作！

兰州大学公共关系研究中心
××××年××月××日

您的基本情况：

1．您是：A．本地人　　　B．外地人

2．性别：A．男　　　　　B．女

3．年龄：A．22岁以下　B．22～35岁　　C．36～50岁　　　D．50岁以上

4．文化程度：A．小学　　B．初中　　　　C．高中　　　　D．大专及以上

5．家庭人均月收入：A．500元以下　　　B．501～1000元　　C．1001～2000元

D．2001～3000元　　　E．3000元以上

商场的基本情况：

6．您认为该商场的外观设计及商品橱窗的装饰：

A．很好　　　　B．较好　　　　C．一般　　　　D．不好　　　　E．很不好

7．您认为该商场的内部布局：

A．巧妙美观、井井有条　　　B．没有特色、很一般　　　C．乱七八糟

8．您认为该商场的服务质量：

A．很好　　　　B．较好　　　　C．一般　　　　D．不好　　　　E．很不好

9．您认为该商场售货员的业务水平：

A．很好　　　　B．较好　　　　C．一般　　　　D．不好　　　　E．很不好

10．您在该商场曾经受到售货员的：

A．热情接待　　B．较好接待　　C．一般接待　　D．不友好接待　　E．极差接待

11．您认为该商场的售后服务：

A．很好　　　　B．较好　　　　C．一般　　　　D．不好　　　　E．很不好

12．您认为该商场的设备：

A．很齐全　　　B．比较齐全　　C．一般　　　　D．不齐全　　　E．很不齐全

13．您每年光顾该商场的次数为：

A．10次以下　　B．10～20次　　C．21～30次　　D．31～40次　　E．40次以上

14．您每年在该商场购物的总金额为：

A．500元以下　　　　　　　　B．501～1000元

C．1001～2000元　　　　　　　D．2000元以上

15．您认为该商场商品的质量：

A．很好　　　　B．较好　　　　C．一般　　　　D．不好　　　　E．很不好

16．您在该商场购得的商品没能令您满意时，一般来说：

A．大部分商品都能退换　　　B．只有个别商品能退换

C．所有商品都不能退换

17．在该商场买东西时，如果您的合法权益受到侵害，您是否想过去找消费者协会：

A．想过　　　　B．没有想过　　C．认为没有必要

D．想过，但不知道到哪儿去找

18．您认为该商场哪类活动搞得最好：

A．优质服务竞赛活动　　　　B．优惠展销　　　　C．有奖销售

19．您认为该商场急需解决的问题是：

A．提高服务质量　　　　　　　　B．提高业务水平　　C．改变内部布局

20．您认为应当怎样解决这些急需解决的问题？

2．公共关系调查报告

调查报告是对调查过程的回顾和对调查成果的总结。调查报告撰写得好坏影响着调查结果在有关决策中的作用。撰写一份具有说服力的调查报告，是卓有成效地进行公共关系调查的一个不可忽视的方面。

（1）调查报告的内容。一般来说，调查报告主要包括以下内容。

①序言：主要介绍研究课题的基本情况。

②摘要：概括地说明调查活动所获得的主要成果。

③引言：介绍调查活动的背景和目的。

④正文：对调查方法、调查过程、调查结果及所得结论做详细的阐述。

⑤附录：呈现与正文相关的资料，以供读者参考。

（2）撰写调查报告的注意事项。调查报告是调查活动成果的体现，调查的成败及调查结果的实际意义都表现在调查报告上。因此，在撰写调查报告时，要认真、细致，尤其应注意以下几个问题。

①要考虑读者的阅历，尽量使报告适合读者阅读。

②尽可能使报告简明扼要，不要拖泥带水。

③使用普通词汇，尽量避免行话、专用术语。

④务必使报告所包括的全部项目都与报告的宗旨有关，删除一切无关资料。

⑤务必使资料准确无误。

⑥充分利用统计图、统计表来说明重要事项。

⑦务必使报告打印得工整匀称、易于阅读。

3.2　公共关系策划

公共关系调查使组织获得了客观的社会形象地位，但从组织的发展来讲，组织应在社会公众中不断完善自身的形象和进一步提高自己的形象地位。这就需要根据公共关系存在的主要问题确定公共关系活动目标，制定公共关系活动方案，寻求解决问题的方法和途径，也就是需要开展公共关系策划工作。

策划一般可以理解为"出谋划策"。公共关系策划是指公共关系人员根据组织形象的现状和目标要求，分析现有条件，设计最佳活动方案的过程。公共关系策划的目的在于通过科学的策划思想和方法，设计和选择出有效的公共关系活动方案，从而增强组织公共关系活动的目的性、计划性、有效性，提高组织开展公共关系活动的成功率，最终在社会公众中不断提高组织的形象地位。

3.2.1 公共关系策划的程序

在进行公共关系策划的过程中，公共关系人员首先要依据公共关系调查中所确定的组织形象的现状，提出新的形象、目标和要求，并据此设计公共关系活动的主题，然后通过分析组织内外的人、财、物等具体条件，提出若干可行的活动方案，并对这些活动方案进行比较，选择能够达到公共关系目标要求的最适当、最有效的活动方案。因此，公共关系策划应包括六个工作步骤：确定公共关系目标、确定公众、设计主题、选择传播媒介、编制预算、审定方案。

1. 确定公共关系目标

公共关系目标是公共关系行为期望取得的成果。它是公共关系活动的方向，也是公共关系活动成功与否的衡量标准。

（1）公共关系目标的类型。根据公共关系沟通的内容，组织的公共关系目标一般有以下四种类型。

① 传播信息：向公众传播有关本组织的信息，让公众了解、信任、支持本组织。

② 联络感情：通过感情投资获得公众对组织的信任。

③ 改变态度：让公众接受组织及其所提供的产品、服务等。

④ 引起行为：诱导公众产生组织所希望的行为。

（2）确定公共关系目标的要求。确定一个公共关系目标，必须能够起到指导整体工作的作用。因此，要想让公共关系目标发挥作用，在确定目标时应遵循以下四项原则。

① 一致性原则：目标应与组织的整体目标相一致，为组织整体目标服务。

② 具体性原则：目标应具体明确，含义单一，避免使人产生多种理解。

③ 可行性原则：目标应符合当时的内外部条件，通过努力可实现。

④ 可控性原则：目标应具有一定的弹性，条件变化时仍能灵活应变。

2. 确定公众

公共关系是以不同的方式针对不同的公众开展的，而不是像广告那样主要通过大众传播媒介把各种信息传播给大众。要想使活动被有效实施，需要确定目标受众。

目标受众的确定，有利于选定具体的公共关系方案；有利于确定工作的重点，科学地分配力量；有利于更好地选择传播媒介和传播技巧等。

案例 3.2

《乘风破浪的姐姐》：女性公关之美

2020年6月，《乘风破浪的姐姐》这个综艺节目在无官宣、无预告、微博热搜暂停的一个周五中午悄然上线，立刻引爆互联网。经过一个周末，截至6月14日晚9点，节目第一期的播放量突破3.4亿人次。

炎热的夏日刚刚开始，《乘风破浪的姐姐》像一股清泉突然涌现，为那个夏天带来不一样的美与震撼。《乘风破浪的姐姐》的策划者希望观众通过这个节目看到岁月带给女性的美与力量。节目中的女艺人让观众看到，女性也可以大大方方地说出自己的年龄，可以正视自己的过往，她们有事业心、有竞争力、有专业素养。

三十多岁的女艺人大多已经在娱乐圈浮浮沉沉许多年，在风风雨雨中走过来，各有各的故事，岁月让她们更加迷人。

女性的力量一般以女儿、妻子、母亲的身份来展现，但这个节目意外地为观众展现了女性作为同事、战友、朋友的力量。这个综艺节目展现了女性互帮互助、真诚大度的人格魅力，具有独一无二的意义。

《乘风破浪的姐姐》这个综艺节目让公众开始讨论女性在职场、家庭中的角色与困境，讨论女性如何定义身体的美丽，讨论女性如何欣赏女性，公众从各种各样的观点中寻找启发。这个综艺节目让女性的目光集中到女性身上，让女性成为女性本身。

目标受众确定之后，公共关系人员还应对目标受众进行详细的了解和深入的研究，主要分析目标受众的权利和要求。一般说来，不同的公众有不同的权利和要求，了解目标受众的权利和要求，并将其与本组织的目标和利益进行权衡、比较，才能确定公共关系计划的基本要求。

3. 设计主题

公共关系主题是对公共关系活动内容的高度概括、提纲挈领，对整个公共关系活动起着指导作用。任何一个成功的公共关系活动都是由一系列活动项目组成的系统工程。为避免因活动项目过多而给人杂乱无章的印象，需要设计出一个统一、鲜明的主题，以统领整个活动、连接各个活动项目。

主题的表现方式多种多样，它可以是一个口号，也可以是一句陈述。主题设计得是否恰当，对公共关系活动的成效影响很大。要想设计出一个好的主题，必须达到下列四个要求。

第一，公共关系主题必须与公共关系目标相一致，并能充分体现目标。

第二，公共关系主题要适应公众心理的需求，既要富有激情，又要使人感到亲切。

第三，公共关系主题应独特新颖，富有个性，突出活动的特色，给人留下深刻的印象。

第四，公共关系主题的表述应做到简短凝练，易于记忆和传播。

主题设计还要考虑到不同阶段公共关系目标的特点，使之具有针对性。

公共链接

历届奥运会的主题口号

1984 年洛杉矶：Play Part in History（参与历史）。

1988 年汉城：Harmony and Progress（和谐、进步）。

1992 年巴塞罗那：Friends for Life（永远的朋友）。

1996 年亚特兰大：The Celebration of the Century（世纪庆典）。

1998 年长野：From Around the World to Flower as One（让世界凝聚成一朵花）。

2000 年悉尼：Share the Spirit（分享奥林匹克精神）。

2002 年盐湖城：Light the Fire Within（点燃心中之火）。

2004 年雅典：Welcome Home（欢迎回家）。

2006 年都灵：An Ever Burning Flame（永不熄灭的火焰）。

2008 年北京：One World One Dream（同一个世界，同一个梦想）。

2012 年伦敦：Inspire a Generation（激励一代人）。

2016 年里约：Live Your Passion（点燃你的激情）。

2021 年东京：United by Emotion（激情聚会）。

案例 3.3

不同阶段的公共关系主题设计

某保险公司制定了"在较短的时间内，使公众充分认识保险的重要意义，建立对保险公司的信任，吸引更多的人参加保险"的公共关系目标。为此，该保险公司的工作人员按公共关系活动的阶段设立了三个不同的主题。

第一，"保险在我心中"。通过这个主题活动，让更多的公众认识到保险对保障社会生产和人民生活正常进行具有重要意义，它同人们的生产、生活息息相关。

第二，"保险解除我的后顾之忧"。通过这个主题活动，公众可从现实的事例中了解到，一个投保的组织或个人在遭到意外损失时，能在第一时间得到赔偿，迅速恢复正常的生产和生活，从而解除人们的后顾之忧。

第三，"我现在就去投保"。通过这个主题活动，公众可认识到保险具有诸多的好处，认识到"天有不测风云，人有旦夕祸福"，早投保比晚投保好，并付诸行动，立即投保，从而取得较好的公共关系效果。

4．选择传播媒介

不同的传播媒介具有不同的特性，它们既各有所长又各有所短，只有选择合适的传播媒介，才能取得良好的传播效果。在选择传播媒介时，应注意以下几个方面。

（1）与公共关系目标相结合。各种传播媒介都有其特定的功能及优势，适合为公共关系各种类型的目标服务。企业在选择传播媒介时，应先考虑自身的公共关系目标。

（2）与传播内容相结合。不同的传播内容有着不同的特点，而不同的传播媒介也有着不同的特点和适用范围，企业在选择传播媒介时应将所传播内容的特点和传播媒介的优缺点结合起来考虑。

（3）与传播对象相结合。不同的公众对不同的传播方式和传播媒介的接受程度与感受不同，企业应根据目标受众的年龄结构、职业性质、生活方式、受教育程度、接收信息的习惯等选择合适的传播媒介。

（4）与经费预算相结合。由于公共关系活动的经费是有限的，因此企业应根据自己的具体经济条件选择传播媒介，尽可能用有限的经费和资源实现效益最大化。

5．编制预算

任何一项公共关系活动都需要花费一定的人力、物力和财力，通过编制预算，可以使公共关系人员预先了解活动所需的投入，做到心中有数，并能在事前进行统筹安排，保证公共关系工作正常开展，便于监督管理，堵塞漏洞。公共关系预算主要包括以下三个方面。

（1）经费预算。公共关系的经费大致可分为基本费用和活动费用。基本费用是指相对稳定的费用，包括人工报酬、办公费用、房租费用和固定资产折旧费等。活动费用是指随某项公共关系活动的开展而产生的费用，包括专项设施材料费、调查研究费、专家咨询费、活动招待费、广告宣传费、赞助费等。

（2）人力预算。人力预算是指对实现既定公共关系目标所需的人才进行初步的估算，如落实公共关系计划的实施需要组织投入多少人力、什么样的人才结构、是否需要外借人员等。

（3）时间预算。时间预算是指为公共关系具体目标的实现制定一个时间进程表，规定各阶段的具体工作内容及持续的时间，以便公共关系人员按部就班地开展工作。

公共链接

常见的公共关系预算表

1．公共关系部年度预算表

工资：公共关系部经理、经理助理、组织自办杂志编辑、摄影师、秘书等。

一般费用：租金、房地产税金、照明费、取暖费、清洁费、电话安装费等。

折旧费：家具、复印机、计算机、照相机、运输工具等。

保险费：设备、私人财物等的保险费。

对外联络费：材料费、宴请费、邀请费等。

内、外部杂志费：编辑、设计、印刷、稿酬等费用。

幻灯片费：编辑、剧本、音乐、评论、材料、制作、招待等费用。

纪录影片费：编辑、剧本、演员、拍摄、音乐、材料、梗概介绍单等费用。

新闻发布费：写作、研究、邮寄等费用。

专访文章费：调研、讨论、写作、邮寄等费用。

新闻简报收集费：原材料、工具、复印、装帧等费用。

情报管理费：收集、整理、归类、装订、材料和工具等费用。

制作录音费：访问、录制、设备、材料等费用。

录像制作费：材料、拍摄、设备、管理等费用。

印刷品费：说明书、宣传品、小册子、简报、墙画、日历、年度计划和工作报告等所需费用。

会议费：文字材料、膳食、住宿、交通、参观等费用。

摄影费：胶卷、摄制、印制等所需费用。

外出访问费：车旅费、资料费、租金等费用。

运输工具费：汽车等所需费用。

文具费：电话、办公用品、邮寄等费用。

旅行费：招待费、车旅费等。

不可预见的费用：大约占总费用的10%。

总计：××××元。

年度预算表涉及的内容十分广泛，应把与公共关系工作有关的一切费用尽可能包括进去。编制年度预算十分重要的一点是年度的实施计划与分项进度一定要与全年的经费预算一致。此外，一般都应有一定比例的不可预见费，以应对情况的变化。

2．公共关系项目预算表

以某企业一次记者招待会的预算为例。

场地租金：×××元。

交通费：×××元。

宣传资料费：×××元。

产品实物费：×××元。

招待费：×××元。

印刷费和电话费：×××元。

文具费：×××元。

劳务费：×××元。

公共关系人员工资：×××元。

其他费用：×××元。

总计：××××元。

项目预算是针对一项公共关系活动编制的，所需经费的估算应比较具体、准确，所需费用应与活动项目的需求基本接近。

3．接受公共关系咨询服务预算表

英国公共关系专家弗兰克·杰夫金斯曾绘制了一份公共关系咨询服务费用预算清单，可供参考。

12次例会：$12×x$ 小时 $×y$ 英镑。

12次新闻发布会：$12×x$ 小时 $×y$ 英镑。

总部正式开业：x 小时 $×y$ 英镑。

准备年度报告：x 小时 $×y$ 英镑。

设计和编辑内部杂志：$4×x$ 小时 $×y$ 英镑。

撰写4篇专访文章：$4×x$ 小时 $×y$ 英镑。

提供给电台2盒录音带：$2×x$ 英镑。

发布新闻：x 英镑。

印制年度报告：x 英镑。

邮寄、文具：x 英镑。

额外费用：x 英镑。

总计：x 英镑。

此清单是组织接受咨询服务时计算收费的方法展示，对客户来说是一种预算。表中涉及的项目如下。

（1）新闻发布、总部开业、年度报告、专访文章、制作录音（均指一个月内的工作量）。

（2）额外费用专用于补充或协调因某些物品价格上涨造成经费不足或出现意外亏空的情况。

接受咨询服务的组织可以参照上述方法编制咨询预算，也可以了解这笔支出的实际效用。

6．审定方案

审定方案是公共关系策划的最后一项工作。公共关系人员根据组织的现状，提出各种不同的活动方案，每个方案都是策划人员智慧的结晶，但这些方案未必都适用，也未必都能同时采用。因此，对这些方案进行优化和论证才能选定最终方案。审定方案工作可分为两个步骤。

第一步，优化方案。优化方案就是尽可能将公共关系方案完善化、合理化，强化方案的可行性，降低活动费用。通常可采用重点法、转变法、反向增益法、优点综合法等方法进行方案优化。

第二步，论证方案。一般由有关高层领导、专家和实际工作者对方案提出问题，由策划人员进行答辩论证。论证方案应满足系统性、权变性、效益性和可操作性等要求。

3.2.2 公共关系策划的方法

公共关系具有创造性，这种创造性充分体现在公共关系策划中。公共关系策划的灵魂在于创新，所策划的公共关系活动越新颖独特、出神入化，就越能吸引公众。强调策划的创造性、新奇性，并不意味着策划越玄越好，策划尽管可以奇象环生、扑朔迷离，但也应当有一定的规律。有效的公共关系策划离不开科学的策划思想和巧妙的策划艺术。离开了创造性思维，公共关系策划就会变得平淡乏味、苍白无力。公共关系策划的方法，其实就是创造性思维的方法。

案例 3.4

什么是策划

把一把梳子卖出去是推销；

把一千把梳子卖出去是营销；

把梳子卖给和尚的思维和方法是策划。

在大街上吆喝卖一瓶酒是推销；

在大街上卖一千瓶酒是营销；

在十条大街上各卖一千瓶酒的思维和方法是策划。

1. 常用的创造性思维

公共关系策划所依靠的主要是策划人员的创造性素质，而这种创造性素质的核心无疑是创造性思维。因此，要想探索策划的奥秘，进行成功的策划，就应当先研究创造性思维。

所谓创造性思维，是指思维主体借助逻辑推理与丰富的想象，对概念、表象等思维元素进行组合加工，从而产生创造性思维成果的过程。其一般具有积极的求异性、敏锐的洞察力、创造性的想象、独特的知识结构、活跃的灵感等特性。

成功的公共关系策划离不开创造性思维。策划人员总会有意无意地运用各种各样的创造性思维方法。一般来说，常见的创造性思维方法有以下四种。

（1）头脑风暴法。公共关系策划中最常用的产生创意的方法就是"头脑风暴法"，又称"思维碰撞法""自由思考法"。头脑风暴法是群体共同探讨和研究，通过相互间的某些激励形式，以提供能够相互启发、引发联想的机会和条件，使大脑处于高度兴奋状态，不断地提出新奇的创意的思维方法。

（2）发散思维法。发散思维可以从给定的信息中发现新的信息，即根据同一来源产生各种各样的信息输出，并可能发生转换作用。通俗地说，发散思维法是针对一个问题，沿着各种不同的方向思考，从多方面提出解决问题的方案，寻求各种各样的解决办法，以求得最佳解决问题的答案的思维方法。

课堂训练

发散思维的训练

1. 材料发散：尽可能多地说出石头的用途，尽可能多地说出书的用途。

2．功能发散：怎样才能达到快乐的目的？怎样才能达到长寿的目的？

3．结构发散：尽可能多地画出"球"结构的物品，并说出它们的名称；尽可能多地列出立方体结构的物品。

4．形态发散：尽可能多地设想利用香味可做什么，尽可能多地设想利用光线可做什么。

5．组合发散：尽可能多地说出某企业可以与哪些行业结合，尽可能多地说出某人与哪些人可组合形成新的关系。

6．方法发散：尽可能多地列出用"吹"可以解决哪些问题。

7．因果发散：尽可能多地列出手机普及的原因，尽可能多地列出某人成才的原因。

8．关系发散：尽可能多地列出太阳与人类的关系，尽可能多地列出计算机给人类生活带来哪些变化。

（3）逆向思维法。公共关系策划中的逆向思维，就是要打破常规、改变习惯，以产生出人意料的效果。人们打破常规定式，进行反向思考，以找到出奇制胜之道，就是逆向思维法。在公共关系策划中，策划人员就常常用到这种创造性思维方法。大家熟悉的司马光砸缸的故事就是一个典型的逆向思维实例。一般儿童的思路是"人离开水"，而司马光的思路是"水离开人"，一反常规之思维，取得了出人意料的效果。可以说，逆向思维就是摆脱常规、习惯的束缚，"倒着想问题"。

（4）联想思维法。联想思维是在原先并不相关的事物之间，搭起一座由此及彼的桥梁，将表面看起来互不相关的事物联系起来，从而进行创新的一种思维。联想思维可以凭借自己以往的经验为新的创造性思维服务。在公共关系策划中，当我们被某个问题困扰的时候，可以受某一事物的启发而想到另一事物。这种联想或由于事物在时间上和空间上接近而产生，或由于事物具有相似的特点而产生，或由于对比关系、因果关系而产生。我们通常说的由此及彼、举一反三运用的就是联想思维法。

课堂训练

想象思维训练

1．图形想象：尽可能多地列出近似菱形的物品。

2．假象性推测：假如世界没有电……

3．缺点列举思维训练：尽可能多地列出皮鞋的缺点。

4．愿望列举思维训练：尽可能多地列出年轻人的愿望。

2．公共关系策划的原则

在进行公共关系策划时，策划人员应遵循以下原则。

（1）创新性原则。公共关系策划应该力求新奇、独特、精致、不落俗套。

（2）时效性原则。公共关系策划应该随着形势的变化，积极、主动、及时地进行，这样方案的实施才能取得良好的效果。

（3）可行性原则。公共关系策划方案应该切实可行，如果没有可行性方案，那么即使再优美的文字、再具创意，也基本没有意义。

（4）整体性原则。公共关系策划人员应该考虑与策划项目相关的各个方面。

（5）道德性原则。公共关系策划应该符合社会道德要求，力求获得社会公众的好评。

案例 3.5

老鼠和猫

传说有一群老鼠，它们为了降低被猫捕杀的概率，开了一个家族会议。会上，一只"聪明"的幼鼠提议在猫的脖子上挂一个铃铛，这样的话，一旦猫有动静，它们就会听到铃铛发出的声音，大家就可以"闻铃而逃"，不少老鼠对此建议表示赞同，认为这是一个十分好的建议。这时，一只年长的老鼠的声音打断了它们的欢呼："这个办法很好，但是由谁去挂这个铃铛呢？"众鼠哑然。是呀，由谁去挂呢？

案例 3.6

觅光的"发散思维"广告

2020 年，觅光推出新品——脱毛仪和射频美容仪。2022 年 5 月，脱毛仪上市半年跃居行业第四，美容仪上市两个月单品销售额突破千万元，分别占总销售额的 20% 和 50%，这意味着，在化妆镜之外，第二增长曲线已经画出。觅光成功地拓展了品类。觅光是怎么做到的？如何让消费者非你不可？

从资深消费者的角度来看，热爱化妆的编辑人员辣评："化妆镜，一个无中生有的品类。"一块普通镜子，辅以光电技术，让镜面发出可媲美日光的光线，照出消费者的真实皮肤状态，从而化出更自然的妆容。其他镜子不能辅助化妆吗？当然可以，可是当消费者体验过所有灯光聚集在自己脸上，不需要依靠室内或明或暗的光线，而是能够在近似日光下化出细腻无色差的妆容后，普通镜子就不能满足其需求了。在觅光推出化妆镜的 2017 年，正值消费升级风潮，消费者有旺盛的彩妆需求，《2017 中国美妆个护消费趋势报告》显示，线上美妆销售增速近四年均超过 50%，远高于护肤品。具体到装备上，不少消费者有三四支口红，粉底液、眼影、腮红、散粉一应俱全，而化妆镜，却还是普通的镜子。

这当中有个痛点：室内灯光与日光有差别，消费者在家里化了一个自认为完美的妆容，到了室外一看，腮红打得似"如花"。觅光创始人王念欧在早期用户调研中发现了这一点，而当时市场上并没有此类产品，于是他组建团队，花了两年时间研发出第一款化妆镜。在这种可以发光的化妆镜出现之前，影视剧里的明星化妆间，镜子四周布满灯具，用以均匀光线，这是化妆装备里的高配。而化妆镜让普通女孩也能拥有良好的化妆体验，因此觅光对消费者强调"凭实力发光"，开始进行品牌传播。

1. 小红书"冷启动"

在产品上线之前，觅光联合 100 位小红书美妆博主做了一场内测活动，美妆博主们陆续发布化妆镜体验笔记，共同扩大声量。这也是一场化妆知识普及活动，消费者可以从各种笔记中看到，原来化妆镜不仅能模拟日光，还能提供办公室冷光，聚会场景的暖光，从而化出不同妆容。后来，在小红书上搜索"amiro"，有 1 万多篇笔记，而另一个化妆镜品牌 muid（觅逗），仅有 1500 多篇笔记。在声量和认知的铺垫之下，2017 年觅光上线天猫旗舰店不久，"双 11"期间其化妆镜销量就超过了 580 万个，进入天猫美容仪器行业"双 11"销售榜单前 20 名。

2．高势能传播

一个新品类要完成市场布局，仅靠圈层传播是远远不够的，因此觅光采取了各种高势能传播方式。在明星合作上，觅光曾与知名女星联名，在后者十八岁成人礼时推出具有特殊意义的化妆镜；将化妆镜植入综艺节目《乘风破浪的姐姐》的化妆现场。在直播宣传上，很多头部博主都曾为觅光化妆镜带货。觅光化妆镜真正出圈却是因为间接带货，2018年"双11"期间，某主播和马云直播卖口红，尽管带货水平不一，但他们所用的都是觅光化妆镜，这带来了显著的效果，觅光化妆镜当天销售额破千万元。

3．强化消费者认知

对消费者来说，功能是产品构成里最基础的部分，无论是特别的亮度还是场景光线模拟，市面上同类产品并不是没有，为什么非觅光不可？明星代言能让消费者跟风，得到短期高销量，但那也是短暂的，那么在化妆镜的选择上为什么非觅光不可？答案早已写在镜面上。翻看小红书、抖音等平台的分享内容，"准备好发光了吗？"这句话频繁出现，原来这是印在镜面塑料膜上的话，也是品牌与用户的对话。

第一层意思是"准备使用可以发光的化妆镜了吗？"，强调了产品功能；第二层意思是"准备好让你自己发光了吗？"，强调的是通过使用这款化妆镜，可以化出更自然细腻的妆容，成就更美好的自己。大多数人最关注的就是自己，其实每个买了觅光化妆镜的用户，都会下意识地解读成第二层意思。那么，从消费者价值角度来看，马斯洛需要层次理论的顶层——自我实现的需要就体现出来了。另外，用户在各平台上的分享，无论是开箱还是种草，都是在向潜在用户强化这种认知：觅光化妆镜＝让自己发光，这不是一块普通的镜子，用了能让自己更美！思路打开，价值叠上，觅光化妆镜的溢价就有了底气，售价为200～700元。再看觅光在微博和公众号上发布的内容，都频繁提及"发光"一词，这显然不是无心之作。

觅光的聪明之处在于，在品牌传播上并不执着于说"我们的产品有多好"，而是强调能帮助消费者自我实现，强化消费者认知。一旦认知建立，就难以去除。这也是消费者区分觅光和其他品牌化妆镜的地方，热爱化妆的编辑人员就身体力行这一点，知道觅光好些年，也买过平替后，还是念念不忘，在活动时终于入手正主。

3. 公共关系策划的技巧

公共关系策划是公共关系原则与创造性思维的碰撞结合，这种碰撞结合形成了一些相对稳定的思路和轨迹。公共关系策划的技巧很多，这里简要介绍几种，以给公共关系策划人员带来启发。

（1）制造新闻。制造新闻又称策划新闻，是指社会组织或个人在尊重事实、不损害公众利益的前提下，有目的地策划、组织具有新闻价值的事件，制造新闻热点，争取报道机会，通过新闻媒介向社会传播，以达到引起公众注意、提高组织知名度和影响力的目的。它具有新、奇、特的特点，并必须符合新闻规律，要真实可靠，不允许编造故事欺骗公众。这是公共关系利用舆论的主要手段，也是与广告在传播上较大的不同。

（2）借冕增誉。借冕增誉是指社会组织在策划公共关系活动时，将自身及产品与声望高、权威性强的名人、知名组织、有影响的事物或事件联系起来，以提高自身知名度和影响力，从而达到事半功倍的效果。

（3）小题大做。小题大做是指在与公众交往中，社会组织要注重小节，在小事上发掘大道理，在小事上展示自己的大观念，从而有效地强化自己的形象。

（4）以攻为守。以攻为守是指当组织与社会环境发生矛盾，环境对组织的生存发展构成

严重威胁时，社会组织不应消极观望等待，而应主动出击，对环境积极施加影响，从而变被动为主动，化不利为有利。

（5）以诚换诚。以诚换诚是指当公众对社会组织或个人产生不满、误解时，社会组织或个人要先摸清情况，对公众做出合理的解释，提出相应的措施，以实际行动换取公众的谅解。

（6）宁为鸡头。宁为鸡头是指社会组织在进行形象定位和产品定位时所运用的一种策略，即在实施名牌战略时，组织要想方设法地使自己的产品成为世界一流的产品。

公共关系案例：HR 与特斯拉联名——联名策划（二维码 3-2）

扫一扫

二维码 3-2

3.2.3　公共关系策划书的制作

公共关系活动方案经过论证后，必须形成书面报告——公共关系策划书。公共关系策划书既是公共关系策划工作的表现总结，又是公共关系活动的实施指导、依据和规范。它为公共关系工作的开展提供了一个蓝本和标准。制作公共关系策划书的目的是方便计划制订者随时查看项目进展，管理层能够有效地对公共关系结果进行评估，以便获得更好的公共关系传播效果。

公共关系策划书可以分为长期战略规划、年度工作计划和专题活动计划，它们的基本结构和写作方法大致相同，但也有一些区别。一份标准的公共关系策划书通常包括以下五个部分。

1. 封面

封面是公共关系策划书的"脸面"，是公共关系策划书给人留下的"第一印象"。因此，封面不能太随意，格式要规范；要大方、典雅；要设计独到、紧扣主题，可以图文并茂，也可以用不同颜色、不同规格、不同字体的文字来设计。封面应注明以下内容。

（1）标题。标题应有制订计划的组织的名称、活动的内容、活动方式及文种，如"美的 MPV 产品全国巡展策划书"。

（2）密级。密级可以分为秘密、机密、绝密或 A、AA、AAA。

（3）落款。落款中应注明制作策划书的单位名称及日期，并加盖公章。

2. 序文

序文是指对公共关系策划书的内容概要加以整理，力求简明扼要，让人一目了然。序文一般不超过 400 字，视情况可加些说明，不过最多不要超过 500 字。

3. 目录

目录务求使人读后能了解公共关系策划书的全貌，它具有十分重要的作用。

4. 正文

这是公共关系策划书中最重要的部分。正文的内容因策划种类的不同而有所不同，但应当以让读者一目了然为原则,切忌过于繁杂。正文的写作以文字为主,也可以配以表格或图片。内容层次一定要清楚、具体。

（1）背景分析。这部分的主要目的在于对公共关系传播中存在的问题进行陈述与分析，并阐明公共关系计划的首要目标。

（2）本次活动的主题词。用一两句简练、新颖、独特、有感染力的话概括本次活动的宗旨、目的、意义，使活动主题更加突出。

（3）本次活动的主办单位、协办单位、赞助单位及承办单位。主办单位、协办单位、赞助单位及承办单位必须"对号入座"，切不可混淆不清而影响责、权、利的划分。

（4）本次活动的时间、地点、参加者及邀请者。应写明活动的时间、地点、参加者及邀请者的具体数量、具体落实的情况。

（5）本次活动的实施方案。这是公共关系策划书的核心和"重头戏"，也是本次公共关系专题活动的创意体现和水平检验。每项具体活动项目应包括：活动名称；活动目的及在整个活动中的地位、作用；活动的主要内容、方式和基本要求；项目负责人、参与者及分工、项目完成时间及进度表；经费、设备总量和分配；所需的传播媒介及场地等。

（6）本次活动的成效检测标准及方法。应写出负责检测的主持者与参与者，检测的各项具体标准，检测的多种方法，检测的程序。

5. 附件

附件主要是指策划的相关资料。这部分内容可附也可不附，只是给策划参与者提供参考。资料不能太多，择其要点而附之。

3.3　公共关系实施

正确地制定具有创意的公共关系方案固然重要，但更重要的是将公共关系方案付诸实施，以真正产生效用。公共关系实施是在公共关系方案确定后，将方案所确定的内容变为现实的过程，它是整个公共关系工作的中心环节。

3.3.1　公共关系实施的原则

公共关系实施是一个复杂而科学的过程，客观上需要一整套科学的原则做指导。

1. 准备充分原则

准备充分是公共关系成功实施的基础和前提。准备得越充分，公共关系实施得越顺利，出现失误的可能性就越小。在正式实施公共关系方案之前，要用足够的时间做好各项准备工作。

2. 目标导向原则

目标导向原则要求公共关系人员在公共关系方案的实施过程中，不断地根据目标对整个实施活动进行引导、制约和促进，以保证实施活动不偏离公共关系目标。

3. 控制进度原则

控制进度原则就是根据公共关系方案中各项工作内容实施时间的要求，随时检查各项工

作的进度，及时发现滞后（或超前）的情况，做好协调与调度，使各项工作内容按计划协调、平衡地实施，并确保按时完成。

4．整体协调原则

整体协调原则是指在公共关系实施过程中，使工作所涉及的方方面面达到和谐、合理、配合、互补和统一的状态。

5．反馈调整原则

反馈调整原则是指通过监督控制机制及时发现公共关系实施中的方法偏差甚至错误，并及时进行调整与纠正，通过循环往复地反馈、调整，使实施不断完善，直到完成公共关系目标。

3.3.2 公共关系实施的要求

要想使公共关系实施真正取得预期效果，在实施过程中应做到以下几点。

1．有效地排除实施过程中的障碍

虽然公共关系方案经过认真论证，但在实施过程中也难免遇到障碍，这些障碍有内部的也有外部的，有主观造成的也有客观造成的。只有正视种种障碍并采取有效的措施予以排除，才能保证方案的有效实施。影响公共关系实施的障碍主要有以下几种。

（1）主体障碍。这种障碍主要源于实施主体自身，包括组织的人员素质、管理水平、计划与论证存在问题和失误等，从而造成公共关系目标障碍、公共关系创意障碍、公共关系预算障碍等。这些障碍将会直接影响实施的效果和目标的实现。

（2）沟通障碍。公共关系方案的实施目的在于实现组织和公众之间的双向沟通。但在沟通过程中有不少障碍，如语言障碍、习俗障碍、观念障碍、心理障碍、组织障碍等。这些障碍都会影响信息传播的有效性，使组织无法顺利实现和公众的沟通。

（3）环境障碍。公共关系实施环境障碍是指来自实施环境的各种制约因素、对抗因素、干扰因素。这些因素会从正面（促进）和反面（制约）影响实施工作的开展。

2．及时、妥善地处理实施过程中的突发事件

对公共关系方案的实施干扰最大的莫过于重大的突发事件。如果组织不能及时妥善地处理突发事件，不仅可能使整个方案无法实施，而且可能会给组织带来巨大的危机。出现突发事件的原因有多种，但无论是何种原因导致的突发事件，最关键的做法是保持头脑清醒，防止感情用事，认真剖析原因，正确选择对策，以使对组织形象的损害降到最低。

3．正确选择方案实施时机

正确选择公共关系方案实施时机是提高方案实施成功率的必要条件。如果在方案实施过程中，对于时机进行精心选择与安排，整个公共关系方案将会借助恰当的时机获得良好的效果。一般来说，在实施公共关系方案时，正确选择时机应注意把握以下几点。

（1）避开或者利用重大节日。如果是同重大节日没有任何联系的公共关系活动，那么应避开节日，以免被节日活动冲淡；如果是同重大节日有直接或者间接联系的公共关系活动，那么可考虑利用节日烘托气氛，扩大公共关系活动的影响。

（2）避开或者利用国内外重大事件。凡是需要广为宣传的公共关系活动都应避开国内外重大事件，以免被重大事件冲淡；凡是需要为大众所知又希望减小影响的公共关系活动，则

可选择重大事件发生之时来开展。

（3）避免在同一天或同一个时间段开展两项重大的公共关系活动，以免活动效果不佳。

案例 3.7

王小卤的产品宣传

春节是中国人联络感情的重要节日，人们在春节前及春节期间消费旺盛。

每年这时候，品牌商们摩拳擦掌，迫不及待地去定义新的时代欢乐画面。不过不同于以往喜欢"把乐带回家"这样的温馨桥段，新一代品牌的表达已经不满足于热络与欢笑，而是努力在年货节摸一摸时代的脉搏，同时让大家按一按手指下单。

擅长"魔改"IP的王小卤也不例外。2023年春节，王小卤跟随"新世代"年轻人的节奏，把葫芦娃的老IP玩出了新特色，不仅拍摄了画风无厘头、脑洞炸裂的《谁买谁是爷》《是兄弟就来买我》等创意视频，还推出了迎合年轻人追求好彩头的福禄抓财手礼盒，给人们带来美好心情与美味享受的双重快乐。

带着诚意如约而来的王小卤不满足于此，还以"谁买谁是爷"为主题展开覆盖微博热搜、抖音开屏、线下终端的整合营销，为王小卤带来的品牌曝光将不低于5亿人次。其中，仅创意视频微博单平台播放量就超过5000万人次，成为新年到来前最"破圈"的品牌营销事件，大范围激活国民互动和消费热潮，这份创意和欢乐也持续积淀为王小卤重要的品牌资产。

如果说之前的王小卤已经用高复购率的极致大单品在卤味"江湖"中站稳了脚跟，那么现在的"王小卤式"快乐表达就已经成为向更多消费者渗透认知的年度大事件。

新年的意义没有变，但是新时代的年味应该是什么样的？除了有趣又欢乐的DNA，我们也在提问，为什么很多人记住了王小卤？

过年意味着什么？是七大姑八大姨的识别恐惧症，还是对"面子工程"的避之不及，抑或是面对当代年轻人的共有困境，产生"做人太难"的感叹。

既要尊重文化，又要表达自我，年轻人对春节的态度正在发生改变。在以往"有趣"的品牌调性和自带幽默基因的形象之上，2023年春节王小卤用四段无厘头创意视频做出了回应，把年轻人的痒点、痛点、"新年点"都埋进了无限脑洞的视频当中，在致敬国漫、焕活老IP的同时，还偷偷在彩蛋里放了压箱底的"经典重现"，全方位用颗粒度更细的情绪点让消费者产生共鸣。

《是兄弟就来买我》选取了中国特有的拜年场景，用特殊的剪辑手法让葫芦兄弟们魔性拜年，从叫人口误开始形成小小的喜剧效果，仅一个点就戳中了年轻人的"过年痒点"，在一句"是兄弟就来买我"渣渣辉式的反转中结尾，顺势推出了福禄抓财手礼盒。

《谁买谁是爷》里一句"谁买谁是爷"，用葫芦娃爷爷创造隐喻"爷文化"的梗，也巧妙地把尊重消费者的谦逊态度表达了出来。更有意思的是，在线下独有的超市场景中，还会在消费者经过时不停地说"爷爷，爷爷，买王小卤！"，让"全城找爷""喊爷服务"成为一种特有的文化传递与沟通互动。

《抢买单不如抢凤爪》也是一种对本土文化的智慧演绎，模拟春节街采形式，用"抢买单"关注中国人特有的人情场景，同时反转剧情让福禄抓财手礼盒的出场不突兀且真实感人，还在"新闻"广告中加入了伪弹幕，让互联网嘴替感加强，和消费者的互动实时接轨。

从抢买单到抢凤爪，从兄弟到爷，王小卤的新年喜剧内容是从中国传统文化的宝库中寻

找的灵感，同时福禄抓财手礼盒寓意"福禄""抓财"，王小卤把答案放进场景里，在表达美好祝福的同时，直接又巧妙地顺势推出产品，这些猝不及防的植入恰恰是现在年轻人喜欢的沟通方式。

从生活场景到生活哲学，网友显然对致敬某著名导演的视频《王家味，就是这个味》更有兴趣，延续王小卤对电影风格的探索，在一只鸡爪的寻味之旅中仿佛看尽了一生，"就像所有的仪式感比仪式本身重要"，耐人寻味的台词让网友"纷纷悟了"，没想到吃一只鸡爪还吃出了哲学，也让"拿得起来，放不下去"成为一个可以流传的梗。

其实，讲故事的品牌不少，但能讲好的却是凤毛麟角。同样是围绕一只鸡的故事，肯德基让平平无奇的星期四成了每星期一次的狂欢。这个关于星期四的疯狂锚点，让很多人养成了星期四下单的习惯。通过不断地重复星期四,终于成了"万物皆可星期四"的消费者狂欢日。

能够被记住的新故事也是如此，把握住传统文化的精髓，用轻松的语境解构一切，是王小卤的巧思；不断重复对国潮复苏的认可，创造新的记忆点，是对东方文化的自信，是王小卤的远见。

展示出"从味觉娱乐到视听娱乐"，人们大笑过后还饶有兴趣地谈论的喜剧内容是难得的，这些内容让消费者和品牌产生共鸣、叫好又叫座更是难得的，这家卖卤味零食的品牌想和快乐画等号，它全都做到了。

（资料来源：江西网络广播电视台）

《王家味，就是这个味》（二维码3-3）

3.4 公共关系评估

公共关系评估是对公共关系方案实施工作的总结和最终效果的评价。它是公共关系活动的最后一个环节，也是下一轮策划的开始。通过公共关系评估，可以总结成功的经验，分析失败的教训，进一步提高公共关系活动的质量与水平；同时，可以发现公共关系活动的不足之处，为组织今后公共关系的具体目标、政策和行为调整提供依据。因此，公共关系评估具有十分重要的作用。

3.4.1 公共关系评估的标准

公共关系评估应从公共关系工作开展的准备过程、实施过程和实施效果三个方面进行。因此，评估标准应包括以下三个方面的标准。

1. 公共关系工作准备过程的评估标准

（1）背景材料是否充分。主要检验前几个程序中是否充分利用资料和分析判断的准确性。重点是及时发现环境分析中被遗漏的、对项目有影响的因素。

（2）信息内容是否正确、真实。主要检验所准备的信息资料是否符合问题本身、目标及媒介的要求。检验时强调的是信息内容的真实性与合理性。

（3）信息的表现形式是否恰当。检验有关传递的信息资料及宣传品设计在文字语言的运用、图表的设计、图片及展示方式的选择方面是否合理、新颖，是否能达到引人注目、给人以深刻印象的要求。

2．公共关系工作实施过程的评估标准

（1）发送信息的数量。评估公共关系工作实施过程中在电视、广播中讲话的次数、发布信件及其他宣传材料的数量，以及其他宣传活动（如展览、公开讲话等）进行与否和组织的努力程度。

（2）信息被传播媒介所采用的数量。报刊索引和广播记录一直被用来作为查对传播媒介采用信息资料数量的依据。其他宣传活动开展的次数也反映了组织为有效地利用各种可能渠道将信息传递给目标受众的努力程度。

（3）接收到信息的目标受众数量。对接收到信息的各类公众进行分类统计，从而确定目标受众的数量及结构。可以将报刊的发行量、会议及展览的出席人数等作为评估的参考数据。

（4）注意到该信息的公众数量。了解传播信息的实际效果。

3．公共关系工作实施效果的评估标准

（1）了解信息内容的公众数量。

（2）改变观点、态度的公众数量。

（3）发生期望行为和重复期望行为的公众数量。

（4）达到的目标和解决的问题。

（5）对社会和文化发展产生的影响。这种影响同其他各种因素共同起作用，并在较长时间内以复杂的、综合的形式表现出来。

3.4.2 公共关系评估的程序

一般来说，公共关系评估工作可分为以下四个阶段。

1．评估准备阶段

在评估准备阶段，应确定评估的目标和标准，安排评估的人员和时间。

2．全面评估阶段

在全面评估阶段，主要运用评估的具体方法，全面收集各种所需的评估资料和信息。

3．整理分析阶段

在整理分析阶段，应参考评估标准对所收集的各种资料和信息进行分析比较、统计对照，检查既定公共关系目标是否达到、预算执行情况与效果。在评估分析的基础上，提出方案实施中尚存在的没有解决或新发现的问题，并进一步分析产生这些问题的原因。

4．撰写报告阶段

在全面检查、评估分析、提出问题的基础上，公共关系人员应根据实际情况和需要调整工作计划与目标，并向决策部门报告分析结果，以便领导者统筹考虑组织的目标和任务。同时，

还要针对新问题根据组织的总目标、总任务，设定公共关系下一阶段的目标。

3.4.3　公共关系评估的内容

公共关系评估是对公共关系活动的全方位检测，组织希望得到的不是总体的印象评估，而是非常具体的、准确的评估结果。一般而言，专项公共关系活动的全面评估内容主要包括以下几个方面。

1．公共关系目标检验

评估总体目标是否正确，围绕这个目标的各种实施目标是否具体；检验目标能否成为现实或者在多大程度上能够成为现实，组织内部成员对活动的目标是否了解透彻，组织内部各部门对活动是否积极配合和大力支持。

2．公共关系方案检验

分析公共关系方案的可行性和实施情况等，以便了解公共关系方案制定得是否正确、合理、周密；方案实施方法、程序是否需要调整；主体是否明确且富有号召力；预算是否适当等。

3．公共关系经济效益检验

通过评估公共关系活动，检验组织的产品销售量是否有所增长、增长了多少等。

4．公共关系社会效益检验

通过评估公共关系活动，检验组织的认知度和美誉度是否有所提高、提高了多少等。

3.4.4　公共关系评估的方法

公共关系评估的方法主要有以下五种。

1．观察反馈法

观察反馈法是指由评估人员直接参与实施过程，进行实地考察，记录各个环节实施的状况、顺序及进展情况的方法。

2．目标管理法

目标管理法是指以预先设定的目标为评估分析的主要依据，根据实施效果和目标对照考核，进行衡量的方法。

3．舆论和态度调查法

舆论和态度调查法是指在公共关系活动前后分别进行一次舆论调查，检查公共关系活动对公众的态度、动机、心理、舆论等方面的影响。通过舆论和态度调查，借助"组织形象地位图"，检查组织认知度和美誉度的改善情况；运用"组织形象要素调查表"，检查组织形象要素的具体构成是否有了改善；通过"组织形象要素差距图"，检查组织实际形象与期望形象之间的差距是否缩小。

4．内部及外部评估法

内部及外部评估法是指根据组织内部各职能部门的资料和组织外部广大公众的信息反馈

来评估。相关人员在进行公共关系评估时可以借助提交上来的各种资料，如图表、报告等，将它们作为评估的重要依据。

5. 新闻报道分析法

新闻报道分析法是指根据组织在新闻媒体的见报情况来评估公共关系效果的方法。新闻舆论的敏感度很高，是反映组织形象的一面镜子。根据新闻传播的数量、传播的质量、传播的时间、传播媒介的影响力、新闻资料的使用等来进行公共关系评估，可了解本组织形象。

上述评估方法都有自己的特点，不同的组织可根据自身的实际情况具体选择和应用这些方法；也可以综合运用，通过几种方法相互比较、相互引证，得到一个全面的、综合性的评估结论。

3.4.5 公共关系评估报告的撰写

公共关系评估报告是评估工作的最终成果，它主要说明的是："我们做得怎么样？为什么会这样？"评估工作实质上也是一种调查工作，是对整个公共关系活动的调查。因此，评估报告的格式与调查报告的格式相似，只是内容和针对性有所区别。在撰写公共关系评估报告时应注意以下几点。

（1）描述整个公共关系活动过程。

（2）简洁地概括活动所取得的主要成果及存在的不足。

（3）科学地预测尚未解决的一些问题及其发展趋势。

（4）提出相应的解决办法，为决策者制定决策提供充分的信息依据。

案例 3.8

《乘风破浪的姐姐》公关效果评估

《乘风破浪的姐姐》芒果TV推出的一档关注30多岁女性成长、鼓励女性勇敢追梦的励志综艺。30位女艺人摆脱年龄束缚、打破标签定义，勇敢出发逐梦舞台，彰显成熟女性的坚韧与魅力。通过呈现当代30位不同女性的追梦历程、现实困境和平衡选择，让观众反观自己的选择与梦想，找到实现自身梦想的途径，发现实现自身价值的最佳选择。

一、《乘风破浪的姐姐》的模式与特色

（一）模式

不同于青年偶像选秀节目，《乘风破浪的姐姐》邀请了30位1990年之前出生的女艺人，通过合宿生活与舞台竞演，最终选出5位成员"破龄成团"。《乘风破浪的姐姐》第一季于2020年6月12日起播出；第二季于2021年1月22日起播出；第三季于2022年5月20日起播出。

（二）特色

对于30多岁的女性，青春从来不缺位，也不让位，而是自信归位。《乘风破浪的姐姐》中30位女艺人的努力奋斗，也延续了芒果TV平台"天生青春"的大主张。通过节目，观众可以看到这些女艺人的真实状态，以及她们面对婚姻、事业的人生态度——不管处在哪个人生阶段，都可以勇敢出发。

二、《乘风破浪的姐姐》是人际关系的缩影

人际关系是指人与人之间通过交往与相互作用而形成的直接的心理关系，主要表现为人们心理上的距离远近、个人对他人的心理倾向及相应的行为等。

（一）新挑战带来新感受

《乘风破浪的姐姐》作为一档全新的节目，吸引了大量观众，该节目通过剖析各位女艺人平时少见的一面，让观众看到了不同于以往印象中的女艺人，这也很好地吸引了观众的注意力。众多女艺人让观众了解了不一样的她们，她们在观众眼里的认知得到了很大的改变。

（二）深层次了解改变认知

每个女艺人都展示了平时不为人知的一面，她们的唱歌能力、舞蹈水平让观众叹服；她们让观众们看到了自己少见的一面，刷新了观众对她们的认知。

每个人都是能力超群的，只是平时没机会表现罢了，她们一直在进步，一直在努力，做好自己，让观众耳目一新，这是她们隐藏的实力，不容小觑。很多观众对她们不够关注、不够了解，她们能够在演艺圈立足，就说明她们具有不俗的能力。

（三）低调的人有惊艳的一天

《乘风破浪的姐姐》聚集了30位女艺人，她们之前主要是通过电影或唱歌被人们认识的，人们很少有机会发现她们其他的方面。这一次在《乘风破浪的姐姐》中的表现，让她们全面地展示了自己，发挥了自己的能力，也刷新了观众对她们的认知。

三、《乘风破浪的姐姐》是人气与实力的综合考量

良好的人际关系表现为热情、诚恳、理解、同情、大度、互助、诚信、原则性与灵活性的结合。促进人际关系密切友好的因素是缩短空间的距离，提高交往的频率，增加相似的东西，实现需要的互补。30位女艺人虽然都有所成就，但是依旧会有"咖位"之分，处理好人际关系对她们来说十分重要。30位女艺人，演员有当红演员、流量演员，歌手有当红歌手与潜力歌手，有优秀但知名度不高的女团成员，有以主持为主业的主持人。这个节目本身就是人气与实力的综合考量，甚至人气优势高于实力优势，加之"咖位"因素，女艺人之间的人际关系就有竞争性了。

（一）人格魅力

通过3～4个月的节目播出，女艺人之间的人际关系分两种：工作中的人际关系和生活中人际关系。生活中玩得很好的女艺人，可看出私下里她们关系很好，这几位女艺人的共同特征是未婚、年纪较小，多数"咖位"不高。但当投入工作时，她们就会给人一种"各为其主"的"塑料姐妹花"感。这是很正常的事，任何人在工作与竞争面前不可能相让，因为这是比赛、是竞争、是真枪实干，私下里关系再好，到了比赛中也是竞争关系，这也是女艺人的人格魅力。

（二）潜移默化的选择

此外，还有一种就是很"正规"的人际关系，以势靠势，势以类聚。这些女艺人当中有许多是家喻户晓的人，她们的私人情况也早为人们所熟知，比如有些女艺人是制片人或家财万贯或在圈里混得很好，有发言权或资历深厚，她们会聚在一起，即便没有亲密话题也会选择站在一起，这是潜移默化的选择。《乘风破浪的姐姐》传播的是从人际关系本质到公共关系的价值。

四、《乘风破浪的姐姐》体现了人际关系的本质

每个人都有其独特的思想、背景、态度、个性、行为模式及价值观。人际关系像黏合剂，把人们黏在一起，形成了人类社会的总体。人际关系本质是生存和发展的需要，是人与

人之间在社会生活的相互作用中发生的关系。具体来说，人际关系的本质体现在以下三个方面。

（一）交换和互助

交换和互助是人际关系最原始的本质，这就是人脉。人若不被逼到某个份儿上，都想象不到原来自己的潜力有那么大。潜力凝聚在一起就是团魂。每一次公演都有被淘汰的可能，但女艺人都愿意去尝试，勇敢地去突破自己。通过直面挑战不断地进步，这是人生中特别宝贵的一段经历，也是人生中不可复制的经历。

（二）义务和责任

义务和责任主要是针对特殊的关系而言的，如亲情关系、同事关系等。在《乘风破浪的姐姐》中，经过几个月的朝夕相处，这些女艺人结成了亲如姐妹的亲情关系，具有特殊的人际关系意义。

（三）情怀和牵挂

当你和大家的关系达到亲情关系时，就已超越了普通的人际关系，这就是人脉关系的最高境界。30位女艺人在相处的过程中不断磨合，最终相互融合，情怀和牵挂让大家建立了良好的关系，让小屋装满了美好的回忆，也见证了花的盛开。"姐姐"这两个字体现的是"温暖"与"使命感"，在这个舞台上，所有的姐姐都赢了！

五、《乘风破浪的姐姐》诠释了公共关系的价值

目前，公共关系具有代表性的定义有五种：管理论、传播论、科学艺术论、社会关系论与传播管理论。廖为建教授一直提倡传播管理论。传播管理论将管理论和传播论结合起来，明确界定公共关系是组织一种特定的传播管理行为和职能。当代美国公共关系学术权威、马里兰大学教授詹姆斯·格鲁尼格认为："公共关系是一个组织与其相关公众之间的传播管理。"公共关系的定义是：运用现代信息传播沟通手段，建立和完善组织与公众之间的双向交流，促进相互了解、理解、信任，为组织优化社会环境，树立良好形象。公共关系的终极价值是和谐的人文精神，具体体现在三个方面：宽容、传播与竞争。

（一）宽容

努力找到双方利益的结合点；真实做自己，注意不要伤害别人。原来不愿意面对自己的弱点与缺点，现在可以勇敢面对，收获一个更好的自己。每个人都有瑕疵，但在压力面前，没有人说你"怂了"，大家都在突破自己的极限、宽容地对待别人。敢于面对不完美，比追求完美更值得称颂。

《乘风破浪的姐姐》在内容创作的具体过程中，格外注重真实发生与共情互动力。组团互补，相互鼓励，30多岁的女艺人通过亲密话题选择站在一起，在共情、共勉与共鸣下，产生了"团魂"。这份友情太珍贵了。

（二）传播

真诚合作在任何时候都十分重要。《乘风破浪的姐姐》未播先火，在于节目组以"不惧年龄，展示30多岁女艺人的魅力"为主题的宣传，第一期节目播出时，"一切过往，皆为序章。直挂云帆，乘风破浪。三十而立，三十而骊"的宣言更是触动人心。

《乘风破浪的姐姐》反映了社会热点和大众关切的话题，尤其契合当下女性的情感痛点和共鸣点，将真实感进行最大化呈现。"姐系"原创综艺节目，更具认可度和专业性。观众的认可度、满意度、接受度决定了"原创"节目的真正价值。《乘风破浪的姐姐》不仅是娱乐节目，还是优秀的哲理课，能够促使人蜕变。

（三）竞争

姐姐们之间的竞争是良性的。既然选择了远方，必将风雨兼程；"战胜年龄、证明价值"是 30 多岁的女艺人参加节目的初衷。《乘风破浪的姐姐》打破常规，让女艺人用突破年龄的方式展现了自我价值。30 多岁的女艺人是一个十分自信和独立的群体，她们处于一种很飒爽的状态。"飒"是节目的一个核心词，她们各自带着自己的故事和阅历而来，用自己的态度去表达自己的价值观，这就会把我们现在看到的一些偶像女团的标准化审美打破，把成熟女性的魅力无限放大。

结论

2020 年的综艺行业发展略显艰难，既有客观原因，也有创新招商等常态因素，但不可否认的是，作为爆款节目的《乘风破浪的姐姐》则给行业提振信心。公共关系的基本要素：行为主体是组织机构；沟通对象是相关公众；工作手段是传播沟通媒介；过程是信息的双向交流；目标是为组织机构树立良好的公众形象。《乘风破浪的姐姐》在双向传播管理上，真正体现了优质精品内容是平台最大的竞争力。《乘风破浪的姐姐》颇为契合精品内容的定位和标准："姐姐系"综艺天然具有强 IP 属性，可延展内容创作上的无限可能。在商业层面上，优质精品内容具有不可小觑的价值展现。在媒体融合发展上，优质精品内容是不可或缺的一部分。《乘风破浪的姐姐》发挥示范和引领作用，向人们传递了正能量。

公共关系本质上是组织机构和相关公众之间的双向传播与沟通。《乘风破浪的姐姐》向大众传播了积极向上的价值观和人生态度，尤其是对当下很多中、青年群体来说，确实产生了一定的影响，起到了榜样作用。对女性来说，年龄的局限性可能表现得更加明显，这已经成为一种社会现象。这是一个富有创意的时代，回望历史，每当人们试图将视线从内容创新上移开时，一个全新的亮点就会将大众的注意力重新聚焦。正是在这样的基础上，《乘风破浪的姐姐》传播了人际关系的本质，很好地诠释了公共关系的终极价值。

【作者谭昆智，广州新华学院（前身是中山大学新华学院）公共治理学院副院长，有改动】

项目训练一：公共关系调查训练

任务编号：3-1	小组成员：
任务描述：为所在城市的博物馆（或博物院）做形象调查并完成调查报告。	
相关资源： 1. 北京故宫博物院官网； 2. 中国国家版本馆官网； 3. 良渚博物院官网； 4. 三星堆博物馆官网。	
实施步骤： 1. 通过官网查找当地博物馆资料； 2. 组织博物馆内部形象调查； 3. 完成博物馆外部形象调查（市民调查）； 4. 形成博物馆内外部形象调查报告。	
任务成果模板： 一、博物馆简介	

二、博物馆内部形象调查

1．采访不同岗位的员工

2．内部形象调查表

3．外部形象调查小结

三、博物馆外部形象调查（市民调查）

1．设计调查问卷（附调查问卷）

2．发放调查问卷

3．回收调查问卷

四、撰写调查报告

项目训练二：公共关系策划训练

任务编号：3-2	小组成员：
任务描述：为所在城市的博物馆（或博物院）完成公共关系活动策划。	
相关资源：	
1．北京故宫博物院官网；	
2．中国国家版本馆官网；	
3．良渚博物院官网；	
4．三星堆博物馆官网。	

实施步骤：

1. 确定公共关系活动的目标；
2. 确定公共关系活动面向的公众；
3. 设计公共关系活动的主题；·
4. 编制公共关系活动预算；
5. 创新设计公共关系活动；
6. 公共关系活动人员安排；
7. 公共关系活动应急预案；
8. 审定公共关系活动方案及定稿。

任务成果模板：

一、公共关系活动的目标

二、公共关系活动面向的公众

三、公共关系活动的主题

四、公共关系活动预算

五、创新设计公共关系活动

六、公共关系活动人员安排

七、公共关系活动应急预案

八、审定公共关系活动方案及定稿

项目训练三：公共关系实施训练

任务编号：3-3	小组成员：

任务描述： 实施博物馆（或博物院）的公共关系活动。

相关资源：

1. 北京故宫博物院官网；
2. 中国国家版本馆官网；
3. 良渚博物院官网；
4. 三星堆博物馆官网。

实施步骤：

1. 确定公共关系活动实施场地；
2. 完成准备工作；
3. 活动实施。

任务成果模板：

一、公共关系活动实施场地布置图

二、准备工作

三、实施现场照片

四、公共关系活动实施心得

项目训练四：公共关系评估训练

任务编号：3-4	小组成员：

任务描述：评估博物馆（或博物院）的公共关系活动。

相关资源：

1. 北京故宫博物院官网；

2. 中国国家版本馆官网；

3. 良渚博物院官网；

4. 三星堆博物馆官网。

实施步骤：

1. 描述整个公共关系活动过程；

2. 简洁地概括公共关系活动所取得的主要成果及存在的不足；

3. 科学地预测尚未解决的一些问题及其发展趋势；

4. 提出相应的解决办法，为决策者制定决策提供充分的信息依据。

任务成果模板：

一、公共关系活动过程

二、公共关系活动所取得的主要成果

三、公共关系活动存在的不足

四、尚未解决的一些问题及其发展趋势

五、相应的解决办法

【思政探讨】

一、党的二十大精神进课堂

1. 党的二十大精神学习。

为了深入学习贯彻习近平新时代中国特色社会主义思想，全面贯彻落实党的二十大精神，推动全面建设社会主义现代化国家开好局起好步，中共中央办公厅印发了《关于在全党大兴调查研究的工作方案》，并发出通知，要求各地区各部门结合实际认真贯彻落实。调查研究是我们党的传家宝，是领导干部的基本功，也是领导干部理论联系实际的桥梁。做好调查研究，需要把握好调查研究的基本原则和方法，做到调研成果为高质量发展决策服务。

做好调查研究工作，必须自觉遵循以下五条基本原则。

一要坚持党的群众路线。

二要坚持实事求是。

三要坚持问题导向。

四要坚持攻坚克难。

五要坚持系统观念。

（资料来源：《黑龙江日报》理论版，2023-04-01）

2. 在进行公共关系调查研究时，如何做到坚持调查研究的五条基本原则？你是否已经做到了？

二、思政素养探讨

1. 你在完成调查任务的过程中，是否获取了真实客观的信息？

2. 你在完成任务的过程中，如何通过团队协作创造公共关系价值？

3. 你通过哪些方式提升了发现问题和解决问题的能力？

【本项目小结】

公共关系活动的开展应遵循一定的程序，公共关系工作的基本程序可分为公共关系调查、公共关系策划、公共关系实施和公共关系评估四个步骤。

公共关系调查是运用科学的方法，有计划、有步骤地收集相关信息，综合分析相关因素及其相互关系，以考察组织的公共关系状态，了解组织面临的公共关系方面的实际问题，从而为组织的形象设计、公共关系活动的策划提供依据。公共关系调查应包括制定调查方案、收集调查资料、整理分析资料、撰写调查报告四个步骤。

公共关系策划是指公共关系人员根据组织形象的现状和目标要求，分析现有条件，设计最佳活动方案的过程。公共关系策划应包括确定公共关系目标、确定公众、设计主题、选择传播媒介、编制预算、审定方案六个工作步骤。

公共关系实施是在公共关系方案确定后，将方案所确定的内容变为现实的过程。公共关系实施应遵循准备充分原则、目标导向原则、控制进度原则、整体协调原则、反馈调整原则，并注意有效地排除实施过程中的障碍，及时、妥善地处理实施过程中的突发事件及正确选择方案实施时机。

公共关系评估是对公共关系方案实施工作的总结和最终效果的评价。通过公共关系评估，可以总结成功的经验，分析失败的教训，进一步提高公共关系活动的质量与水平；同时，可以发现公共关系活动的不足之处，为组织今后公共关系的具体目标、政策和行为调整提供依据。

【延伸练习】

一、选择题

1. 属于第二手资料的调查的公共关系调查方法是（　　　）。

A．文件法　　　　　　　　B．观察法　　　　　　　　C．询问法

2. 从调查总体中有意识地选择若干具有代表性的调查对象进行调查，以达到推算一般的调查方法是（　　　）。

A．重点调查　　　　　　　B．典型调查　　　　　　　C．抽样调查

3. 公共关系策划应遵循（　　　），力求获得社会公众的好评。

A．时效性原则　　　　　　B．可行性原则　　　　　　C．道德性原则

4. 社会组织要在小事上发掘大道理，在小事上展示自己的大观念，从而有效地强化自己的形象的策划技巧是（　　　）。

A．制造新闻　　　　　　　B．小题大做　　　　　　　C．宁为鸡头

二、填空题

1. 公共关系的"四步工作法"指_____、_____、_____和公共关系评估四个步骤。

2. 对组织形象的调查包括_____、_____和形象差距比较分析三个方面。

3. 组织的公共关系目标一般有传播信息、_____、_____、_____四种类型。

4. 常见的创造性思维方法有头脑风暴法、_____、_____、_____四种。

三、简答题

1. 简述一个完整的调查方案主要包括哪几方面内容。

2. 简述设计调查问卷时应遵循的原则。

3. 简述公共关系策划的步骤。

4. 简述在实施公共关系方案时如何正确选择时机。

5．简述公共关系评估的方法。

四、操作题

1．联系某一组织，根据需要确定调查主题，设计调查问卷，进行实地调查，并撰写调研分析报告。

2．为你熟悉的学校或企业设计一项公共关系活动，并撰写公共关系活动策划书。

3．假如你所在的学校近日有一次重要的公共关系活动，但恶劣的天气致使活动不能如期开展，请拟定一个应急方案，以消除或减小不利影响。

4．对近期举行的某次公共关系活动进行评估，并撰写评估报告。

【延伸阅读】

扫一扫

二维码 3-4

2022 北京冬奥会特许商品营销策划（二维码 3-4）

项目 4 公共关系活动的类型

思考：

★ 不同主体在开展公共关系活动时有什么不同？

★ 不同类型的公共关系活动有哪些不同的功能？

★ 组织在不同的发展阶段对开展公共关系活动有什么不同的要求？

教学目标：

★ 知识目标

● 知晓不同主体的公共关系的特点

● 理解不同功能的公共关系的活动方式和活动原则

● 掌握不同阶段的公共关系的活动方式和活动原则

★ 能力目标

● 能够分析组织的公共关系活动模式的特点，并提出活动建议

● 能够为企业制定各种公共关系活动方案

● 能够根据组织所处的发展阶段提出开展公共关系活动的建议

★ 思政目标

● 培养学生"以人民为中心"的责任意识

● 使学生理解"为民造福是立党为公、执政为民的本质要求"

★ 素养目标

● 培养学生的责任意识

● 培养学生的创新能力

```
                                                          ┌─ 营利性组织的公共关系
                                       ┌─ 一、不同主体的公共关系 ─┤
                                       │                  └─ 非营利性组织的公共关系
                                       │
                                       │                  ┌─ 事务性公共关系
                                       │                  ├─ 交际性公共关系
                                       │                  ├─ 宣传性公共关系
                              ┌─ 知识储备 ─┼─ 二、不同功能的公共关系 ─┼─ 服务性公共关系
                              │            │                  ├─ 社会性公共关系
                              │            │                  └─ 征询性公共关系
                              │            │
                              │            │                  ┌─ 建设性公共关系
                              │            │                  ├─ 维系性公共关系
项目4 公共关系活动的类型 ─┼─           └─ 三、不同阶段的公共关系 ─┼─ 防御性公共关系
                              │                               ├─ 矫正性公共关系
                              │                               └─ 进攻性公共关系
                              │
                              │            ┌─ 一、不同主体的公共关系训练
                              ├─ 项目训练 ─┼─ 二、不同功能的公共关系训练
                              │            └─ 三、不同阶段的公共关系训练
                              │
                              │            ┌─ 一、党的二十大精神进课堂
                              ├─ 思政探讨 ─┤
                              │            └─ 二、思政素养探讨
                              │
                              │            ┌─ 一、本项目小结
                              └─ 总结练习 ─┼─ 二、延伸练习
                                           └─ 三、延伸阅读：北京冬奥的绿色公关策略
```

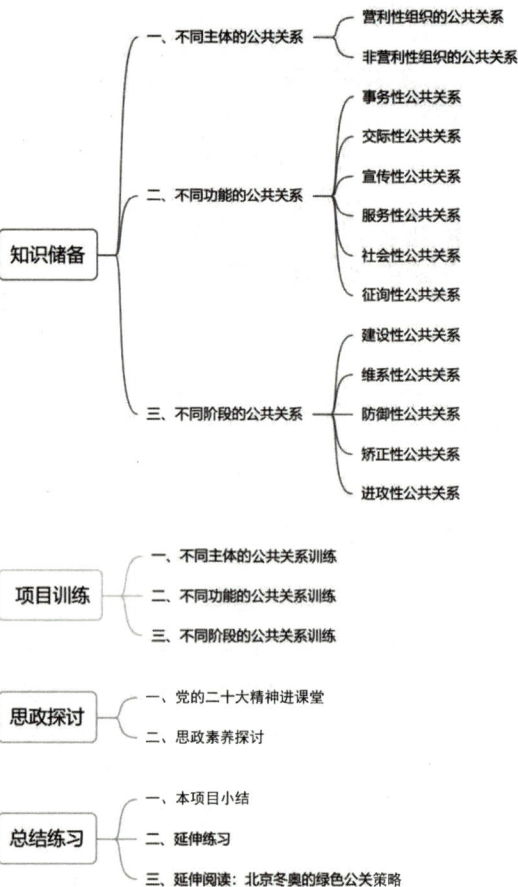

【知识储备】

公共关系活动在现实中的表现多种多样，从不同的角度考虑，公共关系活动有不同的类型。在此，我们将公共关系活动分为以下三种类型：不同主体的公共关系、不同功能的公共关系、不同阶段的公共关系。

4.1 不同主体的公共关系

公共关系主体是指公共关系活动的承担者。公共关系主体性质的差异，必然导致公共关系活动方式的差异。根据组织的目标和职能，可以将公共关系主体划分为营利性组织和非营利性组织。

4.1.1 营利性组织的公共关系

1. 营利性组织的类型

营利性组织是经济实体，它们的最终目标是获得经济效益。从担负的社会功能来看，营利性组织分为生产企业、商业企业、服务性企业、旅游企业和饭店等。

（1）生产企业。生产企业指的是向社会提供实物产品的营利性组织，包括从事工业品原料、农产品原料加工的工业企业和采掘自然资源的各种企业。生产企业是现代公共关系应用最为广泛的一个领域。作为营利性组织，生产企业的经营目标是通过提供适销对路的产品获得经济效益。

（2）商业企业和服务性企业。商业企业指的是以提供物质商品来满足客户需要的营利性组织，如批发商、代理商、零售商等。服务性企业指的是以提供劳动力服务来满足客户需要的营利性组织，涉及修理业、运输业等。二者都是通过工作人员与客户直接接触来开展经营活动的，目标是通过向客户提供各种形式的服务，满足社会需要和获取经济效益。

（3）旅游企业和饭店。旅游企业指的是以旅游资源为基础，以旅游设施为条件，组织安排旅游活动并向旅游者提供旅游服务的营利性组织。饭店是主要为旅游业、流动人员提供食宿设施的营利性组织，它是旅游供给的主要部分，也是旅游创收的重要场所。作为营利性组织，旅游企业的经营目标是通过组织旅行游览向旅游者提供服务，获得经济收入；饭店是通过向人们提供食宿服务获得经济收入的。

2. 营利性组织公共关系的特点

不同的营利性组织虽然有着不同的工作内容，但相同的经营目标使得它们的公共关系有相似的特点。从营利性组织自身的特点出发，其公共关系具有以下特点。

（1）以经济效益为中心开展工作。作为营利性组织，在市场经济条件下，会努力把一切经营活动纳入提高经济效益的轨道上来，用尽可能少的劳动耗费，提供尽可能多的符合消费者需求的产品和服务。营利性组织通过确定正确的经营方向，发挥经营特色，提高产品和服务质量，改善经营管理，减少劳动耗费等，积累更多的资金，使自身和员工获得更多经济收入。只有大多数营利性组织都具有扩大再生产的能力和各方面的发展能力，员工的积极性才能充分调动，整个国民经济才能充满生机和活力。因此，营利性组织必须将提高经济效益作为其公共关系的重要目标。

（2）与市场营销紧密配合。市场是营利性组织竞争、生存和展示活力的地方。营利性组织只有根据自身经营和发展的需要，从市场上获取资金、信息、资源、技术和劳务等各种生产要素，提供有竞争力的产品和服务，才能展示出自身活力。市场营销是营利性组织所开展的经济活动的重要组成部分，在市场营销的整个过程中，包括市场研究、产品开发、定价、分销、促销、售后服务等环节，公共关系在各环节都可发挥其特有的职能。每个营利性组织的公共关系活动都应当与市场营销紧密配合，这样才能在激烈的市场竞争中立于不败之地。

（3）以客户为主要公众。营利性组织既是产品的生产者和经营者，也是劳务的提供者。营利性组织只有源源不断地生产社会需要的产品，高质量地提供社会需要的服务，才能更好地生存和发展。由于作为产品购买者和服务接受者的客户的态度、行为和偏好，会直接影响营利性组织的经济效益及生存和发展，因此客户是营利性组织的主要公众。

（4）塑造良好的形象。面对琳琅满目的产品，消费者的购买行为已不仅仅取决于一般的生理需要，还取决于对某个组织或产品的综合印象。这种印象就是公众心中的组织形象和产品形象。它综合了该组织在规模、产品种类、质量、产量、技术水平、管理水平、价格、服务等方面的信息。购买某个产品或接受某项服务，会让消费者在情感、爱好等方面得到满足，对组织产生认同感。因此，在形象竞争的时代，营利性组织仅靠技术、价格等方面的优势，已难以战胜竞争对手，还需要塑造良好的形象，并借此在竞争中取胜。

3. 营利性组织的公共关系工作

（1）产品质量是公共关系工作的基础。营利性组织开展公共关系活动的目的是塑造良好的形象。营利性组织的形象是由产品形象、成员形象、管理形象、实力形象等要素构成的。其中，产品质量对于塑造良好的形象十分关键。公众对组织印象的形成一般取决于对产品的认知。许多成功的营利性组织都是从开发知名产品入手，逐步塑造良好的形象的。

（2）促销是公共关系工作的重点。在市场经济条件下，营利性组织的发展往往取决于其产品销售情况。因此，营利性组织必须树立市场观念，根据市场的需求进行采购、组织生产、制定价格、安排分销，根据自己的需求选择合适的促销手段开展促销，通过信息传播和沟通引导客户采取对自己有利的行为。一般而言，在推出新产品、进入新市场、转入新的生产领域，以及产品供应不足或出现危机时，都应取得媒体的配合，赢得公众信任，争取获得较大的市场份额。

（3）销售服务是公共关系工作的关键。销售服务包括售前服务、售中服务和售后服务。售前服务是购买行为发生之前向潜在客户提供的服务，如主动提供样品、产品目录、说明书等。售中服务是在客户购买产品过程中提供的服务，如回答客户提出的问题、推荐产品、介绍产品的性能等。售后服务是向已购买产品的客户提供的服务，如技术培训、安装调试、维修、包退包换、建立客户档案等。营利性组织只有提供热情、主动、周到、及时、充满人情味的服务，才能赢得客户的信任，才能从根本上为产品销售开创良好的局面。只有紧紧抓住销售服务这个突破口，才能使营利性组织的公共关系落到实处，带动公共关系工作的全面开展。

案例 4.1

"人民需要什么，五菱就造什么"

对于"五菱"这个汽车品牌，可能很多人都停留在"秋名山车神"这个梗上。上汽通用五菱注重经济性、实用性，其生产的五菱宏光受到了很多人的欢迎，本身非常"接地气"。2020年，上汽通用五菱凭实力再次出圈。

2020年年初突发新冠疫情，口罩一时间成为紧缺物资。于是，上汽通用五菱于2月开始改造生产线转产医用口罩，并且打出了"人民需要什么，五菱就造什么"的旗号。上汽通用五菱生产口罩一事，瞬间在社交媒体上发酵，并登上微博热搜榜。

2月15日，《新闻联播》报道"中国制造跑出中国速度"，称赞上汽通用五菱仅用三天时间就完成了无尘车间改造、设备安装调试等一系列工作，并取得了民用防护口罩的研发、生产、销售资质。

自5月起，地摊经济逐渐火热，甚至掀起一股全民摆摊的风潮。上汽通用五菱看到了商机，6月2日，其公众号发布文章《五菱翼开启售货车——地摊经济的正规主力军！》，推出"地摊神器"五菱荣光小卡翼开启和五菱荣光新卡翼开启两款车型，这两款车型一上线就销售火爆，订单甚至排到一个月后。网友对此评价"人民需要什么，五菱就造什么"。

参考阅读：《五菱翼开启售货车——地摊经济的正规主力军！》（二维码4-1）

案例讨论

结合案例，分析营利性组织开展公共关系活动与经济效益的关系。

4.1.2　非营利性组织的公共关系

1. 非营利性组织的类型

与营利性组织相比，非营利性组织的性质更复杂。非营利性组织主要包括事业组织和民间团体组织。

（1）事业组织。事业组织是指由国家提供资金设立的专门性机构，如学校、医院、图书馆等。

（2）民间团体组织。民间团体组织是指具有共同利益或背景的人们为实现某种社会理想而自愿组建的非营利性组织，如专业学术团体、妇女团体等。

2. 非营利性组织公共关系的特点

由于非营利性组织与营利性组织的性质具有很大的差异，因此在开展公共关系工作的过程中，其所面对的公众和在特定公共关系工作中所使用的媒介等是有差别的。非营利性组织公共关系的特点如下。

（1）实现社会效益是公共关系的目标。如果说社会组织开展公共关系工作的根本目标是在某个特定领域内实现社会效益与经济效益的统一，那么营利性组织开展公共关系工作从最终结果而言，都或多或少、直接或间接地与经济效益挂钩。一个营利性组织的公共关系工作若不能在某种程度上创造一定的经济效益，它就无法得到管理人员的重视，久而久之，其自身的生命力也会减弱。而对于非营利性组织，确立一种高于一般社会认识水平和道德水准的组织形象是其公共关系目标，最终结果往往体现在社会效益上。例如，非营利性组织承担一定的社会责任，劝导公众接纳某种有益于社会的新观念；非营利性组织为社会做贡献的精神，赢得了公众对其某项社会事业的支持；非营利性组织成员大多有较高的知识文化水平，践行社会公德，注重塑造自身组织的形象。

（2）与公众联系不紧密。营利性组织与其公众联系较紧密，这是因为维系它们之间关系的利益基本一致，反映到具体的公共关系工作上，其公众针对性较强。而非营利性组织与其公众联系不紧密，这是因为它们之间缺乏相对固定的利益联系，反映到具体的公共关系工作上，其公众针对性较弱。例如，环境保护组织开展公共关系工作时，往往会从社会的宏观结构角度，来制定自己的公共关系战略并策划相应的公共关系活动方案，其公众涵盖面较广。

（3）公共关系活动费用不够稳定与充足。营利性组织开展公共关系工作时一般有相对稳定与充足的资金，因此它们有实力策划和组织一些耗资巨大的公共关系活动。英国一些公共关系专家根据自己多年的实践经验，曾总结出这样一个规律，即对英国企业而言，其产品市场推广的费用一般要占企业销售额的 5% 以上，有的甚至高达 20%，而这笔费用中的 50% 以上用于促销活动。至于公共关系活动的预算，一般占促销活动费用的 25% 左右。而非营利性组织开展公共关系工作时很少有如此稳定与充足的资金预算，它们通常只是在力所能及的范围内，争取少花钱多办事，积少成多，逐步形成某种活动声势。这两类组织在具体公共关系工作中对媒介的使用上，前者爱用能迅速产生某种轰动效应的媒介，如通过卫星进行全球实况转播的电视等；后者则爱用花钱少的媒介，如人际传播媒介等。另外，营利性组织的公共关系人员的配备比较齐整，多为专职，专业素质较高；而非营利性组织由于受资金等因素的影响，公共关系人员的配备不一定齐整，有时甚至是临时组织团队，专业素质因人而异。因此，从某种意义上来说，非营利性组织开展公共关系工作的难度要更大一些。

3. 非营利性组织的公共关系工作

非营利性组织由于本身的特点，其公共关系除具有一般公共关系的共性任务（如塑造良好的形象）之外，还有自己的工作重点。

（1）保持和发挥自身的独特优势。非营利性组织在社会利益关系格局中处于重要的地位，故其对社会各种问题的看法往往会受到社会各个方面的重视，在社会舆论形成中，其会保持和发挥自身的独特优势。具体来说，非营利性组织的公共关系工作可以在两个方面发挥作用：一是通过参政议政来显示自身价值，争取社会各界的理解与认同；二是以身作则，保持良好的作风，并勇于抨击不良作风。

（2）积极参与和组织社会活动。这类社会活动主要围绕某个公益目标进行，参加的原则是自愿、平等，而且没有什么功利色彩，所以公众对此有着普遍接受的心理基础。非营利性组织一般财力有限，在活动中主要起领导、组织、联络的作用。这类活动既可使广大社会公众受益，又扩大了组织自身的影响，还能从与社会各界公众的沟通中得到帮助和支持。

案例 4.2

西安城市形象推介案例入选 2021 年度"对外传播十大优秀案例"

西安市委宣传部报送的案例，以"西安作为十四运会主会场城市，更承担着向世界展示中国经验、中国智慧、中国力量的使命任务"为背景，提出了三大命题：让大众热情与主流话语相结合，让赛事报道与城市推介互协作，让正面宣传与国际传播共融通。

十四运会前后，西安市共组织"千年古都 常来长安"全国主流媒体西安看全运、"一路有你 全运有约"驻华大使夫人西安行等新闻宣传活动 130 余场，各媒体平台发稿 3 万余篇（条），总点击量超过 73 亿次，其中海外点击量近 20 亿次；推出的"相约西安 筑梦全运"抖音挑战赛点击量 21.5 亿次；聚焦短视频调动全民传播热潮，仅十四运会和残特奥会举办前后，"十四运会西安市执委会"微信视频账号上就接连推出了 60 余部风格各异的原创短视频宣传片，全网覆盖受众达 18 亿人（次），《西安，不止一面》《万千心愿 不如长安》《来咧》等短视频的片名，成为全国热议的"公共话题"，频频登上热搜榜。

这一系列成绩的背后，是创新思维与积极进取。案例从"破圈，一次搭建大众传播场景的模式创新""出新，一次聚焦城市气质的情感重塑""设题，一场讲好中国故事的有力实践"三个方面阐述了西安市在宣传工作特别是对外宣传领域的积极创新，就如何应用短视频、官方视频号等传播方式更好地开展城市形象推介、如何把控全媒体传播的"温度与火候"，让内容迭代、情感升温更迅速，让城市"出圈"更快捷等外宣议题进行了有益探讨与精深研究，结论令人信服，行文生动感人，受到评审专家的一致好评。

（资料来源：中国日报网）

非营利性组织的公共关系：政府城市建设宣传片（二维码 4-2）

案例讨论

结合案例，分析非营利性组织开展公共关系活动的目标与营利性组织有何不同。

4.2　不同功能的公共关系

公共关系的功能是指公共关系在组织运行中所发挥的实际作用。根据公共关系功能的不同，可将公共关系活动模式分为六种：事务性公共关系、交际性公共关系、宣传性公共关系、服务性公共关系、社会性公共关系、征询性公共关系。

4.2.1　事务性公共关系

事务性公共关系是指在组织的日常运行中，贯彻公共关系工作的目标，努力树立形象、争取公众、扩大影响。

1. 活动方式

事务性公共关系要求组织在日常运行的各个环节都时刻注意形象问题，处处给人以好感，给内外公众都留下良好的印象。例如一个制衣厂，为了争取公众、建立声誉，在原材料采购、产品生产、产品包装、销售服务等方面皆严格把关，力求保证质量，合理定价，提供优质的服务；同时，其对本厂职工的劳动保护、生活福利、医疗保健、家属问题等也予以充分关注。长此以往，通过这一系列日常公共关系事务，该制衣厂会不知不觉地达到公共关系工作的目标，赢得公众的信任和良好的声誉。

2. 活动特点

事务性公共关系的活动特点是日常性、琐碎性、细微性。

3. 活动原则

在开展事务性公共关系活动时，应当遵循以下原则。

（1）文明性。它要求组织文明经营。例如，在生产上不偷工减料，不弄虚作假；在销售上礼貌待人，童叟无欺。即使与公众发生矛盾，组织也应本着严于律己、宽以待人的态度妥善地予以处理；无论内外公众，皆应以诚相待，以情相接，不做损人利己的事。

（2）制度性。组织对各部门、各工种等必须制定合理、全面的规章制度。一方面，要使这些制度条款化、公开化，认真加以宣传，严格予以贯彻；另一方面，要经常性地进行监督、检查具体的执行情况，不能让它成为一纸空文，并且要辅以必要的奖惩手段。

（3）切实性。这要求组织的日常事务真正切合实际，对未来发展起到一定的作用。组织

在考虑一系列日常事务时，应听取群众的意见，做调查研究，真正把工作做到点子上，并且应与公众的"痛痒"相关，不能脱离实际、好高骛远。若一个组织严格按照此规范去做，那么其事务性公共关系活动大概率是成功的。

课堂讨论

请同学们列举出常见的事务性公共关系活动。

4.2.2　交际性公共关系

交际性公共关系是指运用各种交际方法和沟通艺术开展公共关系工作的一种模式，它是公共关系活动中应用得最多、极为有效的一种模式。交际性公共关系通过人与人直接接触，进行感情上的联络，为组织广结良缘，建立广泛的社会关系网络，形成有利于组织发展的人际环境。

1. 活动方式

交际性公共关系的活动方式包括团体交际和个人交往。团体交际包括各式各样的招待会、座谈会、宴会、茶会、谈判、舞会等；个人交往包括交谈、拜访、电话慰问、信件往来等。

2. 活动特点

交际性公共关系的活动特点是直接性、灵活性，且富有人情味。

3. 活动原则

在开展交际性公共关系活动时，应当遵循以下原则。

（1）广泛性。组织应重视和充分认识到交际性公共关系的作用，要承认关系网，利用关系网，正视关系网，发展关系网，同社会各界人士结识，构建信息网络。

（2）经常性。组织在开展交际性公共关系活动时不仅要广结良缘，还要善于巩固和发展与公众建立的友谊。组织应与社会各界人士经常来往，勤于交际。

（3）礼貌性。礼仪礼节是开展交际性公共关系活动时需要特别注意的，这要求公共关系人员礼貌待人，注意言辞，在仪表、行动和精神风貌等方面给公众留下良好的印象。

（4）真诚性。交际性公共关系活动要以真诚为基础，无论是对其他组织还是对个人，都要实事求是，坦诚相待。

（5）正当性。组织应杜绝使用各种不正当的手段，要明确社会交际只是公共关系的手段之一，而不是公共关系的目标，更不能把私人间的一切交际活动都归为公共关系活动。

案例 4.3

交际性公共关系：老乡鸡董事长手撕员工联名信

2020 年 2 月 8 日元宵节，不少企业面临复工复产的压力。晚间，一段题为《刚刚！老乡鸡董事长手撕员工联名信》的视频通过微博、微信朋友圈等平台广为传播。视频中老乡鸡董

事长束从轩称由于复工复产的压力，老乡鸡保守估计会有 5 亿元的损失，为了帮助企业渡过难关，员工提出特殊时期不拿工资，并签字按手印提交联名信。束从轩对此的回应是直接撕掉，并承诺哪怕卖房子、卖车子，也会让员工们有饭吃、有班上。其强硬的手撕联名信的做法，在餐饮业界可谓独树一帜，该视频迅速"出圈"，刷屏网络，在抖音平台的搜索量十分惊人。该事件也被认为是餐饮业困境之下品牌公关的范本。

案例讨论

结合案例，分析老乡鸡董事长手撕员工联名信的做法是如何取得良好的效果的。

4.2.3　宣传性公共关系

宣传性公共关系是指组织利用大众传播媒介和交流方法，开展宣传工作，塑造良好的形象的活动模式。其目的是利用各种传播媒介和交流方法进行内外交流，让各类公众充分了解组织、支持组织，引导社会舆论，使组织获得更多的支持者与合作者，促进组织的发展。

1. 活动方式

根据宣传对象的不同，宣传性公共关系的活动方式可分为内部宣传和外部宣传两类。

（1）内部宣传。内部宣传的对象是内部公众，如员工、股东等。内部宣传的目的是让内部公众及时、准确地了解与组织相关的信息，如组织的现行方针和决策、组织各部门的工作情况、组织取得的成就和面临的困难、组织所采取的措施、外部公众对组织的评价及社会环境的变化对组织的影响等，以便鼓舞士气，取得内部理解和支持。在对员工进行宣传时，常用的宣传媒介有报纸、员工手册、黑板报、宣传窗、电视、座谈会、演讲会、讨论会等；在对股东进行宣传时，常借助年度总结报告、季度报告、股东刊物、财务状况通告等。

（2）外部宣传。外部宣传的对象包括与组织有关的一切外部公众。外部宣传的目的是让公众及时获得对本组织有利的信息，营造良好的舆论氛围。外部宣传常用的方式有刊登广告，举办新产品展示会、记者招待会、经验或技术交流会，对外开放，制作公共关系刊物和各种视听材料等。

2. 活动特点

宣传性公共关系的活动特点是主导性强、传播面广、推广组织形象的速度快。

3. 活动原则

在开展宣传性公共关系活动时，应遵循以下原则。

（1）真实性。宣传的信息应客观、真实，不能出现虚假的内容。

（2）双向性。公共关系传播是双向的，组织既要将自身信息通过各种途径传递给各类公众，又要及时收集、反馈从公众那里获得的信息。

（3）技巧性。宣传工作要主题明确，安排及时，方式和方法恰当；避免过度宣传，不要给公众留下"王婆卖瓜，自卖自夸"的印象。

组织通过开展宣传性公共关系活动，能够获得公众的信任和支持，提升社会声誉。

案例 4.4

李宁的宣传性公共关系活动

2021 年 4 月 7 日，中国李宁以运动潮流之名，联合创意团队 APAX，在河南郑州"只有河南·戏剧幻城"呈现了一场融 T 台走秀、Live 表演、潮流派对于一体的沉浸式体验空间对话。夜幕之下，幻城长达数百米的夯土墙上，出现了身着中国李宁系列服饰的模特身影，以激光投影的形式动态呈现，为观众带来一场视觉盛宴。

说它是弥漫着国风国潮的时尚气息的时装秀，不是因为它有足够多的传统元素，而是因为它从选址、主题、内容形式等角度都充分结合了民族文化，是真正意义上的"国潮盛典"。

从选址来看，河南郑州，中原之地，而"只有河南·戏剧幻城"是由建业集团携手王潮歌导演共同打造的一座有 21 个剧场的戏剧幻城，也是中国最大的戏剧聚落群。这是王潮歌导演继《又见敦煌》之后的又一巨作。其本身就有着极其浓郁的民族文化特色，又结合新媒体技术以沉浸式的艺术手法展现了戏剧文化的魅力。而作为"只有河南·戏剧幻城"开园后的第一场大型商业活动，中国李宁 2021 秋冬潮流发布会这个项目从确定场地的那一刻开始，就注定是一场开创性的"大秀"。这个项目从某种意义上来说，和场地方成就了彼此。

从主题来看，"悟创吾意"系列是中国李宁原创精神的具象表达，也是这个民族品牌一直努力的方向，具有中国特色的原创精神其实就是"国潮"的核心。至于内容形式，激光投影和各类灯光技术的充分应用，对"幻城"做了进一步诠释，增加了艺术性和氛围感。

结合区域旅游特色和民族文化去落地商业项目，是眼界和格局的体现，中国李宁顺着"国潮"再焕新生，从敦煌开始，就走在了将中国特殊历史文化和品牌结合的道路上，一方面是为了品牌的发展，另一方面是为传统文化做宣传。这一点符合各地政府单位的期望，也在一定程度上拉动了当地文化建设和旅游业的发展。

案例讨论

结合案例，分析为什么说"国潮"时装秀是宣传性公共关系活动。

4.2.4 服务性公共关系

服务性公共关系是指向社会公众提供优质、特色服务的公共关系活动模式。其目的是以实际行动来获得社会公众的好评，以优质的服务塑造良好的组织形象。

1. 活动方式

服务性公共关系的活动方式包括消费培训、消费指导、售后服务、客户回访及其他服务。

2. 活动特点

服务性公共关系是一种十分"实在"的公共关系，其活动特点是看得见、摸得着，较少有产品交换的痕迹，人情味足，反馈及时，调整迅速。

3. 活动原则

在开展服务性公共关系活动时，应遵循以下原则：

（1）自觉性。组织应把服务工作放在重要位置，自觉开展服务工作；不只着眼于经济利益，应注重社会价值，着眼于通过提供服务来塑造良好的形象。

（2）行动性。组织应注重以实际行动向公众证明自己的诚意，用实际行动说话，并且应对行动提出具体的目标，使组织对公众的诚意和善意变成看得见、摸得着的东西。

（3）全员性。服务性公共关系是尊重公众、为公众服务意识的体现，提供优质的服务不能仅依靠公共关系部，而是需要依靠组织中所有成员的共同努力。

（4）特色性。服务性公共关系绝不仅限于专门的服务行业，任何组织都能以自己的独特方式向公众提供必要的服务，这里提倡人无我有、人有我优，形成特色。

（5）规范性。为了保证提供优质、实在、便利的服务，有必要建立合理的制度，确定活动的规范，从而使公共关系工作有条不紊地开展。

案例 4.5

罗永浩直播间的售后服务

2020 年 5 月 15 日，罗永浩在直播带货中，向观众推荐了"花点时间"520 玫瑰礼盒。但在 5 月 20 日当天，不少观众反映收到的鲜花存在质量问题，鲜花已不新鲜，花瓣出现了打蔫甚至腐烂的情况，无法送人，并 @罗永浩本人表示很失望。

5 月 20 日下午，罗永浩接连转发了 32 条投诉的博文，向观众表达歉意并表示将助其追责，词条"罗永浩致歉"登上了热搜。

当晚 20 点，罗永浩发布题为"关于'花点时间'玫瑰质量事件的致歉和补偿措施"的文章，称除将按照协议要求"花点时间"100% 退款外，"交个朋友直播间"还将额外按原价赔付一份现金以表歉意。23 点，"花点时间"再发长文道歉，表示也将额外按原价赔付一份现金。至此，直播间下单了"花点时间"520 玫瑰礼盒的观众共将获得 3 倍的原价赔付，网友戏称"这是买了个理财产品呀！"

实际上，在 2020 年"晚上车"的罗永浩一开始由于业务不熟练，在直播带货时出现了不少失误，如把上架品牌的名字念错等，事后他都是诚恳道歉、及时补救，这样的罗永浩给不少人留下了"诚信负责、售后有保障"的正面印象。玫瑰礼盒事件发生后，罗永浩没有选择逃避责任，而是"知错认错、立正挨打"，照顾受害人的利益，提出了向他们额外给予赔偿。罗永浩的处理态度让不少网友称赞"老罗体面！"，还有部分人表示"花店的退款我收到了，但老罗的补偿我不要，老罗继续加油！"。这次罗永浩直播"翻车"的一系列补救措施，再次体现了他的真诚、可靠，他也因此获得了更多粉丝的支持。

案例讨论

结合案例，分析罗永浩直播间是如何开展服务性公共关系活动的。

4.2.5　社会性公共关系

社会性公共关系是指组织通过举办各种社会性、公益性、赞助性活动塑造良好形象的活动模式。其目的是通过各种活动，扩大组织的社会影响，提高其社会声誉，赢得公众的支持。

短期来看，社会性公共关系往往不会给组织带来直接的经济效益，但从长远来看，却可以为组织创造一个良好的发展环境。

1. 活动方式

社会性公共关系的活动方式有以下三种。

（1）以组织本身为中心开展的公共关系活动。例如，利用企业开业剪彩、周年庆的机会，邀请各界宾客，营造喜庆的氛围，借此播下友谊的种子。

（2）以赞助社会福利事业为中心开展的公共关系活动。例如，支持社会福利事业、慈善事业，赞助教育事业、残疾人组织，支持公共设施的建设，参与国家、社区的重大活动等，以此在公众心中树立组织注重社会责任的形象，提高组织的美誉度。

（3）资助大众传播媒介举办的各种活动。例如，资助冠以组织名称或产品名称的"××杯"智力竞赛、唱歌比赛、影星评选活动等，这样做既丰富了社会文化生活，又提高了组织的知名度，宣传了组织形象。

2. 活动特点

社会性公共关系的活动特点是公益性、文化性强，影响面大，着眼于组织的整体形象和长远利益。

3. 活动原则

在开展社会性公共关系活动时，应遵循以下原则。

（1）公益性。社会性公共关系活动应体现"乐善好施"的精神，突出组织回报社会、注重社会责任的良好形象。

（2）文化性。社会性公共关系活动应充分展示组织对真、善、美的追求，应尽量与社会文化事业联系起来，促进信息交流。

（3）量力性。公共关系人员不应拘泥于眼前得失而不顾长远利益；也不要贪多求大，毫无节制；要量力而行，谨慎行事。

（4）宣传性。社会性公共关系活动应与宣传有机地结合起来，以提高组织的知名度与美誉度。

案例 4.6

鸿星尔克的基于"国潮"的社会性公共关系

2021年年初，鸿星尔克宣布牵手中国轮滑协会，致力于通过各项滑板赛事，推动滑板运动在中国的普及。这与年轻人崇尚的个性自由和新潮时尚十分契合，故得到了很多年轻人的关注。

近些年，鸿星尔克还积极赞助了马拉松、帆船赛等竞技运动，其关注全民运动和中国体育事业的发展，用实际行动助力国民运动，因为只有国人的身体素质好起来了，国产运动品牌才能进入良性的正向循环。

2022年端午假期，鸿星尔克在全国开设数百家门店，百店齐开、气势如虹，这不仅是鸿星尔克这个国货品牌的成绩，亦是近些年来所有国货品牌的傲人成绩！

这些能够趁势崛起的国货品牌，懂得快速抢占国际品牌的市场份额，其蓬勃的生命力是

独特的价值创造，是为国民、为文化、为国家的价值创造，进行正向文化输出的国货品牌，才能获得不可替代的"国货"价值。这也是好的品牌值得被分析和借鉴的地方。

身处中国经济发展大环境之中，又立足于强大中国母体文化的国货品牌们，只要找准发展策略，就必将带来更具活力的国货未来。我们相信国货全面崛起已近在咫尺，2022年端午，只是它走出的一小步，很快，你我都将共同见证，它的腾飞壮举！

案例讨论

结合案例，分析鸿星尔克是如何通过社会性公共关系赢得人们的青睐的。

4.2.6 征询性公共关系

征询性公共关系是指以收集社会信息为主的活动模式。其目的是通过信息收集、舆论调查、民意测验等工作，逐步形成良好的信息网络，及时了解民情和社会舆论，监测环境，为组织的经营决策提供依据，使组织与环境之间保持动态平衡。

1. 活动方式

征询性公共关系的活动方式包括开办各种咨询业务、举办有奖测验活动、开展问卷调查、访问重要客户、开通公众服务热线、受理投诉业务、举办信息交流会、建立信访制度及设立相应的接待机构等。

2. 活动特点

征询性公共关系的活动特点是以输入信息为主，具有较强的研究性、参谋性。

3. 活动原则

在开展征询性公共关系活动时，应遵循以下原则。

（1）长期性。征询性公共关系是一项长期而艰巨的任务，应坚持征询活动的日常化和制度化，并善于挖掘信息的潜在价值，这样才能及时发现问题与机遇，实现组织与环境之间的动态平衡。

（2）公正性。在活动中，公共关系人员应做到公正。公共关系人员不仅是组织的"耳目"，更重要的是要站在中间人的角度，广泛、及时、公正地采集一切有关组织形象的意见和建议，起到连接组织与公众的作用。

（3）全面性。公共关系人员应全面收集有用的信息，不能局限于某些领域，而把有价值的信息漏掉。

（4）预测性。预测工作是征询性公共关系的重要内容。公共关系人员应注重预测，以敏锐的眼光和洞察力，对组织发展的社会环境、市场前景、原材料及能源供应等进行全面的预测，以更好地做决策。

案例 4.7

北京长城饭店的调研活动

北京长城饭店知名度和美誉度的提高，可以说是因为其有效地开展了征询性公共关系。

一提到北京长城饭店的公共关系工作，很多人立刻会想到里根总统的答谢宴会、由北京市副市长证婚的 95 对新人集体婚礼、颐和园的中秋赏月和十三陵的野外烧烤等一系列使北京长城饭店声名鹊起的专题公共关系活动。北京长城饭店在开展公共关系工作，尤其是开展以为客人服务为中心的公共关系工作时，会进行周密、系统的调研。

北京长城饭店的调研活动分为两种。

1．日常调研

（1）问卷调研。将表格放在客房内，表格中的项目包括客人对饭店的总体评价，对十几个类别的服务质量的评价，对服务员的服务态度的评价，以及是否有意愿加入喜来登俱乐部和客人的游历情况等。

（2）受理投诉。几位经理 24 小时轮流在大厅接待客人，随时为客人提供服务，受理投诉，解答各种问题。

2．月调研

（1）客人态度调研。每天向客人发放喜来登集团在全球统一使用的调查问卷，每天收回，月底集中寄到喜来登集团总部，进行全球性综合分析，并在全球范围内进行季度评比。根据量化分析，对全球最受客人欢迎的饭店和进步最快的饭店给予奖励。

（2）市场调研。北京长城饭店的前台经理与北京其他饭店的前台经理每月交流一次，互通情报，共同分析本地区的形势。

案例讨论

结合案例，分析组织如何通过调研活动来进行有效的公共关系管理。

4.3　不同阶段的公共关系

任何组织的发展都应当与周围的环境相适应，组织在不同的发展阶段，都应当适应不断变化的环境。组织中的公共关系人员必须掌握组织不同发展阶段公共关系工作的特点，适时适度地开展工作。根据组织的公共关系状态，可将公共关系活动模式分为五种：建设性公共关系、维系性公共关系、防御性公共关系、矫正性公共关系、进攻性公共关系。

4.3.1　建设性公共关系

建设性公共关系是指组织采取高姿态的宣传、交际方式，主动向公众做自我介绍。建设性公共关系活动的重点是宣传和交际。其目的是通过宣传和交际，向公众介绍自己，使公众对组织的产品和服务有所认识，引起公众注意；结交更多的朋友，提高知名度，使更多的公众知道、理解、接近自己，取得公众的信任与支持，给公众留下良好的印象。

1. 活动方式

建设性公共关系的活动方式主要有开业宣传、开业庆典、落成典礼、新产品展销、新服务介绍、免费试用、免费参观、开业酬宾、公司信息有奖测验、宣传品赠送、参加社区活动等。

2. 适用环境

建设性公共关系活动模式是打基础的模式，适用于组织的初创阶段，以及某项事业或产品初创阶段，其主要作用是打开局面，扩大影响。

3. 活动原则

在开展建设性公共关系活动时，应遵循以下原则。

（1）抓住时机。在开展建设性公共关系活动时，选择时机十分重要，公司挂牌、商场开业、产品上市，都需要研究公众的需求，选择有利的时机，给公众留下良好的"第一印象"。

（2）练好"内功"。不管组织是为了一炮打响，还是为了开创新局面、赢得新市场，都必须先在产品规格、产品质量、产品种类、外观设计等方面下功夫，也就是要练好"内功"。这是组织塑造新形象的基础工作，如果这项工作做不好，那么一切都是空谈。

（3）把握分寸。为了让组织迅速获得公众的认同，或者让新产品、新服务迅速占领市场，可以通过各种传播媒介大力宣传组织的新情况、新进展、新产品、新服务，以便让公众了解组织、理解组织。组织要把握好分寸，不能露出过多宣传的痕迹，更不可胡吹乱捧，以免引起公众的反感。

案例 4.8

强力胶水店的开张宣传

中国香港一家经营强力胶水的商店，坐落在一条鲜为人知的街道上，为了招揽生意，在开张前一天，这家商店的店主在门口贴了一张布告："为了庆祝本店开业，明天上午九点，在此将用本店出售的强力胶水把一枚价值4500美元的金币贴在墙上，若哪位先生、女士用手把它揭下来，这枚金币就奉送给他（她），本店绝不食言！"这个消息不胫而走。第二天，人们将这家店铺围得水泄不通，电视台的工作人员也带着摄像机来了。店主拿出一瓶强力胶水，高声重复布告中的承诺，接着便在那枚从金饰店定做的金币背面薄薄地涂上一层胶水，将它贴到墙上。人们一个接一个地来碰运气，结果金币纹丝不动。这一切都被摄像机拍摄下来了。这家商店的强力胶水从此销量大增。

案例讨论

说一说强力胶水店的开张宣传给你带来什么启发。

4.3.2　维系性公共关系

维系性公共关系是一种通过各种传播媒介，以较低的姿态，持续不断地向公众传递组织的各种信息，促使公众对组织有更新、更深的认识的活动模式。其目的是通过不断宣传，对公众施加影响，维系组织在公众心中的良好形象。

1. 活动方式

根据公众心理特征的不同，在开展维系性公共关系时应采取不同的活动方式。具体来说，其活动方式分为硬维系、软维系和强化维系三种。

（1）硬维系。硬维系是指那些维系目的明确、主客双方能理解彼此意图的公共关系活动。这种模式适用于已经建立了买卖关系或业务关系的组织和个人，特点是靠优惠措施和感情联络来维系与公众的关系。

（2）软维系。软维系是指那些维系目的虽然明确，但表现形式比较超脱的公共关系活动，它的目的是让公众不遗忘组织。其具体做法虽可灵活多样，但总体要以低姿态宣传为主，如定期发布广告、组织报道、散发印有组织名称的交通旅游图等。这样保持一定程度的曝光，可以让公众不知不觉地了解组织的情况，加深对组织的印象。

（3）强化维系。强化维系是指当组织已在公众心中树立了良好的形象时，为进一步巩固既有形象、消除潜在危机而开展的公共关系活动。

2. 适用环境

维系性公共关系适用于组织稳定、顺利发展阶段，主要工作是维系已建立的关系，采取持续不断、低姿态的传播方式，起到潜移默化的渗透作用。

3. 活动原则

在开展维系性公共关系活动时，应遵循以下原则。

（1）抓住公众心理。要想维系组织良好的公共关系状态，需要深入研究公众的心理，只有这样，才能有针对性地开展维系性公共关系活动，使公众对组织保持好感。

（2）渐进性。在开展维系性公共关系活动时，应注重"细水长流"，通过传播媒介不断地将组织有关信息传给公众，使组织的良好形象经常呈现在公众的面前，让公众慢慢地加深对组织的印象。

案例 4.9

途牛的母亲节维系性公共关系

途牛曾经做过一期母亲节营销活动，主题是《这一天，我妈说不想看到我》，其展示的漫画看似简单，却戳中无数人的心，目的是让大家陪伴父母出游。

首先，洞察深刻。通过几个场景的转换，途牛将目标客户定位为成年子女与父母，精准地抓住受众，强调以"如何陪伴妈妈"为核心来增进亲情，并且对传播圈层进行了细分，进一步扩大了传播范围。

发红包、发朋友圈等浮于表面的"母亲节"示爱、表孝心方式，显得有些苍白无力。节日当天回家陪伴妈妈，其实也增加了妈妈的负担，这些深刻的洞察，引发众多网友的认同和转发。

其次，形式新颖。途牛的扎心漫画+KOL（关键意见领袖）创意征集+UGC（用户生产内容）互动是一种效果很好的营销形式，网友纷纷参与，工商银行、建设银行也同步发布活动信息，助力途牛号召更多用户参与。途牛和KOL发起的创意征集话题，阅读量直接破百万人次，近千人上传妈妈的照片参与活动！

除此之外，途牛还与《我是你妈》电影方一起做联合推广，途牛官方微博与某女明星工

作室微博进行互动，该女明星还特地上传了与女儿一起拍摄的抖音短视频。

最后，产品走心。途牛的这一系列营销行为，好像跟自身的旅游产品没有太大的关系，其在刻意弱化自身的品牌信息植入，更像是借助母亲节的热度进行一次与年轻一辈的心灵对话，阐释一个品牌对亲情的态度！

4.3.3 防御性公共关系

防御性公共关系是指组织为防御经营和管理上可能出现的"失调"或"危机"而采取的一种活动模式。其目的是通过发挥组织的内部职能，及时发现问题和预见问题，及早制定出应对措施，调整组织有关的政策或行为，把问题消灭在萌芽阶段。

1. 活动方式

防御性公共关系的活动方式是以防为主，其特点是防御与引导相结合，多采用调查、预测手段来堵塞漏洞。这就要求公共关系人员树立强烈的防范意识，建立科学的预警系统，形成防御机制，及时发现和解决各类可能出现的问题。

2. 适用环境

防御性公共关系适用于组织与外部环境不协调或与公众可能发生摩擦时，采取以防为主的策略，重视信息反馈。

3. 活动原则

在开展防御性公共关系活动时，应遵循以下原则。

（1）具备危机意识。公共关系人员应具备危机意识，在组织中营造"危机"氛围，使组织所有成员面对激烈的市场竞争增强忧患意识，从而努力奋斗。

（2）形成预警系统。防御性公共关系应以防为主。公共关系部应对可能遇到的会引发信任危机的问题进行预测，分析其发生的概率、可能造成的影响等，并分别制定应对措施，确定处理问题的恰当人选。

（3）主动采取措施。面对潜在危机，组织应及时采取对策，在问题未对组织构成任何威胁时着手解决，主动进行调整与引导，做到防患未然。

（4）增加透明度。一个组织越透明，其与外部公众发生摩擦的可能性越小，即使发生了摩擦也能及时解决。

案例 4.10

防御性公共关系：钉钉"求饶"

2020 年 2 月，为了响应教育部延期开学及停课不停学的号召，钉钉从一个协助在线办公的应用摇身一变"兼职"起了网课平台。钉钉的特点是你看没看直播、你看没看见我的消息我都知道，需要多次签到、打卡等，让学生感觉到时刻都在被"监视"，不喜欢被"死盯"着的学生们表示很不满。网上有传言低于一星的应用将会被商店下架，于是钉钉的评论区成了学生们发泄情绪的地方，"少侠"们组团去各大应用商店刷一星评价。

钉钉的评分从 4.7 分掉到 1.3 分。在此情况下，2 月 16 日晚上 8 点，钉钉在以年轻人为主的 B 站发布了一个名为《钉钉本钉，在线求饶》的视频作品，对着各位"少侠"喊"爸爸"，用卖萌的方式向对钉钉恶意刷一星评价的用户跪求好评。该视频作品发布后，钉钉在应用商店的评分及网络好感度均有所回升。该视频甚至还挤入 B 站热门视频 TOP10 榜单。

《钉钉本钉，在线求饶》（二维码 4-3）

扫一扫

二维码 4-3

案例讨论

结合案例，分析钉钉是如何通过开展防御性公共关系避免危机的发生的。

4.3.4　矫正性公共关系

矫正性公共关系是组织的公共关系严重失调，组织形象严重受损时采用的一种活动模式。其目的是通过快速反应，及时采取有效措施，以对公众负责的态度处理危机，做好善后工作，并重新建立起组织的新形象，挽回组织的声誉。

1. 活动方式

根据造成危机的因素，可以将矫正性公共关系的活动方式分为内部矫正和外部矫正两类。

（1）内部矫正。内部矫正是指由于组织内部的原因，如产品质量、服务态度、环境保护、管理政策、经营方针等方面发生了问题而造成组织的公共关系严重失调，这时组织应设法控制影响面，同时分析具体原因，提出纠正措施，解决实际问题，并利用各种方式向新闻界和公众公布纠正措施和进展情况，平息风波，重新获得公众的信任。

（2）外部矫正。外部矫正是指由于外部的误解、谣言，甚至人为破坏而导致组织形象受损，这时组织应迅速查明原因，澄清事实，与有关部门协同采取措施，消除不利影响。

2. 适用环境

矫正性公共关系适用于组织的公共关系严重失调，组织形象严重受损时。为了尽快挽回信誉，组织需要采取一系列有效措施。

3. 活动原则

除提出消除危机的办法和纠正错误的措施之外，公共关系人员还需运用各种手段和技巧开展公共关系活动，求得公众的谅解。在开展矫正性公共关系活动时，应遵循以下原则。

（1）正确对待。由于组织是在极其复杂的环境中运行的，不可能对运行中可能发生的所有情况做出准确的预测。组织在运行过程中难免会出现失误，这会对组织形象造成不同程度的损害。面对各种失误，组织应当端正态度，向公众表明解决问题的诚意，求得公众的谅解。这样才有可能减少损失，并由被动变为主动。

（2）阐明真相。面对受损的组织形象，公共关系部应迅速查明原因，采取行动，尽快与新闻界取得联系，控制影响面，并及时把外界的言论准确地反馈给决策层和有关部门，通过阐明真相，获取公众的谅解和支持。

（3）及时补救。失误一旦发生，组织形象就可能受到损害。因此，公共关系人员应有强烈的"救火"意识，发现问题后及时补救，迅速控制事态。

（4）重塑形象。组织在开展矫正性公共关系时，应努力通过采取补救措施，主动地、有意识地以问题事件为契机，变坏事为好事，改善自身形象和口碑。公共关系人员应具备高超的公共关系技术，善于借题发挥，因势利导，重塑形象。

案例 4.11

腾讯的矫正性公共关系

2020 年 6 月 30 日，腾讯起诉老干妈，请求查封、冻结老干妈公司名下 16 240 600 元财产。随后，老干妈发公告表示和腾讯没有任何商业合作并报案。7 月 1 日，贵阳警方通报，三人伪造老干妈的印章与腾讯签订合同，已被逮捕。据悉，三个"骗子"代表老干妈与腾讯签署《联合市场推广合作协议》，腾讯在 QQ 飞车手游 S 联赛推广"老干妈"品牌，推出了手游限定款老干妈礼盒，还发布了 1000 多条推广"老干妈"的微博，其间老干妈产品更是频繁出现在赛事直播中。

随后，腾讯的 B 站账号发布动态称"中午的辣椒酱突然不香了"，引来支付宝、盒马、金山等一大波友商官号前来慰问。网络上开始流传各种消遣腾讯的段子，掀起一波网络狂欢，网络情绪也由此一路攀高。

腾讯回应被骗，自掏腰包悬赏 1000 瓶老干妈寻找线索。老干妈旗舰店上线辣椒酱大客户专属套装。7 月 1 日晚间，腾讯公关总监晒出食堂晚饭仅辣酱拌饭，腾讯在 B 站上线自黑视频《我就是那个吃了假辣椒酱的憨憨企鹅》。此外，腾讯 QQ 还上线了"辣椒酱"表情，不过 7 月 5 日，有媒体发现该表情已经被悄悄移除。一通操作之下，腾讯建立了"傻白甜""憨憨"人设，被赞公关厉害。

《我就是那个吃了假辣椒酱的憨憨企鹅》（二维码 4-4）

扫一扫

二维码 4-4

4.3.5　进攻性公共关系

进攻性公共关系是一种当组织与环境发生冲突时，以攻为守，以积极主动的方式改变环境、创造新局面的活动模式。它要求组织利用一切可以利用的手段，抓住有利的时机，积极主动地调整自身行为，改变环境，摆脱被动局面，创造有利于组织发展的新局面。

1. 活动方式

进攻性公共关系最大的特点就是"主动"，具体的活动方式包括开发新产品和新市场，使组织摆脱对环境的依赖；组织同业联合会，尽量减少与竞争者之间的冲突和摩擦；建立分公司，实行市场转移战略，创造新环境、新机会等。

2. 适用环境

进攻性公共关系适用于组织与环境发生冲突时，为了摆脱被动局面，就应开展进攻性公共关系活动。

3. 活动原则

在开展进攻性公共关系活动时，应遵循以下原则。

（1）把握时机。进攻性公共关系活动很讲究实际条件，并非任何组织一旦与环境发生冲突就能采用这种活动模式，在缺乏良好的时机，尤其是在组织的应变能力本来就不强时，不能开展这种活动。如果组织没有把握好实际条件，盲目出击，不仅会自伤元气，还会加剧与环境的冲突。

（2）创新进攻。组织在进攻时，应以"创新"为主，发挥主观能动性。例如，组织可以通过选择新的客户群、更换合作伙伴、减少社会关系、调整自身在市场中的位置减少自身与环境的冲突；通过制造新闻，形成对自身有利的社会舆论；通过关注最新政策，制定有利于自身发展的策略等。

（3）把握分寸。组织可以通过积极主动的行为改变环境，使环境适合自己，但这种改变是有限度的，这个限度就是合理运用环境中有利于组织的实际条件。组织应把握分寸，不要出现"搬起石头砸自己的脚"甚至"玩火自焚"的局面，使自己"赔了夫人又折兵"，陷入更大的困境。

案例4.12

星巴克的进攻性公共关系

借势"气氛组"，星巴克妥妥火了一把。那么，"气氛组"到底是什么？

2021年年初，网友在社交平台上公开询问："那些在星巴克里拿着笔记本电脑，一坐就是一下午的人从事的是什么职业？"这个问题一发布，立马就有人回复："星巴克气氛组。"当然，一开始这只是调侃。随后，星巴克及时接住了这个梗，还发布了一则招募通知：立即招募官方气氛组30人，工作时间为12月21日至27日。星巴克顺势给自己来了一波宣传。

这一话题，24小时阅读量达2.3亿人次，讨论约2.5万条，一夜之间"气氛组"火爆刷屏，迅速引起了广大网友的围观。星巴克转发了这条热搜，同时在评论区里"坦白"：小编也是气氛组成员，好多微博都是在门店里用笔记本电脑发的！不少网友纷纷热情参加这次活动，还晒出自己参加星巴克气氛组的现场图。而星巴克的官方微博，也与粉丝积极互动，不断将用户吸引到品牌的活动中来。不得不说，星巴克营销团队的反应迅速，化被动为主动，既对星巴克"找托"这件事进行了回应，又借势火了一把，大大提升了品牌曝光度，这波操作真是妥妥的满分！

强化品牌定位，实现消费场景新定义。星巴克创造的"第三空间"，是既能够独处又能够聚会的公共空间。如今，星巴克已成为不少人心中约会、议事，甚至是都市白领移动办公的首选之地。从这个角度来说，网友将在星巴克办公的群体定义为"气氛组"，并无不妥。借势"气氛组"，星巴克进一步强化了品牌"第三空间"的定位，突出星巴克除咖啡之外的这个重要卖点，从而向大众表明：星巴克是移动办公的好去处。这样一来，就很容易吸引那些需要移动办公的人进入星巴克的"第三空间"，助力品牌吸引更多潜在的消费者，同时进一步彰显星巴克品牌的魅力。不仅如此，借势"气氛组"的影响力，星巴克还开展了一系列营销活动，如下午茶买一送一等，既节约了宣传成本，又与消费者进行了一场有效的互动。

一直以来，星巴克从来就不是一个只卖咖啡的品牌。在追求销量之外，星巴克更是在传递一种生活方式，不断培养消费者线下消费的习惯。星巴克气氛组引全网热议的背后，是品牌方基于消费者本身的价值观和生活理念而构建的概念输出，在一定程度上用诙谐的方式，实现了品牌消费场景的新定义。

案例讨论

结合案例，分析进攻性公共关系与防御性公共关系有何不同。

项目训练一：不同主体的公共关系训练

任务编号：4-1	小组成员：
任务描述：以小组为单位，选择本地的营利性组织或非营利性组织，分析其公共关系的特点。	
相关资源： 可供选择的组织有营利性组织和非营利性组织。 营利性组织：房地产公司、旅游公司、制造企业等。 非营利性组织：医院、学校、商会等。	
实施步骤： 1. 查找选定企业的资料； 2. 分析其公共关系的特点。	
任务成果模板： 一、××的基本资料 二、××的公共关系分析 1. ××的类型（是营利性组织还是非营利性组织） 2. ××典型的公共关系案例 3. ××开展的具体公共关系工作 4. ××公共关系的特点	

项目训练二：不同功能的公共关系训练

任务编号：4-2	小组成员：

任务描述： 以小组为单位，选择本地的营利性组织，为策划一项服务性公共关系活动。

相关资源：

可供选择的营利性组织有房地产公司、旅游公司、制造企业等。

实施步骤：

1. 查找选定企业的资料；
2. 为其策划一项服务性公共关系活动。

任务成果模板：

一、×× 的基本资料

二、服务性公共关系活动策划

1. 确定公共关系活动目标

2. 设置公共关系活动主题

3. 编制公共关系活动预算

4. 创新设计公共关系具体活动

5. 公共关系活动人员安排

6. 公共关系活动应急预案

7. 审定公共关系活动方案及定稿

项目训练三：不同阶段的公共关系训练

任务编号：4-3	小组成员：

任务描述：以小组为单位，选择本地的营利性组织，根据其现状为其提供公共关系建议。

相关资源：可供选择的营利性组织有房地产公司、旅游公司、制造企业等。

实施步骤：

1. 查找选定企业的资料；

2. 根据企业现状为其提供公共关系建议。

任务成果模板：

一、××的基本资料

二、××的现状分析

三、公共关系建议

1. 策略选择

2. 原因

【思政探讨】

一、党的二十大精神进课堂

1. 党的二十大报告强调，"我们深入贯彻以人民为中心的发展思想，在幼有所育、学有所教、劳有所得、病有所医、老有所养、住有所居、弱有所扶上持续用力，人民生活全方位改善"。党的二十大报告进一步强调贯彻以人民为中心的发展思想，这不仅是马克思主义政党的内在理论要求，同时也是中国共产党在领导中国人民认识世界和改造世界过程中得出的重要论断。

（资料来源：《学习时报》2022年11月16日第7版）

以人民为中心的价值取向（二维码4-5）

2. "人民需要什么，我们就做什么"，只有做到以人民为中心，才能发展好组织。请谈谈对这句话的理解。

扫一扫

二维码4-5

二、思政素养探讨

1. 你在策划公共关系活动时，如何创新？
2. 你在实施公共关系活动时，如何完成团队合作？
3. 你通过哪些方式提升了自身发现问题和解决问题的能力？

【本项目小结】

根据组织的目标和职能，可以将公共关系主体划分为营利性组织和非营利性组织。

公共关系活动模式在现实中的表现多种多样。

根据不同的公共关系主体，公共关系活动模式可以划分为营利性组织的公共关系和非营利性组织的公共关系。

根据公共关系功能的不同，可将公共关系活动模式分为六种：事务性公共关系、交际性公共关系、宣传性公共关系、服务性公共关系、社会性公共关系、征询性公共关系。

根据组织的公共关系状态，可将公共关系活动模式分为五种：建设性公共关系、维系性公共关系、防御性公共关系、矫正性公共关系、进攻性公共关系。

【延伸练习】

一、选择题

1. 营利性组织的公共关系活动应当与（　　　）紧密配合。

A. 推销　　　　　　　　　　　　B. 广告　　　　　　　　　　　C. 市场营销

2. 营利性组织的公共关系工作的基础是（　　　）。

A. 产品质量　　　　　　　　　　B. 促销活动　　　　　　　　　C. 组织文化

3. 在组织的日常运行中，贯彻公共关系工作的目标，努力树立形象、争取公众、扩大影响的活动模式是（　　　）。

A. 事务性公共关系　　　　　　　B. 交际性公共关系　　　　　　C. 服务性公共关系

4. 组织的公共关系严重失调，组织形象严重受损时采用的一种活动模式是（　　　）。

A. 防御性公共关系　　　　　　　B. 矫正性公共关系　　　　　　C. 维系性公共关系

二、填空题

1. 在开展事务性公共关系活动时，应遵循_____、_____、_____三个原则。

2. 宣传性公共关系的活动特点是_____、_____、推广组织形象的速度快。

3. 建设性公共关系活动的重点是_____和_____。

4. 在开展进攻性公共关系活动时，应遵循_____、_____、_____三个原则。

三、简答题

1. 简述根据公共关系功能的不同，可将公共关系活动模式分为哪几种。

2. 简述征询性公共关系的活动方式、活动特点与活动原则。

3. 简述根据组织的公共关系状态，可将公共关系活动模式分为哪几种。

4. 简述开展矫正性公共关系活动应遵循的原则。

【延伸阅读】

北京冬奥的绿色公关策略（二维码 4-6）

扫一扫

二维码 4-6

项目 5 公共关系传播

思考:

★ 各种公共关系传播媒介有什么特点? 如何选择公共关系传播媒介?

★ 要使公共关系传播达到预期效果, 有哪些要求与技巧?

★ 公共关系传播过程中会遇到哪些障碍? 如何有效地克服这些障碍?

教学目标:

★ 知识目标

● 了解公共关系传播的特点

● 掌握公共关系传播媒介的特点与选择方法

● 熟知公共关系传播的要求与技巧

● 熟知公共关系传播的障碍及其克服方法

● 了解整合营销传播的理论及应用

★ 能力目标

● 能够根据公共关系传播媒介的特点选择公共关系传播媒介

● 能够根据公共关系传播的要求与技巧完成公共关系传播

● 能够克服公共关系传播障碍

● 能够完成整合营销传播

★ 思政目标

● 理解网络强国、数字中国

● 培养学生明辨是非的能力

★ 素养目标

● 培养学生克服困难的能力

● 培养学生坚韧不拔的品质

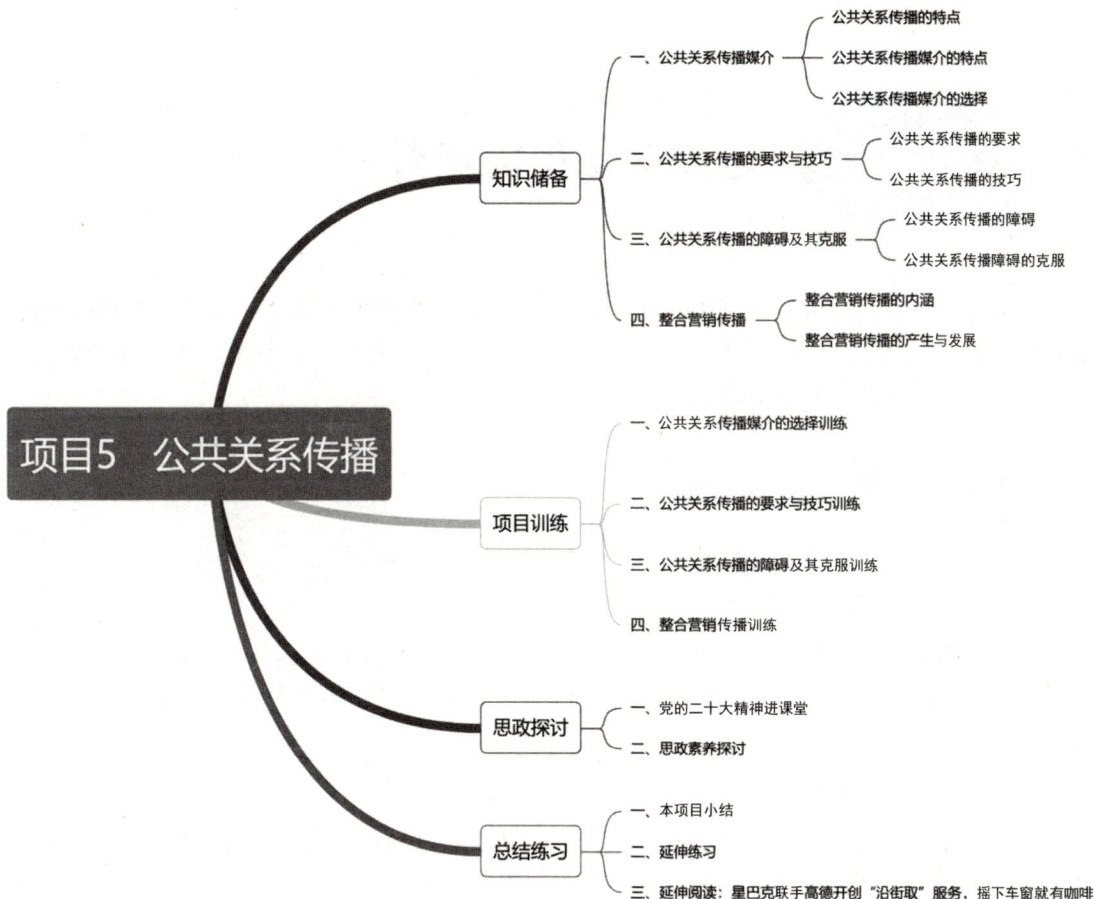

项目5 公共关系传播

知识储备
- 一、公共关系传播媒介
  - 公共关系传播的特点
  - 公共关系传播媒介的特点
  - 公共关系传播媒介的选择
- 二、公共关系传播的要求与技巧
  - 公共关系传播的要求
  - 公共关系传播的技巧
- 三、公共关系传播的障碍及其克服
  - 公共关系传播的障碍
  - 公共关系传播障碍的克服
- 四、整合营销传播
  - 整合营销传播的内涵
  - 整合营销传播的产生与发展

项目训练
- 一、公共关系传播媒介的选择训练
- 二、公共关系传播的要求与技巧训练
- 三、公共关系传播的障碍及其克服训练
- 四、整合营销传播训练

思政探讨
- 一、党的二十大精神进课堂
- 二、思政素养探讨

总结练习
- 一、本项目小结
- 二、延伸练习
- 三、延伸阅读：星巴克联手高德开创"沿街取"服务，摇下车窗就有咖啡

【知识储备】

公共关系活动过程，就是社会组织同公众进行信息传播和沟通的过程。传播是社会组织了解公众、公众认知组织的中介和桥梁。公共关系工作从本质上来说就是一种传播活动，要想做好公共关系工作，必须了解传播的基本原理，掌握传播的要求与技巧，充分利用各种传播媒介，努力营造良好的舆论环境。

5.1 公共关系传播媒介

公共关系传播是现代企业利用各种媒介，将信息有计划地与公众进行交流和共享的过程。从传播理论发展过程来看，传播（Communication）具有"共享"的意思，就是传播者与接收者之间的信息交流和共享的过程。

5.1.1 公共关系传播的特点

具体来说，公共关系传播的特点如下。

1. 传播行为的受制性

公共关系传播是一种重要的组织行为，是为实现组织目标服务的，因此要受到组织特性的制约。从时间和空间上、内容和形式上，传播行为都要受到组织目标、组织制度、组织规范等的制约。

2. 传播内容的真实性

公共关系传播是组织的一种公共关系行为，其目的是沟通公众、服务公众，在公众心中树立良好的形象，进而求得公众的理解与支持。因此，公共关系传播注重内容的真实性，目的是让公众感觉到组织的公共关系传播是客观的、实在的、公正的。

3. 传播渠道的多样性

公共关系传播的对象是公众，公众是一个类型复杂、层次多样的社会群体。他们当中有个人也有组织；他们的年龄、阅历、个性等都不尽相同，喜欢的信息传播渠道也不同。因此，公共关系传播必须针对目标受众，采取多种渠道进行信息传播，保证公共关系传播的针对性和影响面。

4. 传播方式的策略性

公共关系既是一门科学，也是一门艺术，公共关系人员在遵循传播规律和原则、确保传播内容真实和客观的前提下，还要掌握传播的技巧和策略，创造性地运用各种传播的技术与方法，巧妙地向公众传播信息，从而有效地影响公众、服务公众、赢得公众，取得良好的传播效果。

5. 传播活动的高效性

在公共关系传播中，可根据不同情况采取普遍性目标受众策略、选择性目标受众策略、集中性目标受众策略，确保公共关系传播的指向性和针对性。公共关系人员应注重传播时机的选择，根据组织发展的不同阶段的特点进行公共关系传播，注重选择传播通道，确保公共关系传播的高效性。公共关系传播受人们追求最佳效益的欲望驱动，并以获得最佳效益为原则。

5.1.2　公共关系传播媒介的特点

社会化媒体（二维码5-1）

扫一扫

二维码5-1

公共关系工作是一项针对各类公众的全方位的沟通、说服工作，因此需要利用一切媒介来达到传播的目的。公共关系传播媒介是指公共关系信息由传播者传递给接收者的过程中所运用的一切信息传播手段。公共关系传播媒介大致有四种类型，即人际传播媒介、组织传播媒介、大众传播媒介、信息网络传播媒介。从功能来看，各种类型的传播媒介各有各的特点，它们可以交叉使用。

1. 人际传播媒介

人际传播媒介是指通过人与人之间的相互关系进行信息传播的渠道。人与人之间可以进行有关经验、思想、感情、态度等内容的传播。

（1）人际传播媒介的特点。一是个体对个体的传播，即两个人之间进行的传播，如父子、夫妻、同事、朋友等；二是传播范围狭窄，传播符号多样，除语言、文字、图像等之外，还有眼神、表情、动作、姿态、服饰等；三是反馈机制明显，人际传播具有一一对应关系，传播者可以及时获得反馈信息，及时调整传播内容、方式和符号。

（2）人际传播媒介的运用。在运用人际传播媒介传播信息时，应注意以下几个方面。

首先，掌握人际交往的知识。这是运用人际传播媒介传播公共关系信息的基础。在现代社会中，人与人之间特别注意情感的交流，人际交往有着特定的理论和方法。掌握人际交往的知识，有利于公共关系工作的开展。

其次，善于处理各种人际关系。这是运用人际传播媒介传播公共关系信息的条件。善于处理各种人际关系，关键在于正确地运用人际交往的方法和技巧，因人制宜，视环境场合与人们进行人际交往活动，并尽量维持这种人际交往，以形成良好的人际关系，为开展公共关系工作铺路搭桥。

最后，运用人际关系网络。这是运用人际传播媒介进行公共关系信息广泛传播的关键。人际传播的范围狭窄，这是针对单纯的单级层次传播来说的，但可以通过建立广泛的人际关系网络，形成多级多层次的公共关系传播系统，具体来说可以从以下几个方面入手：第一，公共关系人员应交际广泛，"多个朋友多条路"，应注重与那些人际关系好、人际交往频繁的人进行交际，并通过他们的介绍扩大交际圈；第二，在信息传播中，还可以争取与各种关系网上的人建立良好的关系，利用他们的关系网进行广泛传播。

2. 组织传播媒介

组织传播媒介是指通过一定的组织形式而进行的组织内各成员之间、组织与组织之间、成员与组织之间的信息传播的渠道。

（1）组织传播媒介的特点。组织传播的主体是社会组织。其信息传播具有明确的目的性，即通过信息传播来疏通组织内外的沟通渠道，加强组织的内外关系，以提高运作效率；信息传播具有明显的针对性；信息传播具有特定的反馈机制；组织传播具有一定的规范和监督模式。

（2）组织传播媒介的运用。在运用组织传播媒介传播信息时，应注意以下几点。

首先，掌握组织管理有关情况是运用组织传播媒介传播公共关系信息的前提，这些情况包括组织类型、组织系统、组织目标、组织控制、组织协调、组织规范、组织制度等。只有掌握这些方面的具体情况，才能使公共关系信息的传播符合组织系统的目标和规范，适应组织系统的结构与制度，也才能正确地借助组织传播媒介高效地传播公共关系信息。

其次，组织成员的积极参与是有效运用组织传播媒介传播公共关系信息的重要保证。组织传播是由组织的所有成员在一定的组织形式下构筑起来的。组织中每个成员都是信息传播者、接收者。因此，应充分调动组织中每个成员的积极性，使他们积极参与信息的传播。这样，组织信息传播就会变得更加畅通和主动。

最后，合理选用信息传播方式是有效运用组织传播媒介传播公共关系信息的重要条件。组织信息传播的方式多种多样，有口头传播方式、书面传播方式及其他传播方式。

3. 大众传播媒介

大众传播媒介是指向广大公众传播信息的工具。大众传播媒介主要包括报纸、期刊、广播、电视等。了解大众信息传播的有关情况，对于有效地运用大众传播媒介传播公共关系信息具有极为重要的意义。

（1）大众传播媒介的特点。

① 信息传播者高度专业化。

② 信息接收者高度大众化。

③ 传播的内容大众化。

④ 信息传播活动高效化。

⑤ 信息传播缺乏反馈机制。

⑥ 信息传播过程受到社会的监督与控制。

（2）大众传播媒介的运用。在运用大众传播媒介传播信息时，应注意以下几点。

① 根据公共关系传播的需要选择大众传播媒介。根据公共关系传播的目标、内容、范围、时间要求等选择合适的大众传播媒介。

② 要考虑公共关系传播的经费问题。运用大众传播媒介传播公共关系信息，一般需要支付费用。各种媒介所需要的费用不同，一般来说，传播相同的信息，电视媒介所需要的费用最高，但效果好；广播媒介所需要的费用较低，但效果难测。这就要求我们从需要、效果等方面综合分析，尽可能以最少的费用获得最佳的传播效果。

③ 了解各种大众传播媒介的基本特点和适用范围。大众传播媒介繁多，其基本特点和适用范围也不相同，因此必须全面了解，在选用时就应考虑大众传播媒介的层次、性质、水平，以及其在社会公众心中的印象等。

④ 努力搞好与大众传播媒介的关系。大众传播媒介是组织的非自控媒介，这就需要我们与其搞好关系，以求得广泛的支持与合作。若搞好了与大众传播媒介的关系，组织的一些具体要求就容易得到满足。媒介工作人员还可能帮助组织进行策划，帮助组织选择形式更佳、效果更好的大众传播媒介。

（3）大众传播媒介的分类。大众传播媒介主要有报纸、期刊、广播、电视等。其中，报纸、期刊、广播、电视与公共关系工作关系密切，可将它们分为印刷媒介与电子媒介两大类。

① 印刷媒介。印刷媒介是指将文字、图片等印刷在纸张上，以传播信息的大众传播媒介。印刷媒介的特点为信息容量较大，能对信息进行详尽、深入的报道，易于保留、查找，便于读者选择阅读，但时效性较差，也受读者文化水平的限制。报纸与期刊有综合性和专业性两种；报纸以刊载新闻为主，期刊则只有部分内容是新闻性的。

② 电子媒介。电子媒介是指现代传播活动中存储与传播信息时使用的电子技术信息载体。电子媒介有广播、电视等。电子媒介的特点为传播迅速，纪实性、生动性与感染力强，

对信息接收者没有文化水平的限制。

下面着重介绍广播和电视这两种电子媒介。

a. 广播。广播以语言、音乐等作为传播的符号来传播信息。其特点是有较强的写实性与表现力，制作和播出简便、快捷。在新闻报道中，它是反应十分迅速的传播媒介，而且容易与电话等媒介连接，能够与听众进行双向交流。广播的频道多、容量大，它诉诸听觉的单通道传播可使信息接收者注意力集中，并且有较大的想象空间。广播电台有播出新闻、教育内容、娱乐节目等的综合台，也有只主要播出一类节目的专业台，如新闻台、音乐台、教育台等。

b. 电视。电视使用各类视听符号进行传播。其特点是视听兼备，声画并茂，真实、生动，具有极强的写实性与表现力。在各类新闻媒介中，选择率最高的是电视。电视可以速报，可以深入分析新闻事件，其娱乐功能极强。目前电视与卫星结合，有线电视迅速发展，为电视发展开拓了广阔的空间。但是，电视制作和播出的设备、技术比较复杂，所需费用较高。

总之，组织借助大众传播媒介进行公共关系信息传播，能迅速提高组织的知名度，扩大其社会影响。

4. 信息网络传播媒介

信息网络传播媒介是指借助社会上已建立的信息网络将信息传播给广大公众的公共关系传播媒介。20世纪以来，信息网络化得到了蓬勃发展，尤其是互联网和信息高速公路建设与开通后，伴随着移动互联网的兴起，短视频和直播模式开启了数字化公共关系传播的时代，其特点如下。

（1）全时传播性：信息传播的时效性具有定时性、即时性、实时性、全时性，全时传播指的是信息随时可以发布与传播。

（2）全域传播性：地域和空间限制极少，只要有设备和传输信号，就可以随时发布与传播信息。

（3）全民传播性：传播不再仅是某组织、媒体单位的事情，所有民众都可以参与其中，谁都可能是记者、编辑。

（4）全速传播性：传播速度很快，在事件发生的同时就能够进行传播。

（5）全媒体传播性：传播的信息不再仅是文字或者图片，还附有音频、视频等通道。

（6）全渠道传播性：客户端越来越多样化，如通过计算机、手机、平板电脑等都可以进行信息发布。

（7）互动传播性：新闻的线索搜集、采访、发行等一系列活动的互动，所有人都有机会参与，并且在事后可以发表评论。

（8）去中心化：基本不存在类似于"头版头条"这样的情况了，不同的受众可以选择不同的主题进行讨论，这也说明了新媒体使新闻多元化。

（9）自净化性：虽然在新媒体的信息传播过程中，负面信息的传播范围远超正面信息的传播范围，但是一般不实消息都会有相关人员出面澄清，所以造成的影响往往可以得到有效的控制。

在数字化公共关系传播时代，每个人都既是信息的传播者，也是信息的接收者，更是信息的评判者，掌握这些内容，有利于组织更好地开展各种生产经营活动。

公共链接

自2020年起，线上数字公关如火如荼，直播电商、云营销、私域社群运营成为品牌主十分看重的"救命稻草"。于是，如何通过公关传播激活用户关系链，以公关传播增长带动商业增长，成为各大品牌主的核心诉求，也成为新意互动的拓展方向。

目前，数字技术已成为商业增长的核心动力，在"新商业时代"，企业不仅需要革新商业模式，更需要打通组织布局、研发生产、营销售后等环节，搭建起直接面对消费者的品牌沟通模式。传统模式下的品牌价值链往往基于大众群体的共性进行市场开拓，品牌与客户之间的距离感较强，直接掌握的客户数据也有限，客户忠诚度一般。而在数字公关模式下，品牌需要基于客户个性化需求完成产品与服务的设计，客户触点较多，相应能够收集的客户数据更加丰富，对客户的把握也更加精准。通过对客户体验数据的收集，让其反作用于企业组织布局、研发生产、营销售后等环节，从而更好地促使商业增长。

新意互动董事长兼CEO曲伟海在接受采访时说："在DTC（直接面对消费者）模式下，不仅要求品牌主改变与客户沟通的方式，还对代理商提出了新的要求。除从服务、销售、市场层面更好地构建自身的营销能力之外，代理商还需要提升识别客户、分析客户、直达客户、赢得客户的能力，从而帮助品牌主更好地服务客户，促进商业转化。"

（资料来源：中国公关网）

5.1.3　公共关系传播媒介的选择

公共关系人员在进行公共关系传播媒介的选择时，需要考虑以下因素。

1. 媒介本身的特点

不同媒介的特点不同，起到的作用也不同，若媒介选择得恰当，则可取得比较理想的效果。

2. 传播内容

公共关系人员应根据传播内容选择传播媒介。一般来说，传播浅显的内容应选择电子媒介，反之则应选择印刷媒介。同样是电子媒介，如果内容能用丰富的声音来传播，那么广播更适宜，同样是印刷媒介，如果内容相对简单但不系统，那么报纸是较为明智的选择。

3. 传播对象

传播对象不同，媒介的选择也应不同。当传播对象的数量较少时，往往只借助人际传播媒介；当传播对象仅限于本组织员工时，内部刊物、广播、电视就能满足需要；当传播对象的数量较多、分布范围较广时，建议选择大众传播媒介。

4. 组织的经济实力与预期传播效果

使用任何传播媒介都需要支付一定的费用。组织在进行公共关系传播时，应考虑自身经济实力与预期传播效果。一般来说，大众传播媒介的传播范围很广，单位传播成本比较低，但总成本很高。没有雄厚的经济实力的组织，不应为了追求声势而盲目选择大众传播媒介。选用非大众传播媒介，尽管单位传播成本较高，但从总成本考虑，是能够承受的。因此，当组织对传播范围要求不高时，应考虑选择非大众传播媒介。

案例 5.1

"直播发布会"

2020 年 4 月 10 日，全新奥迪 A4L 正式上市，一汽－大众奥迪利用互联网利好优势，开展直播形式上市发布会，以"人"为出发点建立共情传播模式，成功获取用户对全新奥迪 A4L 的关注与认同。发布会在深圳卫视主会场直播，联合腾讯、知乎、汽车之家、凤凰四大分会场同步转播和互动，同时以垂直媒体、社会化平台、视频类平台合力引流。现场邀请了几位明星嘉宾，分享了他们对本次发布会主题"做更强大的自己"的感悟。同时，发布会借助 AR 技术让高管以全息影像的形式"来到"现场，并在舞台上虚拟化呈现全新奥迪 A4L 新车型。观众可以边看发布会边留言或参与竞猜活动，实现了双向或多向沟通。这次通过电视、网络、经销商深度联动，打造了传播高峰期极长的车型投放活动。该活动在有效传递全新奥迪 A4L 的产品价值的同时，也借助持续的热度，快速触达高意向消费群体，提升了订单转化率。

（资料来源：中国公关网）

案例讨论

讨论如何选择公共关系传播媒介。

5.2 公共关系传播的要求与技巧

5.2.1 公共关系传播的要求

公共关系传播过程通常会受到多种因素的影响，对公共关系的传播应当遵循一定的原则，以使公共关系传播真正取得良好的效益。具体来说，公共关系传播的要求如下。

1. 保证公共关系信息的质量

公共关系信息的质量主要通过真实性、准确性、全面性、系统性四个指标来衡量。真实性是指所传播的公共关系信息应当是真实、客观、公正的。准确性是指对所传播公共关系信息的加工和处理应当是准确的。如果公共关系信息不能被准确地传播，那么即使信息本身是真实的，也可能起不到良好的作用。全面性是指所传播的公共关系信息应当能全面反映社会组织的基本状况，喜忧兼报，正如公共关系之父艾维·李所说的"公众应该被告知"。系统性是指所传播的公共关系信息应具有系统性，而不是支离破碎的。支离破碎的公共关系信息传播，不利于公众形成对社会组织的整体形象，反而容易对社会组织产生怀疑、猜忌。社会组织应当经常向公众传播各种公共关系信息，确保公共关系传播的质量。

2. 准确选择公共关系传播的目标受众

目标受众是指社会组织公共关系传播的主要对象，是信息的主要接收者。目标受众不是一成不变的，它会随着社会组织公共关系传播的内容、方式、时间、空间等的变化而变化。公共关系传播的目标受众选择得当，可使公共关系传播取得良好的效果。社会组织可以采取以下策略准确选择公共关系传播的目标受众。

（1）普遍性目标受众策略。普遍性目标受众策略是指将与社会组织有关联的公众，无论与社会组织的关系是疏远还是紧密、是现实的还是潜在的，都作为公共关系传播的目标受众。这种策略不仅适用于社会组织一般的、日常的公共关系传播活动，还适用于以扩大影响、建立与公众的广泛联系为目的的公共关系传播活动。

（2）选择性目标受众策略。选择性目标受众策略是指从与社会组织有关联的公众中选择部分公众作为社会组织公共关系传播的目标受众。这种策略适合在社会组织面临在较大范围内与公众的一般关系处理问题的时候采用。例如，组织面临与消费者公众或社区公众的关系处理问题时，可以采用选择性目标受众策略来传播公共关系信息。

（3）集中性目标受众策略。集中性目标受众策略是指将某些具体公众作为社会组织公共关系传播的目标受众。这样得到的目标受众具体明确、数量不多，但与社会组织的关系十分密切，向他们传播的信息应详细、深入、针对性强。社会组织向社会名流、上级领导、意见领袖、新闻记者、金融界人士等传播公共关系信息时通常采用这种策略，在处理公共关系纠纷或危机事件时也常采用这种策略。

案例 5.2

小米"云开箱"系列创新体验

2020 年 4 月 28 日，为配合小米 10 系列新款手机发布会，新意互动旗下全球高端可视化解决方案供应商 BITONE 团队助力小米打造了"云开箱"系列创新体验，令广大用户足不出户就可以 360° 全方位感受科技的魅力。"小米 10 系列 VR 云开箱项目"实施定制化 3D 产品全配置互动解决方案，实行跨平台营销，不仅实现了产品的全角度外观展示，还对产品不同配置和卖点进行可视化展示，对产品核心卖点进行使用场景的模拟，带领目标消费者及潜在消费者用 VR 眼镜看手机，增进对产品的了解，同时兼容京东、天猫等线上渠道，实现销售转化。

（资料来源：中国公关网）

3. 抓住公共关系传播的有利时机

社会组织在进行公共关系传播时应当抓住有利时机。同一公共关系信息的传播，在不同的时期应有不同的传播方式和传播范围。准确把握公共关系传播的时机能够增强公共关系传播的针对性，提高传播的效果，并能改善社会组织的公共关系状态。需要注意的是，在社会组织发展的不同时期，公共关系传播活动的侧重点不同。

社会组织的发展主要有五个时期：初创时期、稳步发展时期、重大创新时期、风险时期和低谷时期。

（1）在初创时期，公共关系传播活动的侧重点是向公众介绍社会组织的投资情况，以及社会组织的性质、规模、设想及风格，社会组织的创立对社会的意义。其目的是提高知名度，

给公众留下良好的第一印象，这是社会组织形象塑造的重要时期。

（2）在稳步发展时期，公共关系传播活动的侧重点是经常向广大公众介绍社会组织的经营方针和特色、社会组织的历史、社会组织对社会的贡献、社会组织在争取自身发展和维护广大公众利益方面所采取的各种措施等。其目的是维护社会组织已建立的良好形象和信誉，强化与公众的联系，这是社会组织形象巩固的重要时期。

（3）在重大创新时期，公共关系传播的主要内容是社会组织创新的目的、创新的艰难过程、创新的成果、创新给社会带来的效益等。其传播的方式应是开放性的，同时注意正确引导，让公众更多、更好、更深入地了解社会组织，进一步扩大社会组织的影响，这一时期要不失时机地进行传播。

（4）在风险时期，公共关系传播的内容应有区别地选择。如果社会组织的产品和服务没有特色，或者经营方针存在问题，公共关系传播活动的侧重点就应当是改变社会组织的经营方针、革新生产技术、转产适销对路的产品、改善服务等。如果社会组织面临同类产品和竞争组织带来的压力，那么公共关系传播活动应突出社会组织及其产品的特色，以及社会组织诚挚的服务态度。风险时期既是社会组织公共关系传播难度最大的时期，也是关键时期，社会组织要进行危机公关。

（5）在低谷时期，公共关系传播活动的侧重点是向公众说明社会组织跌入低谷的原因、走出低谷的措施。其基本出发点是给公众一个交代，取得公众的理解。其目的是尽快使社会组织走出低谷，获得新的发展。如果问题出在社会组织内部，就应说明情况，自我检讨，提出补救方法，求得公众的谅解；如果问题出在组织外部，就应做出解释，澄清事实，并提出相应的改变措施。

课堂讨论

在进行公共关系传播时如何选择恰当的时机？

4. 选择良好的公共关系传播通道

在现代社会中，公共关系传播通道多种多样，若选择得恰当，则可以提高公共关系传播的效率，事半功倍；若选择不当，则可能事倍功半，甚至没有一点效果。因此，选好公共关系传播通道是取得良好的公共关系传播效果的基础。

公共链接

当你琢磨传播时，许多人在看直播

直播带货在 2020 年十分盛行。格力电器董事长董明珠在抖音、快手直播间带货，3 小时销售额达到 3.1 亿元。中国消费者协会发布的数据显示，2019 年，我国直播电商市场规模达4338 亿元。2020 年，明星纷纷开始直播，"名嘴"变"主播"，全民直播已成风潮。内容即店铺，屏幕即渠道。直播已经发展成为一种独立的营销手段，直播和营销甚至有被画上等号的趋势，我们无法忽视这种变化。环境的变化早就开始了，很多人拿起智能手机，刷抖音、快手、淘宝，看直播、下单，体验消费的快感。

直播带货符合现代营销学的观点。现代营销学之父菲利普·科特勒教授把营销的演化划分为四个阶段：营销 1.0 就是工业化时代以产品为中心的营销，这个阶段强调功能诉求、差

异化卖点。营销2.0以消费者为导向，产品需要有功能差异，企业需要向消费者展示形象，这个阶段出现了大量以品牌为核心的企业。营销3.0是以价值观驱动的营销，它把消费者从企业"捕捉的猎物"还原成"丰富的人"，是以人为本的营销。营销4.0以大数据、社群、价值观营销为基础，企业将营销的中心转移到如何与消费者积极互动、尊重消费者作为"主体"的价值观，让消费者更多地参与到营销价值的创造中来。

直播带货的积极互动，让消费者感受到了尊重。菲利普·科特勒对当前市场的判断是，线上与线下共存互补；连通性带给消费者丰富的产品信息，但他们更加依赖他人的意见，这些意见可能比个人喜好更重要；连通性带来了使品牌赢得良好口碑和正面拥护的巨大机遇。

直播带货契合消费者依赖他人意见的从众心理，依托微信公众号和微博的网红，在移动互联网时代爆发出前所未有的强大号召力，小红书、抖音、快手、淘宝直播等平台进一步扩大了自身的影响力。

直播带货使得部分消费者越来越从众，越来越看重主播的推荐。面对直播，消费者不再是四步心路历程，即 Attention（注意）—Interest（兴趣）—Desire（欲望）—Action（行动），商家原先多次投放和多次触达才能达到的转化目的，现在可以瞬间实现，消费者可以直接从"注意"跳转到"行动"。在主播的引导之下，消费者兴趣和实际购买行为之间的时空距离大大缩短，直播不再是告知、宣传，它已成为品牌"入口"和销售"入口"。

直播带货还迎合了"瞬间感受"时代。英国剑桥大学尹一丁教授认为，相对于传统工业化时代、数字营销时代，品牌进入了"瞬间感受"阶段，消费者的感受决定了对品牌的印象，也决定是否购买产品，这个营销链在发生巨大的变化。著名心理学家、2002年诺贝尔经济学奖获得者丹尼尔·卡尼曼在《思考，快与慢》一书中提出，众多的心理学行为实验说明，我们在做选择时并非如我们预期的那样，总是被理性的光辉照耀。人是感性动物，大部分人做出的决策基于第一系统感性直觉思维，然后他们会主动给自己的行为找一个第二系统理性理由来支撑。

直播带货调动了消费者的直觉思维。公共关系创造品牌、广告维护品牌，随着全民直播热潮的兴起，直播将成为企业品牌营销的一种常用方式。公共关系人员要跟随潮流，把眼光放长远。达尔文进化论说，每次大变革存活下来的物种，不是那些最强壮的物种，也不是那些智力最高的物种，而是能对变化做出积极反应的物种。直播带货带给市场营销与公共关系传播的影响，我们不下定论，但值得认真观察。

（资料来源：中国公关网）

5. 注重对传播效果的分析

各类传播对目标受众都会产生一定的影响，这就是效果。对公共关系工作者来说，由于各类传播方式都要使用，因此更应该了解所产生的传播效果。针对公共关系的目标和公共关系传播的目标评估，传播对目标受众的影响可以达到四种程度，也就是具有四个层次的传播效果。

（1）信息层次。将信息传播给目标受众，使其完整地接收，并且存在较少歧义、缺漏，这是简单的传到、知晓层次，是任何传播行为首先应获得的传播效果。

（2）情感层次。指传播者传出信息后，使目标受众在情感上对传播内容产生认同，对这项传播活动感兴趣，从而与传播者接近，这是传播获得的较为理想的效果。需要注意的是，情感有正负之分，只有正面情感才是传播者所需要的，负面情感（如反感、厌恶等）应尽量

避免。

（3）态度层次。态度是人对事物或现象的看法和采取的行动。它已从感性层次进入了理性层次，是在感性认识基础上经过分析判断、理性思考而产生的，一旦形成就非常难以改变。传播效果如果能达到这一层次，对目标受众的影响就非常深入了。态度有肯定与否定之分。

（4）行为层次。这是传播效果的最高层次。它是指目标受众在感性、理性认识之后，行为发生了改变，做出了与传播者目标一致的行为，从而完成从认识到实践的全过程，使传播者的目标不但有了肯定者，而且有了执行者。研究证明，态度对行为的改变具有较大的影响。

随着效果层次的提高，目标受众由于各种原因而逐渐减少，只有获得较高层次的效果，才能使较低层次的效果得以较长时间的保持，否则公众很快会淡忘，传播活动也就以无效告终。公共关系工作就是要让各界人士对社会组织足够了解，并获得他们的支持。

6. 了解影响传播效果的主要因素

在传播过程中，有很多因素同时作用于信息接收者，并对其产生不同程度的影响。了解影响传播效果的主要因素，并有针对性地对信息接收者加以引导，会使传播效果得到改善。影响传播效果的因素主要有以下四个。

（1）传播媒介。公众对传播媒介的要求：一是要使用简便、易于掌握和得到；二是比较有效，即它的传播效果得到普遍的承认（当传播效果特别好时，即使在使用上有一定的难度，人们也会努力去适应）。

根据公众对传播媒介的要求，可提出下列公式：

$$选择的或然率＝报偿的保证／费力的程度$$

从这个公式可以看出，选择的或然率与报偿的保证成正比，而与费力的程度成反比。因此，在进行公共关系传播时，要注意选择恰当的传播媒介，选择不当就有可能做无用功。

（2）信息的内容及其表现方式。社会组织应审核信息的内容，即传播者传播的信息是否是公众关心、感兴趣的，是否重要、新鲜，是否可靠、可信，这是目标受众进行价值判断的依据，也是决定传播效果的关键因素。公共关系人员在传播信息时要注意内容的趣味性，与目标受众的相关性及信息来源的可靠性。

除对内容本身的要求外，对内容的表现方式也有要求。若表现方式不当，则再好的内容也难以取得良好的传播效果，可能还会引起目标受众的误解甚至反感。表现方式包括展示传播者的形象、权威性，内容的结构、节奏、变化，到遣词造句的方法等。

（3）信息的重复。人有适应性，一个人接收某项信息的次数越多，越容易接受它。同样的信息多次发出，目标受众会逐渐由生疏到熟悉、由漠然到好奇，甚至在长期接收后，会把特定的内容融入自己的生活。因此，让同样的信息在相当长的时间里重复出现，可以提高传播效果。

（4）目标受众接收信息的条件。时间和空间对目标受众接收信息是否有利，对传播效果也有相当大的影响。若目标受众接收信息的环境存在各种干扰或没有足够的时间接收信息，就会使传播效果大打折扣。

从传播类型来说，不同种类的传播其效果也不相同。个人传播在各类传播形式中的传播效果最好，传通率最高，其他传播形式的传播效果远不及它。但个人传播的影响非常有限，随着传播群体的扩大，传播内容的针对性会下降，得到反馈的质量、数量也会下降。群体传播与大众传播的效果不太明显，因此传播学家指出这两类传播只有"适度的效果"，即一次具体的传播活动对某个目标受众来说，效果是有限的，其中的影响因素一是信息接收者的逻辑思维能力，二是信息接收者身边人的影响。

微信朋友圈内容设计（二维码5-2）

扫一扫

二维码 5-2

公共链接

沟通的七个"C"原则

1．可信赖性（Credibility）

沟通讲究诚信，双方应该在彼此信任的基础上进行沟通，这反映了社会组织对沟通者是否具有真诚的、满足被沟通者愿望的要求。同时，被沟通者也应该相信沟通者传递的信息。

2．一致性（Context）

沟通计划应当与组织的环境要求相一致，应当建立在对环境充分调查研究的基础上。

3．内容（Content）

信息的内容应当对目标受众具有意义，应当与目标受众原有价值观念具有同质性，应当与目标受众所处的环境相关。

4．明确性（Clarity）

信息应当用简明的语言表述，复杂的内容应当采用分类的方法列出，使其明确与简化。如果信息需要传递的环节多，则更应该简化。一个组织对公众讲话的口径要保持一致，不能多种口径，使公众无所适从。

5．持续性与连贯性（Continuity and Consistency）

沟通是一个连续不断的过程，要想达到渗透的目的，应当对信息进行重复，同时应当在重复中不断补充新的内容，有所创新。

6．渠道（Channels）

沟通者应当利用现实社会生活中已经存在的信息传播渠道，这些渠道多是被沟通者习惯使用的。在信息传播过程中，不同的渠道在不同阶段具有不同的影响，所以应当有针对性地选择渠道，以达到向目标受众精准地传递信息的目的。

7．被沟通者的接受能力（Capability of Audience）

在进行沟通时应当考虑被沟通者的接受能力，当用来沟通的材料对被沟通者的要求较低时，也就是沟通信息容易被被沟通者接受时，沟通成功的可能性较大。被沟通者的接受能力主要体现在阅读能力与知识水平上。

5.2.2 公共关系传播的技巧

1．建立良好的人际关系

建立良好的人际关系是开展公共关系工作的基础，增强人际吸引力，善于同素不相识的人建立良好的关系是公共关系人员的基本素质之一。

如何正确地认识他人，排除各种外在因素的干扰，尽快地接受公众，是公共关系人员在接待工作中要注意的问题。一般来说，人际交往的误区有以貌取人、主观判断、晕轮效应、

个人状态产生认识偏差。公共关系人员应避免陷入这些误区，应努力掌握以下建立良好的人际关系的技巧。

（1）利用邻近性因素。俗话说"近水楼台先得月"，在进行公共关系传播时可利用同学关系、老乡关系等。

（2）利用相似性因素。找到共同经验区，可从社会经历、社会地位、籍贯、受教育程度、态度与价值观、生活环境等方面入手，产生"自己人"的效果。

（3）利用需求互补效应。补偿性吸引力是极强的人际吸引力，可利用气质、性格、能力互补来吸引目标受众。

（4）利用仪表的魅力。得体的仪表有利于打通人际关系。

（5）培养独特的人格魅力。多才多艺、诚信风趣、机智敏锐的人更具人格魅力。

（6）会说更会听。善于聆听，善于微笑，并善于交谈。

2．与新闻界保持联系并建立良好的关系

与新闻界（主要是记者）保持联系，是公共关系人员的重要工作。记者在传播学中又称"把关人"，他们对传播的内容及传播的效果有很大的影响。一般来说，记者应遵守正直、说真话的职业道德，并且应掌握专业写作技巧。除此之外，记者本人的情绪、感觉、状态都会影响报道的内容，因此要注意处理好与记者的关系，具体来说可从以下几个方面入手。

（1）向记者说明基本情况，并提供热情周到的接待服务。

（2）对记者一视同仁。

（3）向记者提供真实素材。

（4）对记者要足够尊重与重视。

3．做好会议组织与联系接待工作

（1）会议组织。会议是公共关系人员开展内外沟通的常用形式，组织召开会议是公共关系工作的内容之一。会议的种类很多，有报告会、讨论会、联谊会、新闻发布会、展销会等，形式较为正规，有组织、有规模。

（2）联系接待。联系接待工作一般包括接待来访者、拜访他人、打电话等。公共关系人员应具备良好的素质，要能够吸引对方，使其愿意与组织打交道，同时应掌握一些特殊的沟通技巧，以达到建立联系的目的。

4．营造良好的传播环境

公共关系传播是在一定的环境中进行的，不同的传播环境带来不同的传播效果。场地的座位布置、音响设备、灯光照明、室内温度等都应予以重视，以创造良好的环境效应。

5．正确选择公关语言

公共关系传播中常使用的公关语言包括以下几种。

（1）自然语言。例如，口头语、书面语、广播语。

（2）非自然语言。例如，表情、动作、体态等。

（3）实物。例如，样品、商标等。

在公共关系传播中，要想取得良好的传播效果，应合理使用公关语言，充分发挥各种公关语言的优势，扩大信息的传播范围，提高信息的传播速度和接收率。

6．利用名人效应

在选择人际传播方式进行公共关系信息传播时，常常与企业领导、影视明星、体育明星等"名人"结合起来，这样能获得比较好的传播效果。公共关系活动与名人结合在一起，通过名人引起公众的注意、兴趣，从而认可组织形象、组织产品，这就是名人效应。

案例 5.3

利用总统推销

美国一出版商有一批滞销书久久不能脱手，有一天，他想出了一个主意：给总统送去一本书，并三番五次征求意见。忙于政务的总统不愿与他纠缠，便回了一句："这本书不错。"该出版商听后大肆宣传："现有总统喜爱的书出售。"很快，那些书被抢购一空。过了不久，这个出版商又有书卖不出去了，又送了一本给总统，总统上过一回当，便说："这本书糟透了。"出版商闻之，脑子一转，又做了广告："现有总统讨厌的书出售。"不少人出于好奇争相抢购，书又售尽。第三次，出版商将书送给总统，总统吸取了前两次的教训，便不给予任何答复，出版商见状又大做广告："现有令总统难以下结论的书，欲购从速。"人们又纷纷抢购，总统知晓后哭笑不得。

7．合理运用公共关系广告

公共关系广告又称组织形象广告，目的是建立组织信誉，促进公众对组织的了解，加深公众与组织的感情，具体来说有以下几种。

（1）组织广告。组织广告是以组织自身作为宣传主体的广告，在运用组织广告时可以从以下四个方面入手。第一，宣传组织的价值观念，如"海尔真诚到永远"；第二，介绍组织情况，如"TCL 招聘 2000 名高级人才"；第三，贺谢广告，如"全球海尔人恭贺北京申奥成功"；第四，联姻广告，如"伊利杯我最喜爱的春节晚会节目"。

（2）征集广告。这种广告包括向社会广泛征集组织名称、产品名称、组织口号等，吸引公众的注意力，促使其参与。

（3）竞猜广告。由组织刊登广告组织有奖猜谜活动。猜谜内容多为有关组织及产品的知识，问题一般很简单。这种活动多见于新闻媒介，如通告抽奖结果、采访获奖者等。

（4）服务广告。组织与本组织产品有关的社会服务活动，并通过广告向社会宣传，如化妆品企业举办美容培训班等。

（5）馈赠广告。为组织举办、赞助的社会公益活动而做的广告，如四通集团的"四通之友世界名曲专场音乐会"等。

针对公众的心理，在策划公共关系广告时要注意：以标新立异的形式来抓住公众的眼球，以通俗易懂的形式与公众雅俗共赏，真挚坦诚地以事实说话。此外，公共关系人员还需要具备专门的知识与技巧，如语言的组织、画面的构成、人物的选择和拍摄技巧等。

总之，公共关系传播既是一门科学，也是一门艺术，要求公共关系人员在传播活动中尊重客观规律，按公共关系的目标有步骤地开展。在交流的过程中，双方都能够受益，并且在一定程度上达成共识，这是公共关系人员的一种创造性劳动。

5.3 公共关系传播的障碍及其克服

5.3.1 公共关系传播的障碍

由于各种原因，在组织与组织、人与人沟通的过程中有许多障碍，这些障碍不仅会浪费财力，还会影响团队精神和团队士气，并且影响组织良好形象的塑造。因此，组织有必要了解公共关系传播的障碍及其克服方法，并重视公共关系传播应遵循的原则。

组织应充分了解公共关系传播的障碍，做到有的放矢，"对症下药"，克服障碍，从而取得良好的传播效果。一般来说，公共关系传播的障碍有主观障碍、客观障碍和沟通障碍三种。

1. 主观障碍

由于信息传播者与接收者自身条件、生活环境、在社会生活中所扮演的角色不同，因此往往会出现各种障碍，具体表现为以下几种情况。

（1）信息传播者与接收者在社会经历、知识结构上差距过大，就会产生各种障碍。例如，一个刚从大学毕业的人被安排到某部门工作，而该部门的经理是一个资历深厚、经验丰富的人。由于个人原因，这个经理可能认为许多年轻人是自私自利、缺乏奉献精神的。他在评价这个年轻人所做的任何工作时总持有成见，结果自然很难与这个年轻人进行交流。同时，这个年轻人也认为年老者是顽固不化的、呆板的和抵制新观念的。于是，这样的"代沟"直接导致严重障碍。

（2）由于认知水平有限、不感兴趣等，一些人会忽视对自己不重要的信息。不同的公众对相同信息的理解不同，公众总是乐于接受与他们原有的认知、利益、需求相一致的信息。

（3）信息沟通中的角色障碍。在组织结构中，职位级别的不同导致员工产生了地位感。例如，在公司总经理和部门经理、部门经理和普通员工之间存在着地位差异，而地位差异造成了各种障碍。管理人员和普通员工相互不信任、普通员工畏惧领导等均会造成障碍。

2. 客观障碍

（1）信息传播者与接收者如果相距太远，则很难进行良好的沟通。处在不同地理位置的传收双方会因社会文化背景不同、接触机会太少等而不能顺畅地沟通。

（2）组织机构庞大，中间部门太多，信息从最高层传达到基层，或者从基层汇报到最高层容易出现失真现象，并且需要较长的时间，从而影响信息的时效性。

3. 沟通障碍

（1）使用的"语言"不同会造成沟通障碍。这里所说的"语言"不是指汉语或英语，而是指做不同工作的人所说的不同的话语。例如，财务部门的主管在与计划部门的主管交谈时可能会使用一些专业术语，也就是我们所说的"行话"。此外，多义词也易造成沟通障碍。因此，在传播信息时，传播者应当将那些易引起误解的词句表达清楚。一般情况下，应该使用朴实、直接的语言传播信息。

（2）传播方式选择不当会造成沟通障碍。组织应根据公共关系目标、对象等，选择恰当的传播方式，达到有效沟通的目的。例如，某企业要教育员工以良好的态度为顾客提供优质的服务，应采用组织传播方式；企业在传播开幕仪式、开工典礼之类的信息时，最好采用大众传播方式，如用电视、广播来传播会取得良好的效果。

5.3.2 公共关系传播障碍的克服

公共关系传播是双向沟通的过程，在这个过程中会遇到各种传播障碍，如果不能及时克服，会极大地影响传播效果。公共关系传播障碍的克服涉及以下内容。

1. 做好沟通前的准备

首先，在被传播的信息未十分明确之前，不要轻易进行传播。在一个组织中，管理者本人最清楚自己的意图。在信息传播之前，管理者需要明确想要达到的目的，以及应该采取的措施等。其次，要想取得良好的传播效果，一个重要的条件就是塑造良好的组织形象。实践证明，自身形象良好的组织传播信息的效果较好，容易引起公众的关注。最后，要站在信息接收者的立场上来传播信息，这样可以缩小传收双方的距离，使信息接收者容易接受传播的信息，通常传播者在传播信息时邀请与公众同类型的人或有威信的人发表意见，传播效果会更好。

2. 充分利用反馈技术

组织的公共关系传播是传收双方信息的双向流动，可通过反馈技术来了解传播效果。在面对面的信息传播中，可通过观察接收者（如迷惑或明白的表情、眼神等）来判断其对信息的掌握情况。而组织内部的信息传播、组织与组织之间的信息传播，可以通过人际传播媒介来了解其传播效果。

3. 重视传播氛围的影响

公共关系传播在一定的时空环境下进行，营造良好的传播环境有利于提高传播效果，消除传播障碍。在组织内部，当管理者想与某员工进行交流时，如果这位员工的情绪非常低落，那么最好换个彼此情绪都稳定的时间交谈。管理者与员工交流时最好确定好时间，并且选择安静的场所。很多企业采用过此方法，它可以使信息交流双方都能平静地、不受任何干扰地探讨一些问题。

4. 完善传播技巧

传播效果与传播技巧有直接的关系。信息传播中的各种传播方式、传播途径组合情况会影响传播效果。一般情况下，传播者总是看当时哪种传播方式、传播途径比较方便，就使用哪种。事实上，传播方式、传播途径的组合方式很多，应根据实际情况加以组合。

公共链接

改善组织沟通的十条建议

欧美公共关系界总结实践经验，提出了改善组织沟通的十条建议。

（1）沟通前做好准备，防范可能发生的事件，想好应对措施。

（2）认真考虑沟通的真正目的，选择适当的沟通方式和沟通语言。

（3）全面审查环境因素。

（4）沟通的内容明确、客观。

（5）选择有利的沟通时间。

（6）重视沟通中的"体态语言"。

（7）信息传播者的言行一致，讲究信用。

（8）改变不良的聆听习惯，做一个"好听众"。

（9）重视沟通过程中信息接收者的反馈。

（10）酌情使用图表和实物资料说服对方。

5. 社会环境障碍的克服

由于政治制度、经济背景、意识形态、地理环境存在差异，因此容易形成以下几种沟通障碍。

（1）文化障碍。由于文化传统、伦理道德存在差异，因此人们在思维方式、行为习惯、风俗礼节等方面存在沟通障碍。公共关系人员应学习和了解不同国家、地区、民族的基本常识，入乡随俗，适应环境，灵活变通。

（2）语言障碍。语言的复杂性和差异性易造成词不达意、隔阂误会等障碍。公共关系人员应加强文化修养，提高灵活运用语言的能力。

（3）角色障碍。年龄、职业、社会地位等的差异易导致观念、行为方面的"代沟"或"隔行如隔山"的"行沟"障碍。信息传播者与接收者应互相尊重，互谅互让，取长补短。

（4）权威障碍。由于意见领袖或权威人物对公众有较大的影响力，因此会造成公众盲目效仿意见领袖或权威人物观点的障碍。克服这种障碍的方法是转变公众对意见领袖或权威人物的态度，发掘公众的价值观。

6. 沟通因素障碍的克服

（1）沟通主体障碍的克服。沟通主体的文化水平、社会阅历、表达能力、工作态度、品德修养等都是沟通的影响因素，会对信息传播造成一定的干扰。沟通主体应具备相应的知识、经验，态度诚恳，声誉良好，熟悉沟通内容，讲究沟通技巧。

（2）沟通内容障碍的克服。沟通内容不符合沟通对象的利益、需要、兴趣、经验等，是常见的障碍。克服这种障碍的方法是使沟通对象确信沟通者是重视他们的利益的，并且沟通内容在他们的经验范围之内，实行起来方便。

（3）沟通对象障碍的克服。沟通对象的年龄、性别、职业、文化程度、思想倾向、兴趣爱好等都有一定的区别，这就使他们对信息的接收习惯、接收心理各不相同。如果选择适合他们的内容、媒介和方法，就能使他们较准确地理解所传播的信息。

（4）沟通环境障碍的克服。社会环境、场地环境、心理环境等，对沟通效果影响很大。要想克服这方面的障碍，就应当在沟通时，选择舒适的场地和恰当的时间，使沟通对象处于放松的状态，引导他们参加一些活动，进而达成一致意见，并获得愉快的体验。

（5）沟通媒介障碍的克服。沟通媒介是否适合沟通者、沟通内容、沟通环境、沟通对象，直接关系到沟通效果。克服沟通媒介障碍的方法是考虑沟通目标，区别沟通对象，符合沟通预算。

公共关系传播的技巧和方法通常不单独使用，而是综合运用，还有很多技巧和方法需要在实践中进一步总结。

总之，在公共关系传播中，只要存在信息的沟通，就必然存在各种障碍。社会组织要正视这些障碍，采取一切可能的方法克服这些障碍，为进行有效的信息沟通创造条件。

课堂讨论

在进行公共关系传播时有哪些常见的障碍？该如何克服？

5.4 整合营销传播

5.4.1 整合营销传播的内涵

20世纪末，在广告界和营销界流行整合营销传播（IMC）。美国微软公司1995年在全球推出Windows 95，这是全球关注的有轰动效应的营销案例，其在很大程度上运用了IMC战略。在国际上，IMC在进入21世纪时已成为大趋势。正如该理论的倡导者舒尔茨教授在其代表作《整合营销传播》一书中所提到的，IMC是"21世纪企业决胜之关键"。

整合营销传播是一个发展中的概念，一时很难对其做出界定。从字面含义和实际操作来看，可以对整合营销传播做出如下界定：整合营销传播是综合、协调地使用各种传播方式，传播本质上一致的信息，以达到宣传目的的一种营销手段。这里所说的"各种"指一切手段，常用的有打广告、进行公共关系传播、促销，其中公共关系传播对智慧的要求最高。整合营销传播是一项系统工程，追求"1＋1＞2"的效果。整合营销传播的内涵可从以下几个方面来具体理解。

（1）以消费者为核心。在整合营销传播中，消费者处于核心地位。一方面，消费者是组织生存的根本，一切传播活动必须围绕消费者开展；另一方面，消费者在处理组织所传播的信息上有很大的主动权，如果某些信息与已有的信息不相关或冲突，那么他们会拒绝这些信息，从而导致传播失败。因此，传播者必须了解消费者，同时应当让消费者对传播者有所了解。

实际上，整合营销传播中的每个环节都在与消费者沟通。打广告、开展公共关系活动、促销等都是不同形式的沟通和传播。当产品售出之后，售后服务也是一种传播。总之，自20世纪90年代以来，营销即传播，传播即营销，二者密不可分。

（2）以资料库为基础。整合营销传播是公共关系调研与信息管理在营销领域的延伸，依赖组织在长期的营销过程中所建立的资料库。消费者的方方面面，包括心理特征、购买历史、购买行为、使用行为和习惯等，都是整合营销传播的基础。在建立资料库之后，还必须不断地分析变动的信息，根据消费者的反应分析市场走向、趋势变化和消费者的关注点。

（3）以建立消费者和品牌之间的关系为目的。整合营销传播的一个核心是培养真正的"消费者价值"，与那些具有高价值的消费者保持长久、紧密的联系。这意味着从消费者第一次接触品牌到品牌不能再为其服务为止，组织都应当整合运用各种传播手段，使消费者与品

牌的关系越来越密切，彼此都能获利。

（4）以"一种声音"为内在支持点。现在的组织能在一定程度上控制消费者对其产品信息的接触，组织可以通过付费和非付费的媒介来控制信息的传播。随着信息的大量增加，消费者获得产品信息的机会也增多了，一种趋势越来越明显：消费者因自身的需求而主动接触信息，不是通过现有的由组织主导和控制的信息系统被动地接触信息。因此，组织不管用什么媒介进行传播，其中的产品信息一定要清楚、一致。如果经过多种媒介传播的信息相互矛盾，就很可能被消费者忽视。

（5）以各种传播媒介的整合运用为手段。整合营销传播应当做到使不同的传播手段在不同的阶段发挥最大的作用。

要想了解传播媒介的整合运用的重要性，应先理解"接触"的概念。在这里，接触指所有能够将品牌、产品类别和任何与市场相关的信息传递给消费者或潜在消费者的"过程与经验"。让消费者接触信息的方式有许多种，如朋友介绍、产品包装、报纸报道、电视广告、商店推销、将产品摆放在货架的显眼位置等。在购买行为发生之后也可能让消费者或潜在消费者接触产品信息，如他们的朋友、亲戚和同事谈及使用该品牌产品的感受，也包括售后服务、投诉处理的方式等。凡此种种都是消费者与品牌的接触，它们经年累月不断地影响消费者与品牌、组织间的关系。

消费者可以通过各种方式获得信息，即通过各种媒介接收各种形式、不同来源的信息，这些信息只有保持"一种声音"才能发挥最大的作用。因此，对各种传播媒介的整合运用显得十分重要。比较传统的营销传播方式与整合营销传播不同，整合营销传播的主要特点是整合、优化、合力、一致性和完整性等，拓展了市场调查的领域，同时体现了信息高速公路所能带来的最新成果。

案例 5.4

京东云优加解耦 20 年数智营销能力

京东云优加，将京东在营销领域沉淀的 20 年数智能力，向更多企业和生态伙伴输出，覆盖更多增长场景。

品牌投放，全链路整合营销。优加 Marketing 支持广告投放前后链数据的拉通。投放前，通过标签、算法综合客户需求场景，输出高价值人群；投放中，通过监测采集媒介和广告数据，快速优化广告效果；落地京东域后，结合广告点击曝光数据进行归因，最终掌握全链路数据表现，反馈给广告主。以服务某奶粉品牌为例，优加通过客户群体分析、数据洞察，面向备孕人群、低龄幼儿人群等精准投放，实现京东店铺新客占比达 58%，京东母婴 Ta 浓度由 30% 提至 70%。

交互营销，线上线下融合与转化。基于京东在人、货、场的洞察优势，围绕品牌商关注点，选择合适的时间、地点，圈选高潜客户，通过线上随单体验、线下品牌体验站，与消费者互动，激发消费者的潜在需求。

全域运营，公域、私域互相成就的商业闭环。一方面，优加 DaaS（数据即服务）通过数据串联和打通公域、私域，以全域数据驱动公域提效和私域的精细化，促使京东生态具有丰富的流量场景和海量用户池。另一方面，优加给予合作伙伴及品牌商更多空间，开发运营工具。在为某品牌商服务中，通过公域拉新、私域经营，实现了粉丝关注量、会员总量和高质量会员数的数倍增长，提升了销售业绩。

全场景智能服务，提升客户体验。京东云言犀智能客服，服务京东超 5.8 亿名活跃用户，支持京东域内超 17 万家商家线上服务，沉淀了覆盖全品类的电商知识图谱。言犀旗下的京小智，覆盖售前、售中、售后 30 个智能客服应用场景，顾客挽单率高达 36%；言犀虚拟主播，帮助品牌高效实现直播间自动化运营；言犀智能外呼，通过自动优化的人工智能算法，让人群选择更精准，呼叫内容相关性更强。某品牌新产品营销期间，让产品的明星代言人录制了一段语音，然后借助智能外呼把语音打给消费者，当天就卖了 6 万件新产品，投资回报率高达 4。京东云言犀人工智能平台也在加速推进产业版 ChatGPT，加速在零售、品牌增长领域落地。

围绕融合开放的理念，京东云数智营销能力正在渗透各个领域。其在伊利、农夫山泉、雀巢、松下、美的等品牌的数智化建设中，助力会员价值、客户体验等实现突破性提升。未来，京东云将建立更开放的合作生态，与品牌共同成长。

（资料来源：中国公关网）

5.4.2 整合营销传播的产生与发展

1. 整合营销传播的产生

整合营销传播产生的主要依据是传播媒介发生了重大变化。传播媒介的变化主要体现在以下几个方面。

（1）图像传播的盛行与近似文盲的出现。从电视的发明开始，信息的传播方式逐渐从以文字和口头传播为主向以电视等传播为主转变。图像传播具有直观、生动、易懂、不需要受众高度参与的特点，这使得人们缺乏对信息的理性理解，造就了所谓"近似文盲"，越来越多的人只能读一些字，却无法理解简单的句子或指示。由于社会越来越重视图像、声音等的运用，降低了对阅读的要求，近似文盲也能以自己的方式进行传播活动。组织将会主要依赖符号、图像、声音等将信息传递给消费者，整合各种形式的传播媒介就变得越来越重要。

（2）媒介数量的增加和受众的细分化。由于媒介的数量越来越多，大众媒介"一统天下"的局面被打破，消费者可以从各种各样的媒介中获取信息，单个媒介的受众越来越少。如何充分利用各种媒介，有效地为某品牌、组织服务，成为日益重要的研究课题。整合营销传播也就显得日益重要了。

（3）消费者做购买决策时越来越依赖主观认知而不是客观事实。简单地说，消费者做购买决策的依据，往往是他们自以为重要的、真实的、正确的主观认知，而不是来自具体事实的、进行理性思考后的客观认知。由于近年来关于产品的信息越来越多，消费者没有时间和能力仔细地对各种信息进行处理，这种情况迫使组织的产品信息必须清晰、一致且易于理解。

正是在多种因素的作用下，整合营销传播出现了，它避免了传播营销方法由于忽视这些变化而造成的传播无效和资源浪费。

2. 整合营销传播的发展

（1）4P 理论与 4C 理论。4P 理论是由美国营销学大师麦卡锡在 1960 年提出的，其在营销理论中占据着重要地位，包括四个因素，即产品（Product）、价格（Price）、渠道（Place）和促销（Promotion）。这四个因素的英文单词都以 P 开头，所以习惯称其为 4P 理论，4P 理论作为营销教育和实践的重要基石，其占据稳定的地位长达 20 多年。

20 世纪 90 年代以来，营销领域越来越多的人转向推崇劳特朋教授提出的 4C 理论。4C 理论的主张具体如下。

① 把产品先搁到一边，赶紧研究消费者的需求和欲望（Consumer Wants and Needs），不要再卖你所能制造的产品，而是要卖消费者想购买的产品。

② 暂时忘掉价格策略，着重了解消费者要满足其需求所需付出的成本（Cost）。

③ 忘掉渠道策略，考虑如何给消费者方便（Convenience），使其购得产品。

④ 忘掉促销，考虑如何与消费者沟通（Communication）。

以上四点从表面上看与传统的做法相对立，实际上它从一个新的角度对营销方法进行了拓展。我们认为 4C 理论与 4P 理论不是取代关系，而是发展关系，两种理论都在发挥功用。实施整合营销传播策略并不是简单地将营销工具进行组合，而是包括对组织结构进行调整、建立资料库及选择整合营销传播代理公司等。

4C 理论把营销的重点放在消费者身上，即一切以消费者为中心。因此，凡是与消费者有关的活动都可以被纳入营销的范畴，这使得营销活动和传播活动有了更加广阔的空间，可以运用的传播方式大大增加了，整合营销传播随之被提上日程。

（2）4C 理论的不足。总体来看，4C 理论注重以消费者需求为导向，与以市场为导向的 4P 理论相比，4C 理论有了很大的进步和发展，但从企业的营销实践和市场发展的趋势来看，4C 理论依然存在以下不足。

① 4C 理论以消费者需求为导向，而市场经济要求的是以竞争为导向。以消费者需求为导向与以竞争为导向的本质区别是：前者看到的是新的消费者需求；后者不仅看到了消费者需求，还注意到了竞争对手，会冷静分析自身在竞争中的优势和劣势，并采取相应的策略，在竞争中求发展。

② 随着 4C 理论融入营销策略和行为中，经过一段时间的运用与发展，虽然会推动市场营销的发展，但企业营销又会在新的层次上同一化，不同企业最多在程度上存在差距，并不能形成营销个性或营销特色，不能形成营销优势，难以保证顾客份额的稳定性、积累性和发展性。

③ 4C 理论以消费者需求为导向，但消费者需求存在是否合理的问题。消费者总是希望产品质量好、价格低，特别是对价格的要求是越低越好。若企业只看到满足消费者需求的一面，则会付出更高的成本，久而久之，会影响企业的发展。因此，从长远来看，企业经营应遵循双赢的原则，这是 4C 理论需要进一步解决的问题。

④ 4C 理论没有体现既赢得消费者，又长期拥有消费者的关系营销思想，没有解决满足消费者需求的具体操作问题，如提供集成解决方案、快速反应等。

⑤ 4C 理论被动响应消费者需求的色彩较浓。根据市场的发展，企业需要从更高层次以更有效的方式主动与消费者建立良好的关系，如互动关系、双赢关系、关联关系等。

（3）4R 理论。针对上述问题，美国舒尔茨教授提出了 4R（关联、反应、关系、回报）理论，阐述了全新的营销四要素。

① 与消费者建立关联。在竞争性市场中，消费者具有动态性，消费者忠诚度是变化的。企业要想提高消费者忠诚度，赢得稳定的市场，应当通过某些有效的方式在业务、需求等方面与消费者建立关联，形成一种互助、互求、互需的关系，把消费者与企业联系在一起，这样就大大降低了消费者流失的可能性。企业对企业的营销更需要靠关联、关系来维系。

② 提高反应速度。在相互影响的市场中，对企业来说，最主要的问题不在于如何制订和实施计划，而在于如何站在消费者的角度及时了解消费者的需求，并迅速做出反应，满足消

费者的需求。大多数企业倾向于说给消费者听，而没有认真听消费者说，反应迟钝，这是不利于市场发展的。

如今，一些企业已将推测性商业模式转变为高度回应需求的商业模式。面对迅速变化的市场，企业要想满足消费者需求，与其建立关联，必须建立快速反应机制，提高反应速度，这样可最大限度地减少抱怨，稳定顾客群体，降低顾客流失的概率。网络的神奇在于迅速，企业应当把网络作为快速反应的重要工具和手段。在迅速反应方面某些企业的做法值得借鉴。某些企业并不一味地、单纯地追求高质量，而是追求面向消费者的质量，追求性价比。它们并不保证产品不出问题，因为那样成本太高，而是在协调质量与服务关系的基础上建立快速反应机制，提高服务水平，从而迅速解决问题。这是一种企业、消费者双赢的做法。

③ 注重关系营销。在企业与消费者的关系发生了本质变化的市场环境中，抢占市场的关键已变为与消费者建立长期而稳固的关系，从进行交易变为履行责任，从管理营销组合变为管理与消费者的关系。

④ 回报是营销的源泉。对企业来说，市场营销的真正价值在于其为企业带来短期或长期的收入和利润的能力。

（4）4R 理论与 4C 理论的比较。4R 理论与 4C 理论相比有以下四大优势。

① 4R 理论的最大特点是以竞争为导向，在新的层次上概括了营销的新框架。4R 理论根据市场不断成熟和竞争日趋激烈的形势，着眼于企业与消费者的互动和双赢。

② 4R 理论体现并落实了关系营销思想，通过关联、关系和反应，提出了建立关系、长期拥有客户、保证长期利益的具体操作方式，这是一个很大的进步。

③ 反应机制为互动和双赢、建立关系提供了基础和保证，同时提高了便利性。

④ "回报"涉及成本和双赢两方面的内容。追求回报，企业必然实施低成本战略，充分考虑消费者愿意支付的费用，实现成本最小化，并在此基础上获得更高的顾客份额，形成规模效益。这样，企业为消费者提供价值和追求回报相辅相成，客观上取得的是双赢的结果。

3. 整合营销传播在我国的应用

整合营销 (Integrated Marketing) 是一种对各种营销工具和手段进行系统化结合，根据环境进行即时性的动态修正，以使交换双方在交互中实现价值增值的营销理念与方法。整合就是把各个独立的营销工作综合成一个整体，以产生协同效应。这些独立的营销工作包括打广告、直接营销、销售促进、包装、事件赞助和客户服务等。企业应战略性地审视整合营销体系、行业、产品及顾客，从而制定出符合自身实际情况的整合营销策略。

整合营销传播理论本身仍在探索之中，有待进一步完善。

我们应该知道，在我国开展整合营销传播活动会受到一些客观条件的限制。整合营销传播的基础是有一个完备的资料库，以便充分地了解消费者，而我国在资料库的建立上相对薄弱。

整合营销传播理论的出现，不仅在广告界和营销界掀起了浪潮，还对整个社会产生了相当的影响。"整合营销传播之父"舒尔茨教授曾来到我国，在各大高校及知名企业中宣传整合营销传播理论，促使在我国各行各业中掀起了整合资源的浪潮。公共关系界普遍受到整合营销传播理论的影响，也在积极地倡导整合营销传播。"他山之石，可以攻玉。"我们可以将这一理论应用到公共关系工作中，以实现传播组织良好形象的目标。

项目训练一：公共关系传播媒介的选择训练

任务背景：Babycare 首进京（二维码 5-3）

任务编号：5-1	小组成员：

任务描述： 请为 Babycare 选择公共关系传播媒介。

相关资源： Babycare 官网。

实施步骤：

1. 通过官网查找 Babycare 的资料；
2. 查找 Babycare 相关公共关系传播案例；
3. 描述公共关系公司的职责；
4. 评价 Babycare 相关公共关系传播案例。

任务成果模板：

一、Babycare 的资料

1. Babycare 简介

2. 服务对象

二、Babycare 相关公共关系传播案例

三、为 Babycare 选择公共关系传播媒介

四、对公共关系传播媒介选择的看法

项目训练二：公共关系传播的要求与技巧训练

任务背景： 加速开店、打响价格战，库迪咖啡将行业内卷推向高潮（二维码5-4）

任务编号：5-2	小组成员：
任务描述： 根据公共关系传播的要求与技巧为库迪咖啡提供建议。	
相关资源： 库迪咖啡官网。	
实施步骤： 1. 通过官网查找库迪咖啡的资料； 2. 查找库迪咖啡相关公共关系传播案例； 3. 根据公共关系传播的要求与技巧为库迪咖啡提供建议。	
任务成果模板： 一、库迪咖啡的资料 1. 库迪咖啡简介 2. 服务对象 二、库迪咖啡相关公共关系传播案例 三、根据公共关系传播的要求与技巧为库迪咖啡提供建议 四、对公共关系传播的要求与技巧的认知 	

项目训练三：公共关系传播的障碍及其克服训练

任务编号：5-3	小组成员：

任务描述：两人一组，请为身边的同学推荐一款国产跑鞋，总结沟通中的障碍及其克服方法。

相关资源：

1. 李宁官网；

2. 鸿星尔克官网；

3. 安踏官网。

实施步骤：

1. 查找国产运动品牌的资料；

2. 选择一款跑鞋；

3. 编辑这款跑鞋的宣传语；

4. 向同学推荐这款跑鞋；

5. 与同学互换角色；

6. 总结沟通中的障碍及其克服方法。

任务成果模板：

一、国产运动品牌的资料

二、介绍这款跑鞋

三、这款跑鞋的宣传语

四、沟通中的障碍及其克服方法

项目训练四：整合营销传播训练

任务背景：王心凌翻红鸿星尔克（二维码5-5）

扫一扫

二维码5-5

任务编号：5-4	小组成员：
任务描述：结合整合营销传播手段，为鸿星尔克邀请王心凌代言做整合营销传播策划。	
相关资源：鸿星尔克官网。	

实施步骤：

1. 通过官网查找鸿星尔克的资料；

2. 确定整合营销传播的对象；

3. 运用4P理论或者4C理论进行整合营销传播策划。

任务成果模板：

一、鸿星尔克品牌的资料

二、确定整合营销传播的对象

三、运用4P理论或者4C理论进行整合营销传播策划

【思政探讨】

一、党的二十大精神进课堂

1. 党的二十大精神学习。

党的二十大报告指出，坚持把发展经济的着力点放在实体经济上，推进新型工业化，加快建设制造强国、质量强国、航天强国、交通强国、网络强国、数字中国。习近平总书记深刻指出，加快数字中国建设，就是要适应我国发展新的历史方位，全面贯彻新发展理念，以信息化培育新动能，用新动能推动新发展，以新发展创造新辉煌。这为中国公共关系行业的跨越式发展提供了契机，也提出了更高、更新的要求。在实现中国式现代化的事业中，在建设数字中国的事业中，在加强全媒体传播体系建设、塑造主流舆论新格局的事业中，公共关系行业都大有可为。

（资料来源：迪思传媒）

2. 随着数字化技术应用的不断深入和内容的不断升级，新时代公共关系传播进入了新阶段，公共关系人员应如何在时代巨变之下，回归本质，用真实信息和创新策划为客户创造价值？

二、思政素养探讨

1. 你在完成团队任务时，是如何克服沟通障碍的？
2. 你在实施整合营销时，是如何做到迎难而上的？
3. 你通过哪些方式提升了自己和团队明辨是非的能力？

【本项目小结】

传播是社会组织了解公众、公众认知组织的中介和桥梁。公共关系传播具有行为的受制性、内容的求实性、渠道的多样性、方式的策略性、活动的高效性等特点。

公共关系传播媒介大致有四种类型，即人际传播媒介、组织传播媒介、大众传播媒介、信息网络传播媒介。不同的传播媒介有不同的特点，在公共关系传播过程中必须考虑相关因素加以正确选择。

在组织与组织、人与人沟通的过程中有许多障碍，主要有主观障碍、客观障碍和沟通障碍三种。不同的障碍产生的原因不同，所应采取的克服方法也不同。

整合营销传播是综合、协调地使用各种传播方式，传播本质上一致的信息，以达到宣传目的的一种营销手段。我们可以将这一理论应用到公共关系工作中，以实现传播组织良好形象的目标。

【延伸练习】

一、选择题

1. 借助社会上已建立的信息网络将信息传播给广大公众的公共关系传播媒介是（　　）。

A．大众传播媒介　　　　　B．组织传播媒介　　　　C．信息网络传播媒介

2. 社会组织向社会名流、意见领袖等传播公共关系信息时采用的策略是（　　）。

A．普遍性目标受众策略

B．选择性目标受众策略

C．集中性目标受众策略

3. "隔行如隔山"反映的障碍属于（　　）。

A．文化障碍　　　　　　　B．角色障碍　　　　　　C．权威障碍

二、填空题

1. 公共关系信息的质量主要通过＿＿＿＿＿＿、＿＿＿＿＿＿、＿＿＿＿＿＿、系统性四个指标来衡量。

2. 公共关系广告有＿＿＿＿＿＿、＿＿＿＿＿＿、＿＿＿＿＿＿、服务广告、馈赠广告等。

3. 4R理论的营销四要素是＿＿＿＿＿＿、＿＿＿＿＿＿、＿＿＿＿＿＿和回报。

三、简答题

1. 简述公共关系传播的特点。

2. 简述影响公共关系传播效果的因素。

3. 简述整合营销传播的内涵具体可以从哪几个方面来理解。

【延伸阅读】

星巴克联手高德开创"沿街取"服务，摇下车窗就有咖啡（二维码5-6）

扫一扫

二维码5-6

项目 6 公共关系协调

思考：

★ 如何协调员工关系？

★ 如何协调消费者关系？

★ 在协调员工关系和消费者关系时，到底是员工第一还是消费者第一？

教学目标：

★ 知识目标

● 知晓公共关系协调的原则和内容

● 掌握员工关系、股东关系的协调方法

● 了解消费者关系协调的基础

● 熟知供应商关系、销售商关系的协调方法

● 陈述新闻媒介关系、社区关系、政府关系的协调方法

★ 能力目标

● 能够运用员工关系、股东关系的协调方法协调组织内部公共关系

● 能够运用消费者关系的协调方法协调消费者关系

● 能够运用供应商关系、销售商关系的协调方法协调供应商关系、销售商关系

● 能够运用新闻媒介关系、社区关系、政府关系的协调方法协调新闻媒介关系、社区关系

★ 思政目标

● 使学生懂得"以人为本"的理念

● 培养学生尊重他人的品质

● 培养学生有礼有节的品质

★ 素养目标

● 培养学生的组织策划能力

● 培养学生的策划执行能力

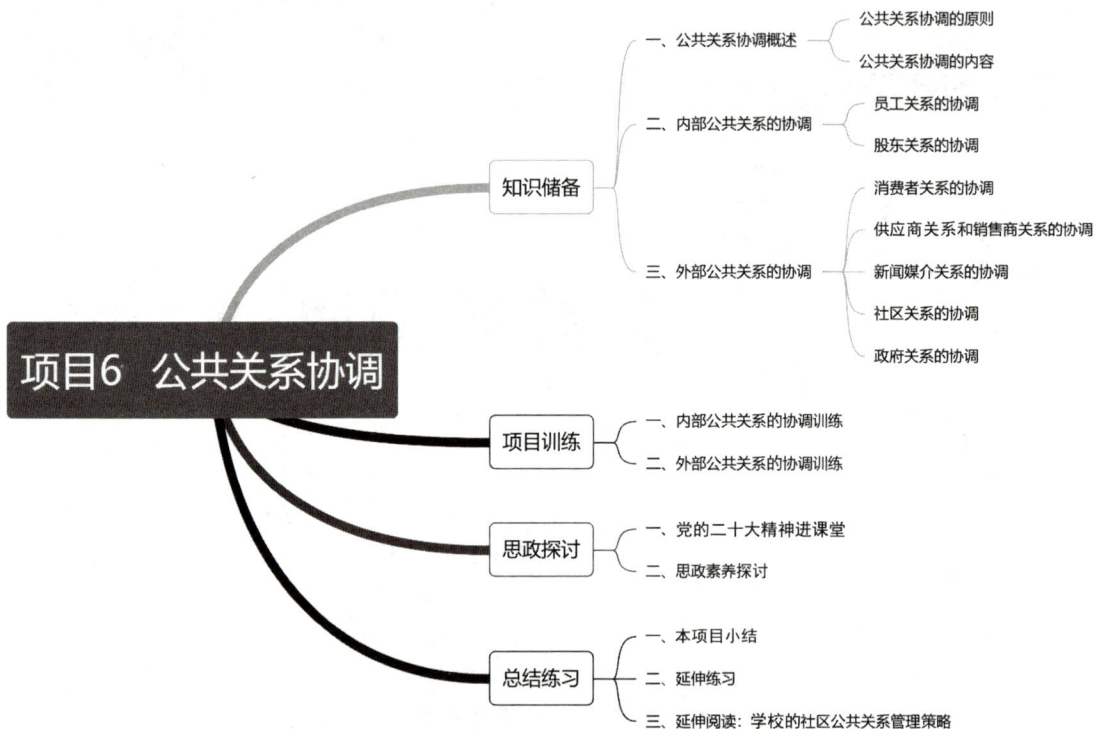

项目6 公共关系协调

知识储备
- 一、公共关系协调概述
  - 公共关系协调的原则
  - 公共关系协调的内容
- 二、内部公共关系的协调
  - 员工关系的协调
  - 股东关系的协调
- 三、外部公共关系的协调
  - 消费者关系的协调
  - 供应商关系和销售商关系的协调
  - 新闻媒介关系的协调
  - 社区关系的协调
  - 政府关系的协调

项目训练
- 一、内部公共关系的协调训练
- 二、外部公共关系的协调训练

思政探讨
- 一、党的二十大精神进课堂
- 二、思政素养探讨

总结练习
- 一、本项目小结
- 二、延伸练习
- 三、延伸阅读：学校的社区公共关系管理策略

【知识储备】

社会组织的公共关系涉及的范围非常广，归纳起来可以分为两类：一类是组织内部公共关系；另一类是组织外部公共关系。协调好组织内外部公共关系，为组织创造和谐的公共关系环境，是实现组织目标与可持续发展的必要条件。

6.1 公共关系协调概述

6.1.1 公共关系协调的原则

公共关系协调是指建立和保持企业与各类公众的双向沟通，向公众传播企业信息，争取理解和支持，强化与公众关系的职能。公共关系协调是公共关系工作的基本内容。公共关系协调实际上有两种含义。一是指企业与其公众之间的关系处于协调的状态。例如，内部同心同德、步调一致，外部享有盛誉、合作融洽等。这里的"协调"是形容词，指企业与相关公

众配合得当、关系和谐。二是指企业为争取公众的支持与合作而付出的一系列努力和开展的各种协调公共关系的工作。例如，在内部为员工办实事、广泛听取员工的意见、向员工宣传企业的政策等，在外部为顾客提供优质服务、为社区排忧解难、带头遵守政府法令、加强与各方面公众的沟通等。这里的"协调"是动词，表明企业为营造和谐的公共关系环境所采取的实际行动。

公共关系协调的原则指企业在进行公共关系协调时应当遵循的指导思想。公共关系协调的原则具体如下。

1. 自觉原则

公共关系是企业与生俱来的一种社会关系。因此，公共关系协调应先加强企业对公共关系协调必要性的认识。如果一家企业的公共关系不存在了，那么这家企业也就不存在了，这就是公共关系主体与客体的对立统一。一家企业为了实现目标和保证自身的正常运转，实际上时刻都在进行各种公共关系协调工作。可以说，公共关系协调对于任何企业都是须臾不可离的。因此，从这个意义来讲，任何企业都不存在是否进行公共关系协调的问题，而只具有自发和自觉的区分。不少企业不理解公共关系协调的必要性，它们进行的公共关系协调是自发的、盲目的，甚至是悖理的，所以手段往往捉襟见肘，事倍功半，甚至徒劳无益，显然很难做好公共关系协调工作。只有充分认识到公共关系协调的必要性，才能提高企业开展公共关系协调工作的自觉性、主动性和创造性，从而不断提高公共关系协调工作的水平。

企业要想做好公共关系协调工作，还应充分认识到公共关系协调的重要性，应充分认识到和谐的公共关系环境是实现自身目标和可持续发展的必要条件，并应充分认识到和谐的公共关系环境只能靠付出公共关系协调的切实努力来营造。一家企业只有充分认识到公共关系协调的重要性，才能自觉重视公共关系协调工作，才能在正确的公共关系思想的指导下，依据正确的原则和策略，采取正确的方法创造性地开展工作，从而把各方面的公共关系协调做好。

因此，要想提高企业开展公共关系协调工作的自觉性，必须使其真正理解和充分认识到公共关系协调的必要性和重要性，提高企业开展公共关系协调工作的自觉性，这是企业实现公共关系协调的前提。

2. 公众第一原则

这一原则要求企业正确认识公众的地位。实际上，任何企业的生存和发展都不能离开公众的支持与合作，一家企业如果失去了公众，也就失去了自身存在的价值。因此，在处理和协调企业与公众的关系时，公众是第一位的，企业是第二位的。企业不但应当平等对待各类公众，而且应当充分尊重、悉心呵护公众，视公众为衣食父母，千方百计地满足公众的需求，竭力维护公众的利益，只有这样才能真正赢得公众的信任、支持与合作，创造和形成有利于自身发展的公共关系环境。

在协调企业与公众的关系时，首先要转变企业自身的立场和目标，要调整企业的方针和政策，使企业适应公众。公众第一原则要求端正企业的思想观念，摒弃急功近利的思想倾向，改变见利忘义、唯利是图的行为方式，这样才能促使公共关系协调目标的实现。

"公众第一"并不是否定企业的利益追求。企业与公众之间存在利益关系，开展公共关系工作是为了赢得公众的支持与合作，同时能更好地让企业获得利益。若只顾公众的利益，不顾企业的利益，公共关系工作也就失去了意义。从这个意义来讲，公共关系是"协调利益、实现互惠"的学问和艺术。

一般来说，由于公众是公共关系的客体，处于相对被动的地位，并不一定有与公共关系的主体构建良好的公共关系的动机和要求。因此，公众不可能不注重眼前利益、直接利益和物质利益。公众在选择企业时，一般要看在哪家企业能够买到令其满意的产品和服务，即在哪家企业能够获得现实的利益，显然他们一般不会为了与哪家企业搞好关系，而宁愿牺牲眼前利益去追求长远利益，牺牲直接利益去追求间接利益，牺牲物质利益去追求精神利益。可见，公众一般只具有自利意识，而不具有互利意识。企业则不然，作为公共关系的主体，它们需要公众的信任和支持，需要构建良好的公共关系。因此，企业不能只有自利意识，还应有互利意识。企业必须主动争取公众，满足公众的需求，给公众以切实的利益，这样才能赢得公众。可以说，企业自身的利益，正是在满足公众利益的基础上实现的。企业的利益追求应当建立在构建良好的公共关系和树立良好的形象基础上。良好的公共关系和形象是宝贵的无形资产，公众总是乐于给声誉良好的企业以更多的信任和支持，总是乐于同形象良好的企业交往与合作，最终自然会为企业带来一定的经济效益和社会效益。急功近利、见利忘义的企业必然难以为继。可见，同作为客体的公众相比，作为主体的企业一般更注重追求长远利益，更安心于获得间接利益，更强调获得精神利益。

3. 传播沟通原则

公共关系之所以具有协调企业与其公众关系的特殊的现代管理功能，是因为它所运用的是信息传播沟通这种柔性手段。社会生活中人与人日益密切的联系及信息传播需要、现代传播媒介与技术的多样性发展，为公共关系这一管理职能提供了空前广阔的天地。

在公共关系协调中，应善于通过传播沟通，使企业与相关公众交流信息、增进了解、达成合作、密切关系。从企业内部来看，全体员工只有进行纵向和横向的信息传播沟通，才能获得思想上的理解、理念上的共识、情感上的交融、行动上的协调，才能使各种隔阂与误解得以消除。由此，便可以形成一个强大的引力场，企业内部公众会被吸引到同心协力实现企业目标的轨道上来。从企业外部来看，只有了解各方面公众的需求及意向，真实、准确地反映和把握舆论状况及趋势，才能在协调公共关系的过程中正确决策、合理应对，才能增进彼此的了解与信任，化解矛盾与冲突，密切联系情感，促进互助与互利，使得企业在协调的公共关系环境中广结善缘、赢得支持。这样企业才能获得形象优势，实现可持续发展。

案例 6.1

益普索"5·21"花艺沙龙深情告白

益普索是全球领先的市场研究集团，也是中国最大的个案研究机构。益普索的员工工作十分努力，为公司创造了骄人的业绩，公司也秉承"员工是公司最宝贵的财富"的文化，经常举办活动帮助员工放松身心和缓解压力，如将"六一儿童节"当天设为亲子日等，鼓励员工享受生活。

为了丰富员工的文化生活，营造温馨、和谐的工作氛围，2018年5月21日，益普索举办了主题为"装点家园 助力公益"的插花活动，用花语表达公司对员工的"浓浓爱意"，来自公司各部门的数十名员工接受了"爱的告白"。

活动开始后，担任插花培训的老师为益普索的员工介绍了插花所需花材的特性，以及花材的养护和识别，并讲解了插花的方法、技巧。在插花实践环节，大家按照老师的指点，用自己灵巧的双手，将玫瑰花、龙胆、月季花、栀子叶等根据美学原理，整合到一起，完成了一件件独具匠心又饱含深意的花篮作品。活动现场花香四溢、温馨浪漫，每个人依照自己的喜好和审美剪插出了不同韵味的花篮，大家一同感受着插花的魅力。

益普索作为跨国公司，秉承"诚信、求知欲、合作、客户至上、企业家精神"的价值观，鼓励每位员工专注工作，享受生活。这次插花活动吸引了益普索的员工们热情参与，经过老师的耐心指导及员工们的积极创造，一件件生机盎然、清雅别致的插花作品悄然诞生。活动结束后，大家意犹未尽，纷纷拿起手机对自己的作品进行拍照，沉浸在艺术与美之中。每位员工的插花作品都得到了专业老师的点评，并在现场进行拍卖，所得款项将全部捐赠给"儿童希望之家"。参加活动的员工们纷纷表示，学习插花使人修养身心、陶冶情操，可以更加愉悦地投入工作中，还可以为公益事业献出微薄之力，感谢公司举办的插花活动，让业余生活变得更加丰富多彩。

（资料来源：中国公关网）

6.1.2　公共关系协调的内容

公共关系协调主要包括利益协调、态度协调、行为协调。

1. 利益协调

利益即好处，是指企业与公众获得的物质上或精神上的满足。企业与相关公众之所以能建立联系，是因为相互之间存在利益上的互补。而互补互利关系的顺利实现，需要企业自觉并经常进行自身和公众利益需求及利益关系的调整、调节，这就是利益协调。利益协调是公共关系协调的基础。

2. 态度协调

人们对某事物所持的态度，一般主要取决于人们对该事物意义的大小、价值的大小的理解，即主要取决于人们的价值观，所以价值观是态度的核心，态度是价值观的表现。可见，态度建立在利益的基础之上。

态度虽然是一种心理状态，但它是从心理活动向行为过渡的临界点。态度一旦形成，就会成为一种心理定式，影响着人们对事物的判断和选择，预示着人们的行为方向和力度，因此在公共关系协调过程中，必须对态度协调予以高度重视。这里的态度协调是指企业为了实现同公众的互助合作而自觉进行的对公众消极态度的转变和积极态度的强化工作。

在公共关系协调中，态度协调占据着重要地位。态度协调是行为协调的先导，若态度协调做好了，逆意公众、边缘公众就可以转化为顺意公众，并将自然促进企业与公众的良好合作。因此，态度协调是公共关系协调的关键。事前的态度协调，往往是公共关系协调成功的保证。

3. 行为协调

在公共关系协调中，行为协调是指企业及其公众自觉对自身行为进行调整，以便使双方相互配合、相互支持。

行为协调是公共关系协调的实际步骤和最终归宿。行为协调的主要目的是使企业的潜在公众、知晓公众转化为行为公众，使已经建立互助关系的企业与公众的合作更加密切，使已经出现的矛盾和冲突等不协调的行为得以转化，从而最终完成公共关系协调工作，最终达到公共关系协调的状态。只有做好行为协调，企业与公众的互助合作才能得到落实，企业与公众的良好关系才能真正形成，企业与公共环境的良性互动才能充分体现。

课堂讨论

如何理解公共关系协调的原则与内容？

6.2 内部公共关系的协调

组织的内部公共关系如何直接关系到组织的生机和活力，进而影响外部公共关系的构建和组织目标的实现。因此，搞好内部公共关系是整个公共关系协调工作的基础。组织要协调的内部公共关系比较复杂，包括组织的公共关系部与其他部门的关系、员工关系、股东关系等。本书主要介绍员工关系和股东关系的协调。

6.2.1 员工关系的协调

员工是组织的根基，良好的员工关系是组织成功的动力和源泉，更是构建组织良好的外部公共关系的条件和基础。因此，员工关系的协调十分重要。要想协调好员工关系，应先知晓员工关系协调的焦点。

1. 员工关系协调的焦点

企业与员工关系的焦点是利益，利益关系是社会组织内部最基本的关系。一个组织的产生和发展，最基本的动因是利益，同样，组织成员开展工作和活动，最基本的动因也是利益。离开了利益，员工就失去了最基本的动因。由利益引起的组织内部的种种关系就是利益关系。

虽然不同的员工有不同的利益需求，同一个员工在不同的时期也会有不同的利益需求，但总体来说，员工的利益需求主要有工资报酬、奖金福利、参与管理、培训晋升等。毫无疑问，员工的这些利益需求都是正常的、合理的，企业的公共关系人员应认真了解员工的利益需求，尤其是员工在一定的条件下最为迫切的需求，并尽可能予以满足。

我们也要清楚地认识到，员工的利益需求与企业的利益并不总是一致的，有时为了企业的长远发展，会影响员工的短期利益，而且不同员工之间的利益矛盾也时常发生，这就要求企业的公共关系人员注意协调好企业与员工、员工与员工之间的利益关系。若利益关系协调得好，其他关系就有了保障，否则协调其他公共关系就缺乏坚实的客观基础。

2. 员工关系协调的内容

在协调员工关系时可以从以下几个方面入手。

（1）了解员工。这是协调好员工关系的基础。只有准确地了解了员工的状况、想法、需求和存在的问题等，才能做出具体计划和部署：沟通和传播什么？怎样促进沟通和传播？能

够提出哪些切实可行的建议？需要解决什么问题？

（2）重视并尽可能满足员工的物质利益需求。物质利益主要包括工资、奖金、良好的工作环境等。员工作为现实社会中的人，为了生存和发展，参加企业的工作，其主要目的是以劳动换取一定的报酬，他们关心企业的利益分配，提出改善物质待遇的要求是正当的、合理的。一方面，公共关系人员要督促领导改善员工的物质待遇，尽可能让员工满意；要及时向领导反映员工对工资及其他物质利益分配的意见和要求；督促领导在现有条件下公正、合理地解决工资调级和利益分配问题。另一方面，企业改善员工物质待遇的做法又受到其经济效益和经济社会发展水平的限制，不可能完全满足员工的要求，这就需要公共关系人员通过沟通，如实向员工说明企业的经营状况、利润收入、分配政策及企业面临的困难，以求得员工的谅解和合作，使员工对物质待遇的期望值保持在现实和合理的水平上，对企业用于扩大再生产、更新设备、开拓市场、开展技术培训的经费开支予以理解和支持。

（3）尊重员工的精神需求，激发员工的潜力和工作积极性。精神需求主要包括得到赞扬、受到尊重、接受教育、参与管理等内容。公共关系学理论认为，把员工看作"给多少钱，干多少活"的"经济人"是不对的，他们还是具有精神需求的"社会人"。美国心理学家马斯洛认为，当人的基本物质需求得到满足后，精神需求就会上升为主要需求。英国学者尼格尔·尼克尔逊对英国管理学会的2300名会员进行的一次调查表明：被调查者平均每人每三年换一次工作，他们另谋职业的动机往往不是金钱及其他物质利益，而是谋求更有挑战性、更受重用和更能发挥创造性的机会。精神激励的主要特点是引导员工在工作中寻求生活的意义和乐趣，通过开展创造性活动获得尊重，得到心理上的平衡和满足。

（4）树立"以人为本"的观念，尊重员工的个人价值。如果员工的个人价值得不到尊重，他们就会自轻自贱，或者强烈不满，产生不负责的行为。因此，应把员工的个人价值和团体价值结合起来，相信和依靠员工，大胆放手让他们工作，及时肯定和赞赏他们取得的成绩与做出的贡献，尊重他们的人格和自主权。松下电器的创始人松下幸之助经过细致观察、研究后发现，按时计酬的员工仅能发挥 20% ～ 30% 的能力，而如果受到充分激励，则员工的能力可发挥至 80% ～ 90%。

（5）向员工分享足够的企业信息，让其参与一定的企业管理决策，培养员工的主人翁意识。例如，经常通过黑板报、内部刊物、闭路电视、有线广播、热线电话、会议、展览会、总经理致函等，向员工介绍企业的运转情况、阶段目标、竞争对手的情况、领导工作的情况，以及企业的新产品、新技术、新设备，安全生产常识，福利情况等，保障员工的知情权，使员工感到自己是企业的一员，得到了一定的重视。让员工在一定程度上参与企业管理决策，不仅具有维护员工权益的意义，能够集思广益，获得更正确、更科学的决策，还可以使全体员工产生当家做主的满足感，从而促使他们朝着同一目标努力。当员工参与一定的管理决策时，他们对自己参与制定出的管理制度和措施，总是会更积极地去遵守和执行；反之，如果员工希望展现自我能力的需求被忽视了，他们就可能转变为企业中的异己力量，就可能在"离心力"的影响下产生消极对待和对抗行为。

（6）建立健全合理的建议制度，培养员工的进取心和自豪感。员工十分熟悉自己工作领域的情况，对自己所做的工作最有发言权，员工中蕴含着无穷的创造力，建立健全合理的建议制度，广泛征求和收集员工关于改进工作方式、工作程序、操作技术的意见，对企业的发展具有重要意义。一方面，可以使员工的创造力和潜能得到开发与利用，给企业带来巨大的经济效益；另一方面，可以使员工的成就欲望得到满足，从而产生自豪感和进取心。这样做还能形成良好的风气，使员工都关心企业，创造性地做好本职工作。

（7）协调好正式组织与非正式组织的关系。每家企业都有按一定编制形成的正式组织，如科室、班组等。同时，每家企业又有以感情为纽带形成的非正式组织。非正式组织以某种共同利益、观点和爱好为基础，其联络沟通活动往往比正式组织更紧密，有更强的内聚力和感召力。它一般由足智多谋、才干出众的人当首领，对其他成员具有指挥权，一般称之为"意见领袖"。非正式组织有不成文的奖惩方式，有较多的信息传播渠道，其成员往往更重视自己组织的行为规则，当这些行为规则与正式组织的行为规则冲突时，他们多半会违反正式组织的行为规则，这就使得非正式组织中的工作情绪和工作氛围对正式组织产生很大影响。因此，公共关系人员应注意发挥非正式组织的积极作用，避免非正式组织的消极影响，学会与非正式组织的"意见领袖"交朋友，引导非正式组织朝健康方向发展。

案例 6.2

内部公关，企业机器运转的高效"润滑油"

员工是组成企业的基本单位，员工对企业目标和价值观的统一认识至关重要，企业需要调动一切资源，致力于让员工理解与认同"我们是一家什么样的企业""我们为什么而存在""我们要实现什么"。相反，若员工心态消极，则很容易引发集合效应，产生快速蔓延感染的现象。内部公关旨在宣传全员认可的高度统一的企业目标及价值观和理念，从多维度促使基层员工对自家企业高度认可，并产生归属感和潜在的利益绑定。在这样的公共关系上，能产生一种极强的感召力，让所有员工自发地拥戴企业的决策和活动，在员工心中树立一面旗帜，对所有员工形成正向的引导作用。企业注重员工凝聚力的培养，在很大程度上可以控制负面元素的滋生与蔓延。对于员工凝聚力的培养，众多知名企业都有自己独特的实践和成功经验，如京东曾经主张的人文关怀、阿里巴巴主张的合伙人思维等，其实都是稳定企业内部结构、增强员工凝聚力的公关行为。

领导者和员工形成了企业机器，整个团队的协调与统一能够反映内部关系的状态，同时能够影响内部各个单元之间良性关系的形成与维系，这需要通过促进企业内部的文化认同来实现。在企业文化中，价值观、企业宗旨、企业精神是三个最重要的维度，良好的企业文化能形成高度的认同感和凝聚力，能形成一种自上而下的力量，能使整个企业的劲儿往一处使，最大化地发挥企业有限的力量。通过企业文化的构建与传递，员工对企业的发展理念与价值取向产生深刻的理解，并进而产生认同感；同时，员工会参与企业文化建设，这能够促使员工在感情层面上对品牌更加信赖。要以企业所倡导的精神和文化去引导员工形成积极统一的思想和行为，通过宣传、交流、培训等手段将企业文化慢慢传递出去，而不是以强制手段让员工去接纳。员工不断地适应这种先进、积极、和谐的企业文化，会自发遵守不成文的规定，认同集体环境下的处事思维和共同利益，保证个人行为与企业行为的一致性，将集体利益放在个人利益之上，并积极接纳企业的新方案和观念。

（资料来源：中国公关网）

3. 与员工沟通的方式

企业要想与员工保持良好的关系，应与员工进行良好的沟通，我们可以借鉴英特尔公司的内部沟通机制。在英特尔公司总部，专门设有"全球员工沟通部"，以促进英特尔沟通体系与团队的发展。英特尔公司在内部推崇并采取开放式沟通模式，沟通是双向的，并且有许

多沟通渠道。

（1）网上直播、网上聊天。英特尔公司为计算机制造了奔腾的"芯"，为世界进入网络信息时代做出了贡献，自身也成为网络科技的受惠者。英特尔公司的高层管理人员经常通过内部网络，以直播的方式向全球员工介绍公司最新的业务发展情况，还会通过网上聊天，和员工进行沟通，回答员工提出的各种问题。

（2）季度业务报告会。季度业务报告会是英特尔公司与员工沟通的重要方式，这是一种一对多或多对多的沟通，是一种面对面的沟通。在季度业务报告会上，公司不仅向员工通报公司的业务发展情况，还现场对员工提出的问题进行回答，员工通过现场提问面对面地与公司的高层管理人员进行交流。

（3）员工问答。在召开季度业务报告会之前，为了了解员工所关注的问题与所顾虑的事情，各部门内部会通过员工问答的方式，预先了解员工的心声。这是英特尔公司内部一种有效的沟通方式。

（4）员工简报。在英特尔公司，每个季度都会出版员工简报，这有助于与员工进行沟通。员工可以自由取阅，及时了解公司里发生的重要事件、最新消息等。

（5）一对一面谈。一对一面谈是比较常用的沟通方式，公司的高层管理人员与基层员工之间就工作期望与要求进行沟通。通常通过员工会议的形式进行，要求员工来制定会议的议程，由员工来决定在会议上讨论的内容，包括员工对自身职业的规划、对领导的看法和建议。

（6）定期的部门会议。英特尔公司的各部门会定期召开会议，各部门经理会定期和所有的下属进行沟通，听取他们的建议与想法，传达公司的政策与各项业务决策。

（7）全球员工关系调查。英特尔公司每年都进行全球员工关系调查，总部会派人到各个国家与地区的分公司，对员工关系与沟通情况进行调查。

（8）开放式沟通。英特尔公司同很多全球领先公司一样，采取开放式沟通方式。很多时候，员工有问题和意见不愿意直接与其上司面谈，英特尔公司的人力资源部专门设有一名员工关系顾问，员工可以与人力资源部的员工关系顾问进行面谈。员工关系顾问会对所了解的信息进行独立的调查，了解员工反映的情况，然后将调查结果通知公司有关部门，包括相关员工的经理。另外，英特尔公司制定了一系列规则来避免经理对员工采取一些不恰当的行为，很好地维护了员工的权利。

无论是自上而下的沟通，还是自下而上的沟通，英特尔公司致力于构建便捷的沟通渠道，对于通过这些渠道获得的信息或者反馈、建议，都会进行细致的分析，给予员工满意的答复，会通过采取具体措施解决相关问题，而不是仅仅为了沟通而沟通。

4. 创建有特色的企业文化

任何企业要想建立良好的员工关系，都需要创建有特色的企业文化。企业文化是指在一定的社会文化环境的影响下，经过企业领导者的倡导和全体员工的认同与实践所形成的整体价值观念、信仰追求、道德规范、行为准则、经营特色、管理风格等的总称。一家优秀的企业能将经营管理中日常的东西升华为富有文化内涵的价值观，引导员工奋发向上、团结一致，达到思想上同心、目标上同向、行动上同步、效益上同创的境界。

（1）企业文化的功能。创建企业文化在当今企业中已成为一种趋势，在成功地创建企业文化之后，员工就会全身心地投入企业的各项工作之中，以主人翁的积极姿态完成生产、经营任务，推动企业的持续发展，为企业创造更高的利润。企业文化的功能具体体现在以下几个方面。

① 导向功能。企业文化是一种无形的准则，能够起到把员工的个体行动引导成群体行动的作用。

② 内控功能。企业文化通过一种观念上的力量，约束、规范员工的行为。

③ 凝聚功能。企业文化能使员工产生归属感、认同感和使命感，进而产生集体荣誉感，形成强大的凝聚力。

④ 激励功能。企业文化能激励员工形成一种群体意识，自觉为争取企业荣誉而努力工作。

案例 6.3

员工与企业

本田汽车公司曾有一位工人，每天下班后，都要看看停靠在路边的本田汽车，还会把汽车前窗上的雨刷调整到合适的位置。他只要看到本田汽车稍微有点"毛病"，心里就会感到不舒服，必须把问题解决了才行。事情虽小，但从中我们可以看出，这位工人已将自己融入本田汽车公司的大家庭之中，将公司的声誉与自己的荣辱直接联系了起来。本田汽车公司之所以能有这样的员工，主要是因为其有优秀的企业文化。其企业文化继承了中国儒家学说中的"和、爱、诚、忠、信"等理念，员工十分团结、富有责任感，并且具有团队精神。

案例讨论

结合案例，说说企业文化的功能。

（2）企业文化建设的八大原则。企业文化既是一种价值观，也是一种重要的管理手段。美国企业文化专家劳伦斯·米勒在《美国企业精神——未来企业经营的八大原则》一书中指出：美国企业具有强烈的竞争意识，这种竞争意识具体体现在八大原则之中。

① 目标原则。企业应具备有价值的目标。

② 共识原则。企业成功与否，要看它能否聚集众人的能力。

③ 卓越原则。企业的一切工作都应以卓越的方式完成。

④ 一体原则。全体员工参与，强化全体员工的"一体感"。

⑤ 成效原则。成效是激励的基础。

⑥ 实证原则。以科学的态度看待问题，善于运用事实、数据说话。

⑦ 亲密原则。人与人之间相互信任、相互尊重，给予对方敬重与关怀。

⑧ 正直原则。正直就是诚实，全体员工应以认真负责的态度开展工作。

许多跨国企业都有独特的企业文化，它们有一个构思良好的远景规划和员工分享。由此可见，企业文化好比一家企业的灵魂，优秀的企业文化可以大大增强企业的凝聚力、提高员工的创造力。

公共链接

从阿里价值观的变化过程看企业文化的作用和落地实施

价值观是引领人们到达目的地的行动准则。价值观的变化代表阿里巴巴（简称"阿里"）

的整体文化导向。阿里价值观的发展可以分为三个阶段，每个阶段都是阿里发展的拐点，从这个角度而言，阿里的价值观并非简单地以"激励、凝聚"为核心目标，而是更多表现为解决发展和变革中的问题。

阶段一："可信、亲切、简单"。这个价值观是阿里在成立之初提出的，创业团队对各种问题持有不同的意见，经常争论，为了保证团队的凝聚力和战斗力，降低沟通成本，减少内耗提出了此价值观。这个阶段的价值观是马云的价值观，特点是简单、直接，以问题为导向，这个阶段应该是阿里企业文化的诞生期，更多时候表现的是交流原则，集中在"工作理念"层面。

阶段二："独孤九剑"，即"群策群力、教学相长、质量、简易、激情、开放、创新、专注、服务与尊重"。这个阶段的价值观提出的背景是阿里的发展速度很快，人员迅速增加，一年多的时间成了跨国公司，员工来自多个国家，文化背景和工作背景的不一致导致了思维和工作理念的不一致。为了更好地管理阿里，高层管理人员借用了美国通用电气公司的管理模式，即价值观管理。这个阶段的价值观是对阿里在存活、发展的核心等方面的总结而提出的关键词。这个阶段的文化特点很鲜明，价值观依旧以解决问题为出发点，可以说阿里企业文化进入了"青春期"。这个阶段的整体文化内容已经不仅仅体现在对个体的"工作理念"层面的要求，还包含"组织引领"层面的要求。

阶段三："六脉神剑"，即"客户第一、团队合作、拥抱变化、诚信、激情、敬业"。这个阶段的价值观是阿里沿用至今的价值观，提出时阿里的人员结构复杂，团队需要整合，而且阿里正在经历扩张，文化既需要适应也需要更加容易推广。这个阶段的价值观是对"独孤九剑"价值观的简化和规范化，从这个阶段开始阿里企业文化走向了成熟期。

阿里带来的启示：企业进行变革的过程，应当是重新审视价值观的过程。价值观并非一成不变，为组织、为变革服务是价值观存在的前提。价值观审视就是统一理念的过程。价值观先行，实际就是理念的统一和落地。

（资料来源：阮伟，人才发展，知乎）

6.2.2　股东关系的协调

股东关系是指企业组织与投资者的关系。股东是企业的财力支持者，与企业的利益密切相关。随着我国市场经济的发展，越来越多的企业已完成股份制改造。因此，协调好股东关系，吸引更多的投资者，稳定已有的股东队伍，是企业内部公关的新课题。

1. 构建良好的股东关系的重要性

（1）具有"造血功能"，股东能够为企业提供财力支持。

（2）股东与企业是利益共同体，其意见、主张、态度决定着企业的命运、发展方向。若赢得了股东合作，他们就会积极参与企业的决策和管理，为企业增添活力。

（3）股东是企业的重要宣传员，他们的言行直接影响着潜在投资者。协调好股东关系可吸引更多的潜在投资者。

2. 构建良好的股东关系的基本要求

（1）尊重股东。尊重股东指的是要尊重股东的主人翁地位。在企业发展、股金运用、红利分配等问题上，让股东享有知晓、参与、决策等权利；还要特别注意对股东不能厚此薄彼，要一视同仁，让各类股东获得合理的利益，了解真实的信息。

（2）对股东负责。股东是企业所有者的"老板"，企业应重视股东利益，企业在做各项决策时应考虑股东的利益需要；企业的各级领导和全体员工都要时刻牢记股东对企业的信赖，努力把各项工作做好，实现企业的良好发展。

（3）为股东谋利益。股东利益包括经济利益、决策参与权、资产增值和声誉利益等。一般而言，股东的投资目标是获得高于银行利息的股息。因此，必须切实做好企业的经营管理，为股东带来经济利益，同时要及时、合理地分配和发放股东红利，使股东投资最终获利。

随着社会的发展，股东关系将越来越重要，对股东关系协调的要求也会越来越高，而企业的政策和行为是否对股东负责、有利，则是决定股东关系的关键。

3. 构建良好的股东关系的基本途径

加强信息沟通是构建良好的股东关系的基本途径。企业主要应当做好了解股东情况、及时向股东报告企业的信息、重视与股东中介机构的沟通三个方面的工作。

（1）了解股东情况。企业要做深入的调查研究，包括了解股东的特点，以选择适当的媒介和沟通方式；研究股东的意见，如各类股东的需求、对一些政策的看法、对经营管理的建议，并将其作为决策和改进工作的依据。

（2）及时向股东报告企业的信息。公共关系人员有义务及时向股东报告企业的信息，如一系列政策、经营状况、宏观环境信息等。企业可以借助工作简报、年度报告、会议通告、宣传手册、股东杂志、股东函件、股东会议、股东参观等向股东报告信息。

（3）重视与股东中介机构的沟通。股东中介机构（如金融组织、证券公司、投资公司等）对股东的投资意向和决策等有巨大的影响，让这些中介机构对企业有全面、正确的了解，有助于获得投资。

公共链接

企业应向股东报告的信息

企业公共关系部应就股东关心的问题经常性地向其报告下列信息。

（1）企业的方针、政策、发展目标、发展规划、经营计划。

（2）企业的资金流转状况、经营状况。

（3）股利的分配状况。

（4）盈利预测。

（5）内外部经济环境的变化情况。

（6）有关企业的各种详细的统计数据。

6.3 外部公共关系的协调

外部公众是组织生存和发展的重要外部条件，也是组织在活动中遇到的数量最多、种类最复杂的公众。外部公众的理解和支持，是现代组织正常运转的必要条件。因此，"外求发

展"是公共关系工作的重点。下面着重介绍消费者关系的协调、供应商关系和销售商关系的协调、新闻媒介关系的协调、社区关系的协调、政府关系的协调等。

6.3.1 消费者关系的协调

消费者关系是组织公共关系环境的轴心，因为只有形成良好的消费者关系，组织输出的劳动成果为社会所承认和接受，并转化为经济效益和社会效益，其他公众的需求才能得到满足，组织才能继续充分利用各种资源并输出新的劳动成果，使整个公共关系系统良性运转。换言之，只有形成良好的消费者关系，其他公共关系（如社区关系、政府关系、新闻媒介关系甚至员工关系和股东关系等）才能得到改善，并形成整体良好的公共关系环境。可见，良好的消费者关系对组织生存和发展的整体公共关系环境的质量具有决定性作用。

1. 公共关系在协调消费者关系中的作用

公共关系在协调消费者关系中的作用主要体现在帮助组织树立"消费者至上"的经营理念和加强与消费者的沟通两个方面。

（1）帮助组织树立"消费者至上"的经营理念。"消费者至上""消费者就是上帝"等反映了一个事实：没有消费者，就没有组织。谈及组织与消费者的关系，实际上不是消费者依赖组织，而是组织依赖消费者。全心全意为消费者服务，是组织的职责和义务。组织要时刻为消费者着想，把消费者的需求和利益放在首位；要处处留心，发现为消费者服务的机会，主动提供服务。只有不断结合新的形势和新的任务加强对组织员工的培训，人人增强服务观念，人人落实服务行动，才能把"消费者至上"的经营理念变为组织全体员工的自觉行动。

（2）加强与消费者的沟通。协调消费者关系离不开组织与消费者的双向信息沟通。一方面，组织要通过各种调查研究，如问卷调查、座谈等，主动了解消费者的需求，认真听取消费者的意见；通过妥善处理消费者投诉，及时、诚恳地为消费者排忧解难，维护消费者的权益；将消费者的需求、意见、投诉作为开展和改进服务工作的依据。另一方面，组织要通过各种媒介和渠道，如大众传播媒介、出版物和信函、展览和联谊活动等，努力做好对消费者的宣传工作，不断提高组织的认知度、美誉度、和谐度。

2. 消费者关系协调的基础

维护消费者正当、合法的权益，为消费者提供优质的产品和服务，是消费者关系协调的基础。

（1）维护消费者正当、合法的权益。根据《中华人民共和国消费者权益保护法》，消费者的权利如下。

① 消费者在购买、使用商品和接受服务时享有人身、财产安全不受损害的权利。

② 消费者享有知悉其购买、使用的商品或者接受的服务的真实情况的权利。

③ 消费者享有自主选择商品或者服务的权利。

④ 消费者享有公平交易的权利。

⑤ 消费者因购买、使用商品或者接受服务受到人身、财产损害的，享有依法获得赔偿的权利。

⑥ 消费者享有依法成立维护自身合法权益的社会组织的权利。

⑦ 消费者享有获得有关消费和消费者权益保护方面的知识的权利。

⑧ 消费者在购买、使用商品和接受服务时，享有人格尊严、民族风俗习惯得到尊重的权

利，享有个人信息依法得到保护的权利。

⑨ 消费者享有对商品和服务以及保护消费者权益工作进行监督的权利。

组织要想协调好消费者关系，应当熟悉保护消费者权益的有关法律法规，在日常的生产经营活动中自觉地维护消费者正当、合法的权益。

（2）为消费者提供优质的产品和服务。良好的消费者关系往往建立在消费者对组织所提供的产品和服务需要的基础上，劣质的产品和服务无论如何也得不到消费者的好评，也就不可能建立稳定、良好的消费者关系。因此，组织要为消费者提供质量优良、价格合理、计量准确的适销产品，杜绝假冒伪劣、随意涨价和缺斤少两的现象，要为消费者提供热情、周到的服务。例如，组织要为消费者提供售前、售中、售后全流程服务和各项方便服务，杜绝"冷""硬""顶"和各种敷衍、推诿情况，要结合自身的职能类型和工作特点，制定深受消费者欢迎的服务制度和措施，如各种形式的"承诺"制度、"绿色通道"服务措施等，不断改进服务工作，不断提高服务水平。

3. 与消费者沟通的方式和协调消费者关系的方式

企业要想与消费者建立良好的关系，应当经常与消费者进行信息沟通，并及时解决与消费者的冲突和纠纷。

（1）与消费者沟通的方式。

① 口头联系。这是最常见、最普通的沟通方式。无论是面对面回答消费者提出的问题，还是通过电话向消费者做出解释，都要尽量令其满意，同时积极地提供有关企业的信息。

② 利用私人信件。企业的领导者或公共关系人员定期或不定期地与消费者通信，可以使消费者感受到企业的重视，觉得企业富有人情味，从而对企业产生好感。

③ 利用传播媒介。企业的公共关系人员应充分利用各种传播媒介，如报纸、电话、电视、网络等向消费者介绍、宣传企业的情况。另外，公共关系人员也可利用张贴的公告等，向消费者介绍企业及其产品，或者一种新的生活方式和生活观念。

④ 出版消费者刊物。企业可以出版有关自身情况和产品的刊物，使消费者及时、详细地了解企业及其产品，从而做出倾向企业的选择。

⑤ 组织消费者到企业参观的活动。企业可以组织消费者到企业参观的活动，使他们对企业有一个具体、翔实的了解，从而对企业产生好感。

（2）协调消费者关系的方式。企业与消费者难免发生冲突和纠纷，公共关系人员需要及时处理企业与消费者的冲突和纠纷，以协调消费者关系。在协调消费者关系时，应注意以下几个方面。

① 要做到耐心倾听，态度诚恳，争取在感情和心理上与消费者保持一致；避免在消费者投诉时急于为自己辩解，避免引起消费者的反感。

② 如果消费者投诉得合理，应当立即表明态度，立刻与有关部门联系。如果是服务态度问题，马上赔礼道歉，最好是当事人自己来表示歉意；如果有些问题不可能马上处理，应当向消费者保证会跟进问题解决进度，同时注意对消费者的承诺一定要及时兑现。

③ 若发现消费者的投诉具有普遍意义，并且还有很多消费者不明真相，则应当立即发布声明。如果某款产品的质量确实有问题，就应登报召回产品，并向消费者道歉。

④ 应由专人负责处理消费者投诉，并设立专门的接待室，表明对消费者投诉的重视，从而更好地解决问题。

⑤ 如果接到消费者的投诉，应记下对方的通信地址，待处理后，给对方回音，千万不可

不予理睬，也不可使用印制的复函应付了事，而是应该以公共关系部门负责人或企业领导人的名义给投诉者一个满意的答复。

案例 6.4

娃哈哈赢得新春满堂红

1. 项目背景：18 年温情相伴，做消费者健康的忠实守护者

自娃哈哈 2005 年推出营养快线起，这种富含营养的美味饮品已经默默陪伴消费者走过了 18 年。彼时，市面上还没有一款主打"牛奶＋果汁"的饮料，娃哈哈根据中国人独特的膳食结构和饮食状况，添加多种营养要素，精心研制出了一种全新的果奶饮品。在生活节奏越发加快的社会环境下，主打"早餐喝一瓶，精神一上午"的娃哈哈营养快线很快畅销全国，成为人们营养生活的忠实守护者。

近年来，随着消费意识的觉醒，人们的健康诉求不断增加，饮料的健康化趋势也越发明显。相关数据表明，近八成消费者会关注食品和饮料的成分，健康化、个性化、功能化是未来消费者的主流需求。2022 年年底，营养快线家族强势"上新"益生菌发酵营养快线，主打零脂肪、轻负担，精选优质进口脱脂乳粉和分离乳清蛋白粉，特别添加膳食纤维和多种益生菌，帮助人们在春节大鱼大肉的油腻饮食中维持肠道健康。

其实，对 36 岁的国民消费品牌娃哈哈而言，"健康"这一关键词一直刻在其基因中。从针对儿童营养不良研发的儿童营养液，到关注国人饮水安全而推出的纯净水，再到关注快节奏生活推出的营养快线，无一不体现着品牌与消费者朴实的情感连接。

近年来，娃哈哈打造了系列低糖、低脂、功能化配方的新品矩阵，营养快线家族也先后在 2020 年、2021 年上线了酸奶营养快线和低糖版营养快线，并广受消费者认可。2022 年年底，营养快线家族再添一员，益生菌发酵营养快线惊艳亮相，这标志着娃哈哈在饮料健康化的道路上越走越远、越走越自如。

2. 项目实施：借势春晚顶级传播平台，"赢"得新春营销满堂红

2022 年，娃哈哈非常可乐出现在除夕夜的电视屏幕中，堪称虎年春晚年夜饭饭桌上的"C位"。2023 年，娃哈哈再度登上央视春晚舞台，连续两年成为春晚合作伙伴，显示了出头部消费品牌的实力，也强化了"就在你身边"的品牌内涵。

在 2023 年的春晚上，细心的朋友注意到观众席上摆放的营养快线换了"新装"。其不仅容量变得更大，还换上了带有"赢"字系列祝福语的红瓶包装，将"赢财运""赢福气""赢桃花""赢喜事"的祝愿悉数奉上，助力每个重要的人生时刻。

围绕"赢"这一讨喜的传播核心点，娃哈哈将春节营销的火力拉满。在 4 个多小时的春晚直播中，娃哈哈营养快线红瓶化身当晚"最佳气氛担当"，频频出现，与全国观众一起分享团圆的喜悦。在娃哈哈官方微博发起的互动活动下，网友纷纷打卡晒图，在辞旧迎新的时刻将"人生赢家"的期盼从除夕之夜带到新的一年中，相关话题总讨论量十分惊人。在正月十五的元宵晚会中，营养快线持续露出，延续春晚热度，将品牌曝光度进一步拉高。

除此之外，营养快线还与新年贺岁档电影《满江红》开展线上线下联合营销，推出电影联名款营养快线，借势贺岁片热度植入"要赢就喝营养快线"这一广告语；开展社交媒体 UGC 互动营销，邀请消费者寻找"赢福气"字样，抽取 2023 元现金红包及新年创意周边礼品。

通过锁定春节、元宵节等传播节点，娃哈哈成功扩展了"赢场面"。

3．活动效果：深耕中华传统文化，让品牌调性深入人心

娃哈哈作为深谙中国传统文化的快消品牌，在春节的情感营销中总是能够从传统文化的情感路线出发，洞悉消费者的春节消费情结，从家庭、事业、学业等情感洞察入手，实现了与消费者的双向沟通。

不难发现，娃哈哈其他系列产品中也显示着传统文化的影响力。它从二十四节气的先民智慧中挖掘传统文化震撼之美，推出系列商业电视广告，深入探索敦煌文化遗产，在大学生广告艺术大赛中推出敦煌版非常可乐。从虎年春晚到兔年春晚，娃哈哈在为消费者提供高品质产品的同时，也一直注重消费者的内在情感需求。它通过借势春节营销节点的热度和对消费者生活、工作等方面的深度洞察，为消费者提供温暖、有力的情绪价值，送上最真诚的新春祝福。以情动人，大大提升了品牌的美誉度，实现了品效合一，也是娃哈哈兔年春节营销的"赢"面所在。

（资料来源：杭州日报，2023-01-29）

6.3.2　供应商关系和销售商关系的协调

企业与供应商、销售商的关系同属于商业伙伴关系。企业在生产经营过程中，离不开商业伙伴的配合与支持，但也会与商业伙伴之间发生矛盾、摩擦和冲突。因此，协调好供应商关系和销售商关系很重要。

1．供应商关系的协调

任何企业都离不开供应商为其提供货源，包括各种设备、能源、原材料、劳动服务等。供应商能否提供质优价廉的货源，直接关系到企业能否提供消费者需要的质优价廉的产品和服务，同时供应商还能为企业提供有关市场、原材料、物价、消费倾向的信息及其他企业的生产经营信息。可见，协调好供应商关系，对企业的经营和发展是十分重要的。在协调供应商关系时，应遵循以下原则。

（1）互惠互利原则。当企业与供应商发生利益冲突时，应以大局为重，通过协商，以互谅互让的精神，求得互惠互利。企业不应只考虑自己的利益，而不顾供应商的需要和目标，更不应以损害供应商利益的手段来达到自己的经营目标，否则不仅有违商业道德，还将严重破坏双方关系和企业的形象。

（2）平等协商原则。企业与供应商之间虽然归属、职能、经营目标等不相同，但它们在经济活动中是平等的，不能以大欺小、以强凌弱，应以平等的身份相互协商，了解彼此的需要，争取达成一致意见；不应过分强调自己的利益和需要，而全然不顾对方的利益和需要，甚至损害对方的利益。

（3）真诚相待原则。企业与供应商之间是互相依赖、互相需要的，所以双方在解决利益矛盾时都应该真诚相待，树立整体观念，不欺骗对方和公众，真心实意地解决存在的问题和矛盾。如果企业缺乏解决问题和矛盾的真诚愿望，以欺骗手段赢得了一些利益，不仅会损害对方的利益，从长远来看也不利于自身的发展，很可能导致害人又害己的结果。

企业在协调供应商关系时，除应遵循上述原则之外，还应重视与供应商之间的信息交流。企业的公共关系部门还应加强对采购人员协调供应商关系的技巧的培训。

2．销售商关系的协调

尽管企业可以直接销售自己的产品，但由于人力、物力、市场等的限制，企业的大部分

产品要通过销售商才能被消费者获得。因此，与销售商建立良好的关系，不但有利于产品的推销，而且可以通过在销售商中树立良好的形象，促使他们自愿宣传、推广企业的产品，提高企业在消费者中的声誉，充分发挥销售商的桥梁和纽带作用。销售商关系的协调方法有以下几种。

（1）为销售商提供适销对路的产品。要想与销售商建立良好的关系，企业应当为销售商提供各种符合消费者需求、质量优良、价格适宜、设计新颖的产品，这是与销售商建立良好的关系的物质基础。

（2）为销售商提供各种良好的服务，包括技术服务、销售服务、管理服务、广告服务等。技术服务是指企业应该为销售商提供各种必要的技术培训，帮助他们掌握产品的性能、使用、保管、维修等方面的技术。销售服务是指企业应该帮助销售商掌握市场行情，改进销售方式和手段。管理服务是指企业应该帮助销售商改善管理方式，提高管理水平，以适应经销产品的要求。广告服务是指企业应该为销售商提供必要的广告样本、广告工具或广告媒介，让他们能够方便地为企业产品做广告宣传。企业帮助销售商提高技术水平、销售水平和管理水平，提供必要的广告服务，不仅是在履行责任，也有助于吸引更多的销售商，对自身的生产经营活动也是一种帮助。同时，在销售商遇到与销售有关的困难时，企业应给予必要的人力、物力和舆论等方面的支持，从而调动销售商对销售本企业产品的积极性。

（3）与销售商进行信息交流。企业应该与销售商建立稳定的信息交流关系，这种交流不仅能够促进双方形成良好、和谐的关系，加深双方的相互了解，还能够调动销售商的积极性。信息服务可以通过多种形式提供，如举办销售商招待会、订货会、协作会；发行各种刊物、小册子，发布年度经营报告；举办产品展览，邀请销售商来参观；通过打电话、直接交谈、信函往来等方式与销售商保持联系，促进双方的信息交流。

课堂讨论

企业与供应商和销售商的关系是一种既竞争又合作的关系，如何把握处理与二者的关系的度呢？

6.3.3 新闻媒介关系的协调

新闻媒介关系是指组织与新闻传播机构及其工作人员的相互关系。新闻媒介公众被称为"无冕之王"，是一种特殊的公众，具有双重性。一方面，新闻媒介是组织与公众实现广泛、有效沟通的必要渠道，具有工具性；另一方面，新闻媒介是组织必须重视的公众，具有对象性。新闻媒介不但是组织输出信息与输入信息的主要通道，而且是组织获得社会舆论支持的重要中介。与新闻媒介保持良好的关系，赢得新闻媒介对组织的了解、理解和支持，通过新闻媒介实现与公众的广泛沟通，就能形成对组织有利的舆论氛围，提高组织对社会的影响力。为此，组织应努力做好以下几个方面的工作。

1. 熟悉新闻媒介

公共关系人员要了解新闻界人士的职业特点，遵守他们的职业准则，尊重他们的职业道德；熟悉各种新闻媒介的报道特色、编辑方针、编辑风格、版面安排、发行时间和渠道，以及各自拥有的读者、听众、观众的情况等；掌握基本的新闻写作知识和技巧。只有这样，公

共关系人员在与新闻界人士打交道时才能做到心中有数。

2. 与新闻界人士经常联系

公共关系人员应当加强与新闻界人士的日常交往，广交朋友。例如，在重大节日时向新闻界人士赠送贺卡、纪念品，举办各种形式的联谊活动，与新闻界人士发展友谊；主动邀请新闻界人士到组织参观，让他们了解组织的各方面情况，创造宣传组织的机会。

3. 支持新闻界人士的工作

公共关系人员应本着热情友好、实事求是、一视同仁、以诚相待的原则，对记者的采访提供必要的支持和帮助。公共关系人员提供的信息应真实，不能欺骗公众，在遇到有损组织形象的事情时，更应积极地与新闻界人士配合，力争缩小影响范围，重塑组织形象。公共关系人员对新闻媒介及新闻界人士要一视同仁，千万不能重大报，轻小报；重电视，轻电台；重知名记者，轻普通记者。此外，不要轻易拒绝记者的采访，要设身处地地为记者着想，积极主动地为记者安排与组织领导人或有关专家见面，及时为记者提供有价值的信息，以便新闻媒介客观地报道组织的政策和活动。

4. 主动向新闻界人士提供组织的信息

公共关系人员应主动向新闻界人士提供有新闻价值的素材，如新产品的研发、新生产线的投入使用情况，组织的重大庆典，产品价格的大幅度调整等。公共关系人员还应善于通过"制造新闻"引起新闻界人士的注意。所谓"制造新闻"，就是组织以健康、正当的手段，有意识地采取既对自己有利，又能使公众受惠的行动，引起公众的关注。有了好新闻，新闻界人士会主动来进行传播，这样既打了广告，又能密切与新闻界人士的关系。

5. 正确对待新闻媒介的批评报道

当新闻媒介发表不利于组织形象的批评报道后，组织应虚心接受并及时采取补救措施，尽力消除不良影响，切不可对新闻媒介的批评报道置若罔闻，甚至反唇相讥；如果新闻媒介的批评报道有失实之处，应诚恳地向新闻媒介说明真实情况，澄清事实真相，切不可剑拔弩张、兴师问罪或得理不饶人。

案例 6.5

企业如何与媒体一起打造言之有物的内容？

企业的公共关系人员在与媒体沟通时，世界经理人纪碧玲建议注意以下几点。

一、丰富企业官网内容，提供企业亮点给媒体

部分企业官网上仅有产品信息，除此以外无法查阅其他任何信息（如企业的管理理念、经营目标、新闻、业务动态等）。要想引起媒体人的兴趣，让其主动采访报道，建议在官网提供企业亮点，比如近期有哪些管理实践，企业有什么新规划，新业务方向，市场布局等。同时，不妨主动咨询媒体近期采编选题方向，看一下是否有匹配得上选题的地方。这种互动是良好的，更是长期可持续发展的。

二、事先做好采访提纲研读，做到言之有物

在拿到媒体的采访提纲后，无论话题针对哪个方向，都不妨将其当作对自身的审视和梳理，在仔细研读过后，根据采访提纲系统地输出高质量内容。在此之前，如果对采访提纲有

任何不清楚的地方，一定要和采访编辑沟通清楚，避免答不对题的情况发生。

三、相互理解到位，保持积极沟通

企业的公共关系人员有传达企业价值观和正面信息的使命，媒体有挖掘真相、代表公众提问的责任，二者有时是有冲突的。如果单纯从"我想讲这个/你要写这个"的角度出发，而不顾媒体的专业建议，恐怕沟通容易陷入僵局，也达不到企业想实现的传播目标。因此，企业的公共关系人员需要换位思考，与媒体保持积极沟通，这样方可实现企业和媒体共赢。

（资料来源：中国公关网）

案例讨论

请说一说，企业在处理新闻媒介关系时应注意什么。

6.3.4　社区关系的协调

社区关系是指组织与所在地的政府、社会团体、学校及当地居民等所在地利益相关者之间的相互关系。任何组织都生存于社区之中，组织的活动和员工的生活与社区有着千丝万缕的联系。组织的生存和发展依赖所在社区的各种社会服务，如交通、水电供应、治安保卫、消防等；组织的员工及其家属都生活在社区之中，他们的日常生活依赖社区内的各种公共利益部门，如社区内的商店、学校、医院、文化娱乐场所等。社区是组织劳动力的重要来源，雇用当地的员工，可减少住宿费用，并能加强与社区居民的联系；社区还是组织最稳定的顾客。可见，建立良好的社区关系，争取社区公众的理解、支持与合作，对组织的生存和发展具有重要意义。

1. 积极履行应尽的义务，做社区的"合格公民"

组织作为社区的居民，必须遵守地方法规，服从当地政府的领导，做到安全生产、守法经营、照章纳税、保护环境等。组织要努力避免自身行为对社区的不良影响，妥善处理与社区发生的矛盾。有条件的组织还应将自己的福利设施向社区公众开放。

2. 热心社区事业，争做社区的"好公民"

组织要关心和支持社区建设，积极参与社区的各项公益活动，努力为社区出力、做贡献。例如，赞助社区文化、体育活动；资助养老院、残疾人福利基金会等社会福利机构的活动；资助社区办学，发展教育事业；当社区发生天灾人祸时，积极为社区排忧解难等。这样组织才会受到社区的欢迎，若组织对社区事业毫不关心、"一毛不拔"，则很难在社区获得好"人缘"。

3. 加强与社区公众的沟通

这里包括增进组织对社区的了解和促进社区公众对组织的了解两个方面。一方面，要增进组织对社区的了解，如开展社区关系调查、意见征询和交流活动等。通过这方面的工作，组织的公共关系部可以提高社区公共关系工作的针对性。另一方面，要促进社区公众对组织的了解。组织应当主动且经常和社区公众沟通。例如，组织可以通过大众传播媒介进行宣传；可以通过邀请社区公众参加座谈、参观和联谊活动等方式加强情感交流；还可以通过积极参加社区活动，使社区公众对其有更多、更细致的了解和认识。

6.3.5 政府关系的协调

政府是国家权力的执行机关，即国家行政机关。它既包括中央人民政府和地方各级人民政府，也包括一些职能部门。任何组织都应服从政府的管理，政府关系是各种组织都避不开的一种关系。良好的政府关系有利于组织赢得政府的信任和支持。在协调政府关系时，组织应做到以下几点。

1. 做政府的"模范公民"

这是构建良好政府关系的基本要求。政府是社会的管理者，而社会中的组织各式各样，其具体条件、素质及行为方式也千差万别。因此，政府对组织的管理工作极其复杂、繁重。政府期望每个组织都能自觉顾全大局、服从管理，做政府的"模范公民"。因此，组织应当把国家利益放在第一位；应当带头遵守国家的法律、政策；应当替政府着想，为政府分忧。做政府的"模范公民"是协调政府关系的重要原则和方法，是公共关系协调中"公众第一原则"在政府关系协调中的体现。

2. 熟悉政府颁布的有关政策、法规

如今，政府对组织的行政干预逐渐减少，主要通过政策、法规来管理组织，组织的一切活动都必须在国家政策、法规允许的范围内进行。因此，组织必须熟悉政府颁布的有关政策、法规，并及时了解政策、法规的变化，根据变化及时调整自身的方针政策和实际行动。此外，政策比法律更具有灵活性、变通性，熟悉政策，才能灵活地开展活动，最大限度地使组织受惠。

3. 熟悉政府的组织结构及职能

政府机构分为不同的层级。组织日常交往的对象是其主管部门及相关部门，并不需要与所有的政府机构打交道。熟悉政府机构的内部分工、工作范围、办事程序，并与有关部门的工作人员保持应有的联系，可减少"公文旅行""踢皮球"现象，提高办事效率。

4. 加强与政府的信息交流

组织除要了解国家的方针、政策、法规之外，还应及时将自身的具体情况反馈给政府的有关部门，根据所在地区、行业的具体情况，主动提出建议，并通过适当的渠道开展说服工作。

5. 扩大组织在政府部门中的影响

组织应把握一切有利时机，扩大自身在政府部门中的影响，使政府了解组织对社会、国家的贡献。例如，组织可以利用新厂房建成、新生产线投产、周年庆典、新产品问世等机会，邀请政府部门的领导及相关人员出席重要活动，如参加奠基典礼或开业剪彩，增强政府部门对组织的信心，并提高政府部门对组织的重视程度。

6. 与政府人员建立良好的关系

组织领导及公共关系人员要经常参加政府机构举办的各种活动，与政府人员建立良好的关系，通过交流了解组织所需的各种信息及政府机构对组织的意见、建议，及时调整自身工作。

公共链接

跨国公司政府公关的原则

（1）坚持合法性原则，不触犯所在国家的法律。

（2）坚持长期性原则，不搞短期性行为。

（3）坚持整体性原则，不各自为政。

（4）坚持塑造公司领导人良好的个人形象。

（5）坚持与媒体搞好关系。

项目训练一：内部公共关系的协调训练

任务编号：6-1	小组成员：
任务描述：为你所在的组织撰写一份协调内部公共关系的建议书。	
相关资源： 你所在的产教融合企业、兼职公司、学生会等。	
实施步骤： 1. 介绍组织的基本情况； 2. 描述所在组织的内部公共关系情况； 3. 撰写协调内部公共关系的建议书。	
任务成果模板： 一、组织的基本情况 二、组织的内部公共关系情况 三、协调内部公共关系的建议书 1. 需要改进的内部公共关系 	

2．内部公共关系协调的对象

3．内部公共关系协调的目标

4．内部公共关系协调活动

项目训练二：外部公共关系的协调训练

任务编号：6-2	小组成员：
任务描述：分析你所在的组织有哪些消费者，撰写一份协调消费者关系的建议书。	
相关资源： 你所在的产教融合企业、兼职公司等。	
实施步骤： 1．介绍组织的基本情况； 2．描述所在组织的外部公共关系情况； 3．撰写协调消费者关系的建议书。	
任务成果模板： 一、组织的基本情况	

二、组织的外部公共关系情况

三、协调消费者关系的建议书
1．需要改进的消费者关系

2．选择的消费者

3．消费者关系协调的目标

4．消费者关系协调活动

【思政探讨】

一、党的二十大精神进课堂

1. 党的二十大精神学习。

"江山就是人民，人民就是江山。"党的二十大报告指出，"治国有常，利民为本。为民造福是立党为公、执政为民的本质要求。必须坚持在发展中保障和改善民生，鼓励共同奋斗创造美好生活，不断实现人民对美好生活的向往"。

人民至上（二维码6-1）

从党的二十大报告中看民生：以人为本 群众获得感强（二维码6-2）

2. 如何把握"以人为本"的原则，并将其用于组织对内和对外的公共关系活动中？

扫一扫
二维码6-1

扫一扫
二维码6-2

二、思政素养探讨

1. 你在与他人配合完成任务时，是如何做到尊重他人的？请举例说明。

2. 在协调外部公共关系时，你是如何做到谦逊有礼且及时的？

3. 你通过哪些方式提升了发现问题和解决问题的能力？

【本项目小结】

协调好组织内外部公共关系，为组织创造和谐的公共关系环境，是实现组织目标与可持续发展的必要条件。公共关系协调的原则包括自觉原则、公众第一原则、传播沟通原则。公共关系协调的内容有利益协调、态度协调、行为协调。

组织的内部公共关系包括组织的公共关系部与其他部门的关系、员工关系、股东关系等。员工关系的协调十分重要。在协调员工关系时，首先，要明确企业与员工关系的焦点是利益；其次，确定员工关系协调的内容并正确选择与员工沟通的方式；最后，要创建有特色的企业文化。而协调好股东关系，吸引更多的投资者，稳定已有的股东队伍，是企业内部公关的新课题。尊重股东、对股东负责、为股东谋利益是构建良好的股东关系的基本要求；加强信息沟通是构建良好的股东关系的基本途径。

消费者关系是组织公共关系环境的轴心。维护消费者正当、合法的权益，为消费者提供优质的产品和服务，是消费者关系协调的基础。公共关系可以帮助组织树立"消费者至上"

的经营理念，同时可以运用科学的方式与消费者进行良好的沟通。

组织的外部公共关系除与消费者的关系外，还有与供应商、销售商、新闻媒介、社区、政府的关系等。在处理这些外部关系时应当遵循一定的原则，并采取合适的方式。

【延伸练习】

一、选择题

1. 企业与员工关系的焦点是（　　　）。

A. 利益　　　　　　　　　　　B. 文化　　　　　　　　　　C. 信息

2. 被称为"无冕之王"的特殊公众是（　　　）。

A. 内部员工　　　　　　　　　B. 新闻媒介　　　　　　　　C. 社会名流

二、填空题

1. 公共关系协调的主要原则有_____、_____、_____。

2. 公共关系协调的内容主要是_____、_____、_____。

3. 消费者关系协调的基础是_____、_____。

4. 要想处理好供应商关系，应遵循_____、_____、_____三项原则。

三、简答题

1. 简述员工关系协调的内容。

2. 简述协调消费者关系的方式。

3. 简述协调新闻媒介关系时应注意的问题。

4. 简述组织如何处理与政府的关系。

【延伸阅读】

学校的社区公共关系管理策略（二维码 6-3）

扫一扫

二维码 6-3

项目 7

公共关系专题活动

思考:

★ 你参加过一些组织的公共关系活动吗? 这些活动有什么特点?

★ 为什么现在的组织都热衷于公益活动? 公益活动对组织有什么好处?

★ 怎样才能举办一次成功的新闻发布会?

教学目标:

★ 知识目标

● 了解公共关系专题活动的基本特点

● 掌握公共关系专题活动的基本类型

● 熟悉公共关系专题活动的实施程序

● 了解常见公共关系专题活动的组织

★ 能力目标

● 能够说出公共关系专题活动的类型

● 能够组织开展各种公共关系专题活动

★ 思政目标

● 使学生了解"保障和改善民生"

● 使学生理解"中国式现代化"

★ 素养目标

● 培养学生的创新能力

● 培养学生的团队协作能力

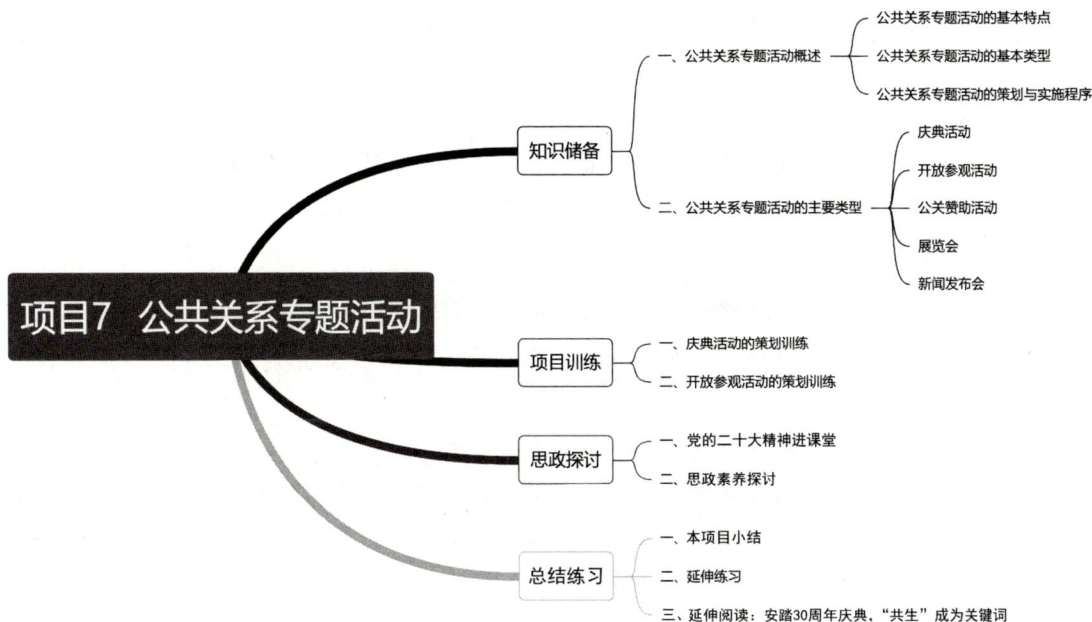

项目7 公共关系专题活动

- 知识储备
  - 一、公共关系专题活动概述
    - 公共关系专题活动的基本特点
    - 公共关系专题活动的基本类型
    - 公共关系专题活动的策划与实施程序
  - 二、公共关系专题活动的主要类型
    - 庆典活动
    - 开放参观活动
    - 公关赞助活动
    - 展览会
    - 新闻发布会
- 项目训练
  - 一、庆典活动的策划训练
  - 二、开放参观活动的策划训练
- 思政探讨
  - 一、党的二十大精神进课堂
  - 二、思政素养探讨
- 总结练习
  - 一、本项目小结
  - 二、延伸练习
  - 三、延伸阅读：安踏30周年庆典，"共生"成为关键词

【知识储备】

公共关系专题活动是围绕一个明确的主题而开展的特殊公共关系活动，在活动中组织就某一方面的问题与公众进行重点沟通。公共关系的目标正是通过一系列专题活动实现的。

公共关系专题活动的类型很多，如庆典活动、开放参观活动、公关赞助活动、展览会、新闻发布会等，这些活动具有共同的特点，因此也有举办这些活动的普遍性方法，即公共关系工作的一般程序。同时，这些活动往往有不同的具体工作，也就有不同的具体工作步骤和方法，这就是专题活动方法。

7.1 公共关系专题活动概述

公共关系专题活动是组织为塑造自身形象围绕某一公共关系主题，有计划、有步骤地组织目标受众参与的集体行动，是组织与公众沟通的有效途径。公共关系专题活动有明确的目的，一般以公共关系主题传播为目的；公共关系专题活动有清楚的诉求对象，这些对象是公共关系的目标受众。

7.1.1　公共关系专题活动的基本特点

1. 针对性

公共关系专题活动是在审时度势后，根据组织或公众的某种特殊需要而举办的，这就使得它的目的明确，同时活动比较集中，能较好地解决某一特殊问题。

2. 传播性

公共关系专题活动的策划者把活动作为信息传播的载体，通过活动把信息传递给活动参与者，并且进一步借助参与者将信息传播的范围扩大。

3. 协调性

公共关系专题活动的协调性体现在活动的各个方面与各个环节。第一，目的与内容协调，一个既定的目的，要通过内容来实现，只有二者之间协调，策划构思才能实现；第二，内容与形式协调；第三，实施管理协调，公共关系专题活动在实施管理过程中，管理事项纷繁复杂，各个实施项目之间要综合协调，否则难以实现既定的目的。

4. 效率性

公共关系专题活动讲究效率性，主要体现在两个方面：第一，关注投入与产出，组织应该关注在投入了一定的人力和物力之后，能产生多少效益；第二，现代社会的人讲究时间观念，参与活动的公众付出了时间的代价，活动策划者应该予以一定的回报。

5. 灵活性

公共关系专题活动方式多样，举办时间的长短也受限制，其规模大小随需要而定，活动内容可以根据需要不定期安排，在活动过程中也可以适时调整。

课堂讨论

通过某次公共关系专题活动来分析其基本特点。

7.1.2　公共关系专题活动的基本类型

公共关系专题活动有许多不同的类型，具体来说有以下几种分类方法。

1. 按公共关系专题活动的规模分类

（1）大型系列活动：以同一目标为出发点，开展的不同内容、不同形式、不同场所或由不同机构、众多人参加的多项活动。

（2）大型活动：有目的、有组织、有计划的众多人参加的活动。

（3）小型活动：在某个场所举行的人数在一百人以下的活动。

2. 按公共关系专题活动的场地分类

（1）室外活动：在室外进行，受天气影响大，要考虑天气状况、布置物的安全性、公众对环境的适应性等。

（2）室内活动：在室内进行，主要考虑室内通风设施的安全性、房间的整洁性、出入道

路是否畅通等。

3. 按公共关系专题活动的性质分类

（1）商业性活动：如商业促销活动、商业推荐活动等。
（2）公益性活动：如环保、敬老、慈善、救灾活动等。
（3）专业性活动：如科技、文学、艺术、体育等某一专业内容十分突出的活动。
（4）社会工作活动：属于社会工作范畴的活动，如公民教育等。
（5）综合性活动：融各种性质于一体的活动。

4. 按公共关系专题活动的形式分类

（1）会议型活动：如新闻发布会、研讨会、洽谈会、交流会、鉴定会、培训会等。
（2）庆典型活动：如奠基典礼、周年庆典、落成典礼、开业典礼、颁奖典礼、庆功会等。
（3）展示型活动：如展览会、展销会、促销活动等。
（4）综合型活动：融各种活动形式于一体的系列活动。

课堂讨论

公共关系专题活动可分为哪些类型？正确区分不同类型的公共关系专题活动有何意义？

7.1.3 公共关系专题活动的策划与实施程序

1. 公共关系专题活动的策划

（1）分析企业形象现状及原因。企业形象现状及原因的分析工作，实际上就是要求在策划公共关系活动之前，对企业形象现状进行诊断，从而为制定公共关系活动的目标提供依据。

（2）确定目标要求。一般来说，所要解决的问题就是公共关系活动的具体目标，它服从树立企业形象这一总体目标。公共关系活动的目标应明确、具体，具有可行性和可操作性。

（3）设计主题。公共关系活动的主题是对公共关系活动内容的高度概括，它对整个公共关系活动起着指导作用。主题设计得是否明确、恰当，对活动成效的影响很大。

公共关系活动的主题看似简单，设计起来却非易事。在设计主题时一般要考虑三个因素：公共关系活动的目标，即公共关系活动的主题应当与公共关系活动的目标相一致，并能充分体现目标；信息特性，即公共关系活动的主题要独特新颖，有鲜明的个性，突出本次活动的特色；公众心理，即公共关系活动的主题要适应公众心理的需要，主题要形象，词句要能打动人心，使之具有较强的感召力。

（4）分析公众。公共关系活动是以不同的方针对不同的公众开展的，而不是像广告那样通过媒介把各种信息传播给大众。因此，只有确定了公众，才能选定什么样的公共关系活动方案最为有效。不同的公众有不同的要求。

（5）活动方式选择。公共关系活动方式的选择是策划的主要内容，通过什么方式开展公共关系活动关系到公共关系工作的成效。选择活动方式是创造性的工作，公共关系活动是否新颖、有个性，关键取决于策划人员的创造性思维是否强。因此，在选择活动方式时，要充分发挥策划人员的独创能力和潜在能力。

（6）经费预算。公共关系专题活动的经费预算一般由以下部分组成。

① 场地费用：包括场地使用权的租赁费等。

② 物资费用：包括活动使用的各种道具、器材、设备所需的费用等。

③ 礼仪费用：包括礼仪性项目的开支，如邀请乐队、仪仗队、文艺演出的演员等的费用。

④ 安保费用：包括活动期间保卫工作、安全设施、保健项目等所需的费用。

⑤ 宣传费用：包括用于活动宣传的费用，如摄影、广告宣传、宣传品印刷、展示等的费用。

⑥ 项目开支：包括交通运输费用、差旅费用、办公费用等。

⑦ 餐饮费用：假如活动项目中有宴会或餐饮计划，需要安排这一项目。

⑧ 劳务费用：包括公共关系人员和其他劳务人员的薪水。

⑨ 不可预算的费用：包括应急费用和大型活动常常有的其他不可预算的费用。

⑩ 承办费用：假如活动是委托专业的公共关系机构承办的，还需要支付承办费用。

2．公共关系专题活动的实施程序

（1）制定实施方案。公共关系人员需要制定出具体的实施方案，列出各项筹备工作的要求，列出工作计划表。在制定实施方案的同时，有两项工作是十分重要的：一是拟订财务开支计划；二是办理公共关系专题活动的报批手续。

（2）筹备工作阶段。这一阶段的主要工作如下：一是全面开展各项筹备工作；二是拟订应急计划；三是拟订具体的传播计划。

（3）活动进行。这是最紧张的工作阶段，关键是做好现场的指挥和协调，要做到有条不紊，这要求公共关系人员具备卓越的综合管理能力。

（4）活动评估。每项公共关系专题活动的方案实施之后，都应该进行评估。

公共链接

小型活动的实施要点

1．方案培训

方案培训就是要让全体的实施人员理解策划方案的精神，熟悉策划方案的要求，掌握实施方案的方法、步骤和技巧。方案培训首先是共享信息，其次是明确权责，最后是对实施操作进行研讨。

2．计划执行

首先，要深刻领会策划方案的内容；其次，要列出一份具体、可执行的工作计划表，列工作计划表的时候要善于把任务具体分解为一个个独立的项目，规定工作细节，确定完成任务的时间。

3．活动场地布置

活动场地布置是一项规范的工作，应该遵循以下工作程序。

（1）领会策划方案的意图和了解人文习惯，这是活动场地布置的基础工作。

（2）场地考察。

（3）绘制布置图。

（4）制作及准备现场布置物。

（5）现场布置。

（6）安全检查。

7.2　公共关系专题活动的主要类型

7.2.1　庆典活动

组织一般会在内部发生值得庆祝的事件时，或在人们共同庆祝的重大节日里举行隆重的庆典活动。这种庆典活动实际也是一种展示组织形象、提高社会知名度的公共关系活动。

组织庆典活动有三大效应：引力效应、实力效应、合力效应。引力效应指组织通过庆典活动吸引公众的注意力；实力效应指通过举办大型庆典活动，展示组织强大的实力，以提升公众对组织的信任感；合力效应指通过开展大型庆典活动，增强组织内部员工、股东的向心力和凝聚力。

1. 庆典活动的类型

（1）开业典礼。开业典礼是组织向社会公众第一次展现自身，以引起社会公众关注的公共关系专题活动。开业典礼不同于组织平常的活动，鉴于其特殊性和隆重性，往往会引起社会公众较多的关注。因此，举办开业典礼是扩大组织社会影响的极好机会。由于开业典礼这类活动十分常见，很难引起人们的注意，而开业典礼是组织的首次"亮相"，因此举办开业典礼要精心策划、力求创新。

（2）周年纪念庆典。很多组织会举行周年纪念庆典活动，既可以对外宣传本组织的成就，扩大社会影响，又可以对内展望未来，鼓舞士气，凝聚人心。从这个意义来看，周年纪念庆典是一种很好的公共关系活动。

（3）剪彩仪式。通常，组织在举办开工典礼、竣工典礼、奠基典礼、开业典礼、展销会、展览会等活动时，都要举行剪彩仪式。

庆典活动场地布置（二维码 7-1）

扫一扫

二维码 7-1

案例 7.1

三十而立、奔跑不止，苏宁 30 周年庆生跑全球开启

2020 年 12 月 26 日，随着发令声响，"来吧一起出发"苏宁 30 周年全球庆生跑活动在南京、西安、广州和重庆等地启动，消费者、供应商、合作伙伴、股东和苏宁员工共同参与，在 2020 年年末，用全民健身跑形式表达对苏宁 30 岁生日的祝福，以及对 2021 年的向往。

这场庆生跑活动从 2020 年 12 月 26 日持续至 2021 年 1 月 3 日，从线上延伸到线下、从国内延伸到全球，全球范围内有超 8 万人报名。大众积极参与，既是对健康生活方式的倡导，

也是苏宁对国家号召全民运动的响应，更是对苏宁开启全新十年的共同见证。

2020年12月26日这一天清晨热闹非凡。南京玄武湖、西安大明宫、广州融创乐园、重庆中央公园等城市地标前，跑友们正兴奋地进行跑前热身运动。有的陪伴孩子共同朝着3千米亲子跑目标奋进，有的组成专业跑团参加5千米耐力跑，无论线上参与，还是线下完赛，都可获得苏宁30周年庆生跑特制奖牌、苏宁易购购物卡和门店好礼等多种福利。

"重要的不是结果，而是相伴前行的过程。"正如他们身着的文化衫标语所说，前来参加南京庆生跑活动的黄森也深有感触。作为一名土生土长的南京人，黄森一家在20世纪90年代就已成为苏宁的忠实顾客，"当时购买空调的收据都还保存着呢。"除了日常购物，他还多次参与苏宁开放日、新街口苏宁智慧生活体验中心开业直播、苏宁极物燕子矶店开业庆典等活动，是苏宁全场景零售布局版图不断扩充的见证者和受益者。

苏宁零售云佛山新桂店老板陈益奋专程赶到广州参加线下庆生跑，虽然他加盟零售云时间不长，但之前他已担任苏宁易购门店店员13年。多年的零售工作经验让他养成了服务思维，自开店来一直坚持"即买即送，即送即装"，几乎每天他都位居朋友圈微信运动榜首。刚开业，陈益奋的零售云店就实现了单月40万元的销售额，并已成为周边多个楼盘用户买家电的首选。

苏宁30周年庆生跑跑友中，还有2008年北京奥运会男子举重56公斤级冠军龙清泉，春节期间奋战一线送货的苏宁快递员潘虎，为留守儿童"暖冬包"福利助力的湖南公益跑团，"00后雷锋班"组成的校园跑团，以及苏宁的合作伙伴、股东、消费者等不同群体，共同传递全民健身、全民健康的意识和拼搏向上的精神。

30年零售长跑，苏宁转型"零售服务商"开启新十年。回顾过去的30年，苏宁聚焦零售，坚守初心持续创业、顺应时代不断创新，率先发起互联网转型实践，拥抱互联网；如今从零售商全面升级为零售服务商，这种执着拼搏、努力奋进的精神和跑者的精神不谋而合。

正如苏宁控股集团董事长张近东在当日的公益庆生仪式上所言，苏宁一直奔跑在创业的路上，正是这股出色的耐力、拼搏的韧性，让苏宁保持稳健发展。

庆生日当天的公益庆生仪式，苏宁倡导30万名员工积极响应"阳光1+1"公益志愿者行动的号召，践行爱心承诺、履行社会责任；苏宁旗下首家自营雅奢酒店苏宁钟山国际高尔夫酒店也在同日盛大开幕，以全新升级的场景消费体验和精细化服务为苏宁送上祝福，也为全球用户带来卓越的高品质生活体验。

零售是一场没有终点的马拉松。聚焦"零售业长跑"已有30年的苏宁，也将继续领跑行业发展。面向新十年，苏宁继续夯实并输出供应链、物流、科技、金融、场景等核心服务能力，在零售业的马拉松跑道上携手合作伙伴共同推进行业变革，助力更多中小微零售商转型，为消费者带来更多好产品、好服务，推进国家经济双循环发展。

案例讨论

结合案例，分析庆典活动通常在什么情况下举行。

2. 庆典活动的组织

（1）明确庆典活动的主题，围绕主题来安排活动内容。每次庆典活动都有一个事由，但这仅仅是一个名目，是一个形式主题，公共关系人员应根据组织和公众的需要进行精心设计，还可以在形式主题下巧妙地再插进一个主题。在确定真正的主题后，再围绕其来安排穿插有

关活动内容和活动形式。

（2）拟定庆典活动的程序，落实有关任务，明确职责分工。庆典活动一般都比较盛大，工作任务繁重，需要组织内部有关人员密切配合，共同完成。要做到有条不紊，忙而不乱，就要确定庆典活动的程序，并按照活动规格确定司仪，按照有关活动内容将任务具体落实到人。后勤工作和组织工作一定要有专人负责，对负责签到、接待、摄影、音响、现场布置等人员要讲清楚活动内容及礼节、纪律等要求，在庆典活动前要仔细检查有关设备和材料。

（3）拟定邀请的宾客名单。邀请的宾客应包括政府有关部门负责人、社区负责人、社团代表、同行业代表、新闻记者、公众代表等。拟定好名单后，应将请柬于一至两周前送至被邀请者手中，以便他们安排时间，按时出席庆典活动。

（4）确定致辞人员和双方剪彩人员名单。参与致辞的人员要有一定的代表性，或者有一定的社会地位，参与剪彩的己方人员应是组织的负责人，客方人员应是地位较高的且有一定声望的知名人士。

（5）利用新闻媒介做庆典活动的信息传播工作。能够参与庆典活动的公众毕竟有限，庆典活动作为公共关系活动应争取传播到更大范围的公众中去，这就需要借助新闻媒介来扩大影响。组织应事先确定好邀请的新闻媒介名单，安排专人接待新闻记者，为他们提供方便。大型的庆典活动最好设立新闻中心，其活动组织方法与新闻发布会相似。

课堂讨论

庆典活动该如何组织？

案例 7.2

北京京西大悦城盛大开业

2023 年 6 月 18 日，北京第三座大悦城——北京京西大悦城开业。

作为大悦城控股携手华远地产为北京西部商圈量身定制的北京第三个城市级别商业项目，北京京西大悦城以"京西时尚焕新始发站"为核心定位，以"悦京西，悦惊喜，乐生活"为项目的口号。依托大悦城品牌积淀与商业禀赋，引进了 200 多个品牌，60 余家区域首进品牌。寰映影城、fudi 精品超市、MUJI 和 FLOW&GROW 四大主力店，为京西品质理想生活提供保障；因地制宜借势石景山双奥运动基因，融入当下新兴消费潮流趋势，聚合丰富多元的户外运动业态品牌和动感消费场景，打造北京首个以 Urban Outdoor Lifestyle 为概念的"都市户外生活方式策源地"；通过一些品质人气餐饮的区域首店，打造京西美食旗舰；引入 Babycare 北京首店、米莱知识宇宙全国首家独立店等亲子消费品牌，塑造京西遛娃新地标。以最全品牌组合，汇聚成为京西首个国际时尚前沿高地，将文化、商业、旅游融合在一起，以及极致超酷组合，塑造潮流"西"引力。

京西大悦城通过极具视觉冲击力的音符形态建筑，塑造城市 IP；8000m² 穹顶天幕和 5000m² 宝藏城市露台，成为京西首个开放式"云中花园"；错落有致的双下沉广场，北侧营造面向家庭客群的自然游憩"绿野亲子乐园"，南侧营造具有城市微风峡谷沉浸式氛围的京西首个骑行驿站，以三大空间刷新京西消费者的游逛体验，"早 C 晚 A"的都市青年和亲子休闲家庭客群都可以在这座时尚焕新始发站找到专属的休憩空间。

多年来，北京商业"东强西弱"的格局一直没有被打破，京西区域潜在的巨大消费需求并未被满足，消费外溢现象严重，急需一座具有引领性的旗舰型商业城，充分满足和释放京西居民巨大的消费潜力。京西大悦城无疑承担了周围的便民生活的责任，响应2023年北京消费季"一刻钟品质生活节"的号召，在品质生活和便民生活两个层面发力，打造消费者家门口的"幸福圈"。在京西，又多了一个旅游、购物、娱乐的打卡好去处。

开业期间，京西大悦城为广大消费者筹备了丰富的开业惊喜活动。除狂欢大促外，京西大悦城携手国际级潮流NFT"godpod"带来"惊喜神队友"全球首展，10多个乐队30小时开唱；携手北京交通广播王牌骑行节目《骑妙之旅》举办首届"惊喜骑行嘉年华"。

案例讨论

分析案例中北京京西大悦城开业庆典活动的成功之处。

7.2.2　开放参观活动

这里的开放参观活动，指的是组织邀请公众（主要是外部公众）参观本组织的工作场所、环境设施、成就展览等，是经常开展的一种团体性公共关系专题活动。其目的是增进组织与某类重要公众之间的双向了解；消除某些公众对组织的一些偏见和误解；密切社区或邻里关系，加强组织与公众的联系。

扫一扫

二维码 7-2

开放参观活动（二维码7-2）

1. 开放参观活动的作用

（1）提高组织的透明度。组织对外开放，无疑是主动把自己暴露在公众的视线下，让公众直接了解组织各方面的情况，大大提高了组织的透明度。

（2）增加组织的"人情味"。组织对外界开放，通过对来宾的礼貌接待，可博取公众对自己的好感，缩短组织与公众之间的距离，促进感情互动，增加组织的"人情味"。

（3）为组织与公众直接沟通提供机会。开放参观的过程是组织领导人与工作人员同各界参观者直接接触的过程，通过演讲与座谈，介绍组织的情况，回答参观者提出的问题，倾听参观者的意见和建议。

（4）形成一种压力，促使组织总体素质提高。组织要对外开放，就必须注意自己的环境形象、人员素质形象，以给参观者留下一个良好的印象。因此，组织无形中会形成一种压力，管理者会努力提高管理水平，全体员工会注意自己的言行，从而组织总体素质得以提高。

（5）消除公众对组织的误解或疑虑。一个组织难免会由于某些客观或主观因素的影响，让某些公众产生误解或疑虑。在这种情况下，举行开放参观活动就是一剂消除误解或疑虑的良药。例如，杜邦公司就曾为了遏制谣言传播让记者进厂参观，主动介绍情况，让记者将真相告诉公众，很快，杜邦公司消除了过去由于各种原因给公众留下的坏印象，开始得到公众的好评。

案例 7.3

昆明卫生职业学院开展"食堂后厨开放日"参观活动

为了让学生们更加深入地了解校园食品安全，进一步搭建学生与食堂沟通交流的平台，2023 年 4 月 14 日上午，后勤保卫处与学生工作部联合举办了"食堂后厨开放日"参观活动。来自全校各学院 30 余名新生代表，在后勤保卫处老师等相关人员的陪同下，前往食堂后厨观看饭菜的制作过程。

在进入食堂后厨前，学生们先统一到食堂后门进行测温扫码，在戴好保护帽之后，才能进入食堂内部，开始参观之旅。

民以食为天，食以安为先。第一站，追根溯源，师生们从仓库开始参观，首先映入眼帘的是摆放有序的米面油及干货调料等生活物资。据介绍，所有的食材都是按照溯源有据的原则进行采购的，食堂后厨有原材料资料墙，食材信息在这里公示，所有供应商的相关资料均分类存放于此，原材料的品质有保障。

边走边听着食堂负责人的讲解，师生们参观了食堂所有的工作区域。护理学院的张同学说："食堂比我们想象中的更加安全、健康，虽然工作量很大，但分工很细致，参观完后感觉对食堂更放心了。"对于参观时大家提出疑问和不理解的地方，各校区的食堂工作人员也一一做出了解答。

"食堂后厨开放日"是贯彻落实学校"双一流"服务育人建设项目中的一项重要活动内容，将学生食堂的"6T"标准，最真实的一面展现在学生面前，让学生全面了解食堂物资来源、餐饮加工流程及食品安全管理，提升学生参与食堂监督的主动性，切实保障学生权益。

活动结束后，相关负责人表示，非常感谢同学们提出的宝贵意见与建议，后勤保障中心将根据大家的建议，进一步提升餐饮服务质量，不断满足师生不同层次的餐饮需求，为大家提供"安全可口、物美价廉"的一日三餐。

（资料来源：昆明卫生职业学院官网）

案例讨论

结合案例，谈谈开放参观活动对组织而言有什么作用。

2. 开放参观活动的对象

开放参观活动的对象既要考虑参观者的代表性，又要重视特定的目标受众，还要考虑组织的承受能力。如果参观者像潮水般涌来，组织就可能疲于奔命和应对，因此开放参观活动的对象要仔细选择和确定。开放参观活动的对象主要包括以下几类。

（1）目标受众，包括经销商、消费者、原材料供应商、生产协作者、运输部门等。

（2）一般公众，包括文化单位、研究机构、职工家属、社区居民等。

（3）股东公众，包括股东、证券商、证券主管部门等。

（4）党政部门，包括各级党政部门、主管部门等。

（5）其他相关部门，包括金融机构、保险公司、新闻媒介、司法部门、环保部门等。

（6）社会名流，包括专家学者、各类明星、新闻人物等。

（7）国外投资者、观光者、新闻人物等。

（8）各类慈善组织和社会福利团体等。

3．开放参观活动的组织

要想使开放参观活动取得良好的公共关系效果，需要做好下列组织工作。

（1）开放参观前的准备工作。

① 确定开放参观的时间，注意开放参观时间的合理性。

② 准备好宣传资料，主要是供参观用的小册子，内容应简明扼要，可介绍参观的一般过程及本组织的基本情况，小册子要具有纪念意义。此外，还需要准备好介绍组织情况的幻灯片、录像片和电影资料等。

③ 准备好展览用的实物和模型，展示一些实物可以起到引导参观的作用。

④ 准备好辅助设施和纪念品，如停车场地、休息场所、会议厅、纪念章等。

⑤ 挑选和训练工作人员，主要挑选和训练接待人员、陪同人员和讲解员。

（2）开放参观过程中的接待工作。

① 给参观者放映介绍组织情况的幻灯片、录像片和电影资料等，分发宣传小册子，并请组织的负责人讲话，帮助参观者了解组织的概况。

② 引导并陪同参观者沿预定路线参观，同时做必要的介绍、解说，回答提问。

③ 若参观时间较长，中间要安排参观者休息。

④ 参观结束后，可与参观者座谈，并分发纪念品。

⑤ 在参观过程中，如果参观者提出特殊要求，工作人员要与有关管理人员或负责人商讨后再给予答复，以免妨碍正常工作或发生意外情况。

课堂讨论

开展开放参观活动应做好哪些准备？

7.2.3　公关赞助活动

公关赞助活动是指组织通过无偿地提供资金或物质对各种社会公益事业做出贡献，以提高社会声誉，树立良好社会形象的公共关系专题活动。公关赞助是举办专题活动最常见、最重要的形式之一，因为它既可以为社会公益事业的顺利进行提供保障，又可以为各类组织的发展创造和谐的社会环境。因此，越来越多的营利性组织纷纷将自己收益的一部分用于社会公益事业，以表示它们乐于承担一定的社会责任和义务。

1．公关赞助活动的作用

（1）为企业赢得良好声誉。企业对某些社会福利事业、社会慈善事业、社会公益活动进行赞助，可以给公众留下关心社会、致力于公益事业的良好印象，会受到公众的好评，从而为企业赢得良好声誉。

（2）扩大企业的社会影响。企业在对公益活动，尤其是对体育活动、文娱活动进行赞助的过程中，企业的名称和产品的商标等都会频繁地出现在新闻媒介的报道中，进而形成一种广告攻势，企业的知名度会大大提高，社会影响也会进一步扩大。

（3）赢得公众的好感。开展公关赞助活动不仅能使企业赢得与赞助项目直接相关的组织和公众的好感，还能使企业赢得其他公众的好感，从而产生一种口碑效应。

（4）提高企业的社会效益。在开展公关赞助活动之后，企业赢得了公众的普遍好感，知名度与美誉度高了，企业的整体形象也好了。这些虽然不能直接带来经济效益，却为企业的生存和发展创造了一个良好的外部环境，提高了企业的社会效益。

2. 公关赞助活动的类型

（1）赞助教育事业。有远见的企业家应该注重企业精神，培养企业的爱心，有长远眼光，关心中国教育事业的发展，这既有利于自身发展和对未来人才的选择，又能为社会带来效益。企业可以将资金投入希望工程，也可以资助某些中小学或大学。

（2）赞助体育运动。这是一种十分常见的赞助活动。因为体育活动是广大群众喜闻乐见的活动，也是许多公众积极参与的活动，涉及的公众范围广，所以赞助体育活动的影响很大。

（3）赞助文娱活动。文娱活动吸引的公众层面较多，品位较高。企业赞助的文娱活动主要有音乐会、电影电视节目、书画展、摄影作品展等。

（4）赞助科研学术活动。这类赞助活动的影响面虽然不大，但意义重大且深远：一是可以促使与本企业性质、产品和服务有关的研究更加深入，为企业发展提供基础研究理论和技术支撑；二是可以提高本企业在行业中的知名度和扩大影响面。

（5）赞助社会福利事业。这类赞助活动有助于企业与社区、政府搞好关系，也可向社会表明其所承担的责任和义务，更能体现企业对社会公益事业的关心，人情味很浓，商业味很淡，极易赢得公众的好感。这类活动赞助的对象主要是社会需要救济的对象、有具体困难的公众和社会弱势群体等。

（6）赞助各种有奖竞赛活动。例如，赞助电视台、报社举办的各种有奖知识竞赛、摄影比赛、小发明比赛等。

（7）赞助环境保护事业。环境保护是功在当代、利在千秋的公益事业，涉及广大公众的切身利益，是公众和媒介关注的热点，赞助环境保护事业能获得经济效益、社会效益和生态效益。

（8）其他赞助活动。例如，赞助制作宣传品、旅游地图、日历等。

案例 7.4

企业的赞助活动

美的集团创始人何享健和美的集团在扶贫、救灾、养老、教育等慈善领域投入了大量资金。从 1998 年特大洪水到南方冰雪灾害、2008 年汶川地震，很多大灾大难救援行动中美的集团从不缺席。近年来，美的集团更在社区、顺德区捐赠了大量善款，用于美化社区、建公益广场及公共服务设施，帮助黄龙村脱贫等，一系列公益举措有效地提升了美的集团的社会形象。2018 年，美的集团扶贫济困成绩突出，荣膺全国慈善领域的最高奖项"中华慈善奖"，它连续多年参与"广东扶贫济困日活动"。2019 年，美的集团荣获中国企业 ESG"金责奖－最佳责任进取奖"。

可喜的是，相当多负责任的企业每年都发布社会责任报告书，总结企业在履行社会责任方面所做的事，公开未来的发展方向。2019 年，华为集团在社会责任报告书中提出了"致力于保障客户网络安全运行，促进可持续发展"；2018 年，美的集团在社会责任报告书中提出了数字化美的承诺；格力集团提出，履行社会责任远比赚多少钱更重要。公益公关实实在在帮助社会、人民群众解决了工作和生活问题，帮助企业树立了良好的社会形象。

课堂讨论

区分公关赞助活动的类型对组织开展公益活动有什么意义？

3. 公关赞助活动的策划与实施

（1）选择赞助对象。选择赞助对象应该从企业的公共关系目标和经营政策入手，从受赞助的公益事业的具体情况出发，谨慎地确定企业的赞助对象、赞助政策及具体办法。企业开展赞助活动的根本目的是使企业和社会同时受益，必须防止出现赞助与企业的公共关系目标和企业的整体目标相脱离的现象。首先，要考虑所赞助的活动与企业的联系能否让公众自然地联想到一起，能否对企业产生有利的影响；其次，要考虑所赞助的活动的社会影响，如媒介报道的可能性、报道的频率和报道的广泛性，受益人是谁，受影响的公众的分布情况，影响的持久程度，活动本身能否引起人们的注意，能否产生"轰动效应"等；再次，要考虑企业在活动中与公众直接沟通机会的多少，以及赞助费用的多少和赞助的形式；最后，应评估赞助活动对企业的产品销售有无价值，如果发现值得赞助，便可着手落实。

（2）制订赞助计划。在选择赞助对象的基础上，由负责赞助工作的机构，根据企业的赞助方向和政策，制订出切实可行的赞助计划。赞助计划一般包括赞助宗旨、赞助对象、赞助费用预算、赞助形式等。

（3）评估赞助项目。对每个具体的赞助项目，赞助工作机构都应进行评估。首先，对赞助项目进行总体评估，检查是否符合赞助方向；其次，对赞助效果进行质和量的评估。

（4）实施赞助方案。赞助方案应由赞助机构指派专人实施。相关人员要与接受赞助的组织沟通赞助事宜，有的赞助还需要签订赞助协议书或合同。在实施的过程中，公共关系人员应该充分运用各种公共关系技巧，使企业尽可能借助赞助活动扩大对社会的影响。

（5）检测赞助效果。公关赞助活动是企业的重大公共关系活动。因此，在活动结束时，应该进行效果检测。在检测过程中，主要的工作是调查，收集公众、新闻媒介、受赞助组织对赞助的看法、评论，看是否达到了预定的目标，还有多大差距，原因是什么，并把这些进行总结，归档储存，为以后的赞助研究提供参考。

公共链接

千万梦想支持计划：阳光飞轮公益活动案例

1. 项目背景

大学生有高涨的公益热情和无限的创意，是公益事业未来的生力军、公益文化未来的传播者。但在公益实践方面，大学生群体缺乏经费的支撑、规范的指导和专业的平台，这使得很多充满创意的公益梦想无法实现。

而阳光飞轮公益活动的传播目标是与高校人群充分沟通，吸引大学生群体广泛参与到公益活动中来；以高校活动为突破，积累经验，持续做公益，做成品牌活动；影响高校目标受众，品牌深入年轻人群，打造长期、可持续的公益事业，提升品牌形象。

2. 项目策划

活动策略：弱化商业属性，提升公益气质——只露出阳光慈善基金，不宣传出资方，强

调每个参与者都是慈善家。

推广策略：深入高校阵营，注重精准营销——依托优势资源，确保活动落实。

沟通策略：轻松活动，真诚对话——运用大学生常接触的媒体，进行激励及漫画式的信息传达。

3．项目执行

打破传统公益执行模式，进行"预支—践行—传递"这一公益创新。

预支——首期采用"预支梦想"的方式，参加"阳光飞轮"活动的大学生需要在平台上展示自己的爱心公益梦想，通过争取网友的投票支持及公平、公正的审核评选，64名大学生获得了由阳光保险爱心基金会提供的万元公益基金；践行——入围者获得梦想基金之后，开始践行公益梦想，包括助学支教、保护环境、看望孤寡老人、关爱流浪动物等，在此过程中要将活动的实施过程及感想进行分享；传递——通过推动在校大学生投身公益，并号召他们未来走向社会后，将公益基金返还至"阳光飞轮"，让社会上更多有需要的人实现梦想，这寓意着将爱的接力棒传递下去、让爱的种子播撒，完成爱心传递。

4．项目评估

"阳光飞轮"公益活动推出后，其引发的热烈反响大大超出了预期。活动自上线以来，吸引了来自100多所院校的上千名在校大学生报名参与，共超过25万人关注并投票，互动总人数突破50万人。最终，64名入围大学生奔赴全国32个城市、地区践行公益梦想，活动执行地遍布华夏。从公益梦想的内容来看，除不断涌现助学支教、保护环境、看望孤寡老人、关爱流浪动物、促进外来务工人员及其子女的城市融入等爱心公益梦想外，还出现了走进少管所、保护黑顶鹤等拥有更加广阔视角的同学，执行了异乎寻常的公益梦想，有效地发挥了年轻群体的无限创意。

5．相关专家点评

"此次阳光飞轮公益活动打破了传统公益模式，充分激发了大学生的公益兴趣，并且有效地实现了移动端和PC端的双屏联动，这从公益创新的角度来看，是未来公益事业发展的新趋势。"

（资料来源：中国公关网）

4．实施公关赞助活动的原则

赞助各种有益的社会事业，在推动社会公益活动发展的同时，可使企业同步成名，这是一种行之有效的公共关系手段。任何企业要想使公关赞助活动取得成功，都要遵循一定的原则，具体来说实施公关赞助活动应遵循以下原则。

（1）传播目标明确。所赞助的项目应符合企业的特点和需要，有利于扩大企业的社会影响或业务领域。

（2）关注受赞助者的声誉和影响。企业要认真研究和确认被赞助的组织、个人本身是否具有良好的社会声誉，是否有积极、广泛的社会影响，以保证赞助活动取得良好的社会效益。

（3）考虑企业的经济承受力。企业要考虑赞助金额是否合理、适当，能否承受，避免做力不从心的事情。

（4）采用别具一格的赞助方式。一般来说，凡是符合社会及公众利益的赞助活动，都会引起社会各界特别是新闻界的关注。但是，如果能够以新颖、别致的方式来进行赞助，那么效果必定会更好。因此，赞助方式切忌雷同。

案例 7.5

公益赞助：打造正能量爆款，实现品牌突围

公益是企业履行社会责任、推动社会良性发展的重要途径。同时，公益也是企业文化的一部分，通过公益活动以有温度的方式拉近和公众之间的距离，对品牌形象的树立有着不可替代的作用。

云南白药一直践行着"悬壶济世，普济众生"的理念，热心投身于公益事业。近年来，云南白药牙膏通过与明星、公益组织及志愿者们合作为山区儿童送温暖、送健康等方式，身体力行地为国人的健康事业做出了贡献。同时，在互联网时代，云南白药牙膏携手腾讯，结合腾讯全平台资源实现公益互动和品牌传递，在互联网的赋能之下共同向社会传递正能量。

"互联网＋公益"为品牌插上了音乐翅膀。2017年，云南白药牙膏以"音乐"为纽带，发起"益起来·让世界听见"公益募捐，为山区孩子打造音乐教室，同时向乡村教师提供专业的音乐课程培训，丰富乡村教育资源，让大山里的孩子也能有音乐的陪伴。本次传播以腾讯公益为主要平台，启动为山区搭建音乐教室项目，在腾讯公益的平台公信力和影响力背书之下，打造爱心聚集地。

围绕活动主题，腾讯为云南白药牙膏助力，以极具互动性的传播方式在社交分享中吸引了爱心人士的注意力。腾讯用孩子们在多种乐器伴奏下演唱的《童年》为音乐语言，结合朴实的笑脸和纯真的故事等有情绪感染力的内容，让每个人在感动之余进行分享转发，在短短一个月的传播时间内就吸引到了近万名热心网友的参与，成功地在互动分享中收集了朋友圈的点滴爱心，也让云南白药牙膏的品牌善行随着歌声在每个参与者的指间传递。

为了让更多的受众关注并参与到活动中来，腾讯为云南白药牙膏量身打造全场景覆盖＋人群精准定向投放的传播策略，确保活动曝光和转化一个都不能少。H5搭载腾讯新闻与腾讯视频平台，采用闪屏、朋友圈广告、互选广告等多样化的投放形式，让公益募捐信息自然沉浸到用户的多个生活场景中，实现云南白药牙膏公益项目信息的最大化曝光。

在朋友圈广告投放过程中，腾讯为云南白药牙膏量身定制人群包，定向精准投放公益人群，有效地提高了活动参与度。

为探索公益传播的更多可能性，腾讯通过综艺内容IP台网联动、热心网友线下回馈等方式，为云南白药牙膏持续扩大品牌"爱心"声量。由云南白药牙膏赞助的大型原创音乐公益支教节目《让世界听见》在湖南卫视和腾讯视频平台热播，以IP台网联动突破传统传播圈。10期《让世界听见》在腾讯视频的网络播放量达约2000万人次，使社会关爱和正能量触及更多年轻人。

作为此次公益行动的高潮，收官盛典"益起来·让世界听见"大型公益音乐答谢会还邀请了参与捐助的腾讯爱心网友，以线上公益结合线下回馈的创新方式，成功为云南白药牙膏打造品牌爱心大事件。

公益成为连接品牌与消费者最温暖的方式。在腾讯"互联网＋公益"新模式的助力下，云南白药牙膏"益起来·让世界听见"公益行动取得了让人暖心的成绩，也让品牌真正走进了年轻人的心里，实现了年轻化品牌战略的进一步落地。移动互联网时代，在数据和技术的加持下，公益与我们每个人的距离似乎很近。之前，通过基于位置服务技术寻找身边的老兵、"一元钱购画"关爱孤独症小朋友等现象级公益事件刷屏，它们都在移动互联网的赋能之下，以丰富的表现方式和触达形式，在满足人们社交欲的同时创造了公益奇迹。

尽管营销方式时时刻刻都在升级和变革之中，但深究现象级公益事件发现，真正打动人心的是正向价值观的传递。而参与其中的品牌也在以公益之举传递正能量，这是品牌精神内核的最好体现，也是连接品牌与消费者最温暖的方式。

（资料来源：中国公关网）

案例讨论

结合案例，分析组织该如何结合自身特点开展公关赞助活动。

7.2.4 展览会

展览会是一种综合运用各种传播媒介、手段推广产品，宣传组织形象和建立良好公共关系的大型活动，它通过实物、文字、图表来展示成果，图文并茂，给公众以极强的心理刺激，从而加深公众对组织和产品的印象。

1. 展览会的特点

要想成功地举办展览会，首先应该了解展览会的特点。通常，展览会具有以下五个特点。

（1）展览会是一种复合性传播方式。所谓复合性传播方式，指的是同时使用多种媒介进行交叉混合传播。展览会通常会同时使用多种传播媒介，包括声音媒介，如讲解、交谈和现场广播；文字媒介，如印刷的宣传手册、介绍材料；图像媒介，如各种照片、幻灯片和录像等。

（2）展览会是一种非常直观、形象、生动的传播方式。展览会通常以展出实物为主，并进行现场示范表演，如纺织品展览会上的时装表演。

（3）展览会能给组织提供与公众进行双向沟通的机会。展览会上，一般都有专人回答参观者的问题，并就他们感兴趣的内容进行深入的讨论。

（4）展览会是一种高效率和高度集中的沟通方式。

（5）展览会是一种综合性的大型活动，往往能成为新闻媒介追踪的对象，是新闻报道的好题材。

2. 展览会的类型

（1）按展览会的规模划分。

① 大型展览会。其规模可大至世界性的博览会，这类展览会是综合性的，参展的组织多，展出的项目多，涉及面也广，对专业技术水平有较高的要求。

② 小型展览会。其规模较小，常常由一个组织举办，展出的项目比较单一。

③ 微型展览会。其规模十分小，如商店橱窗的商品展览。

（2）按展览会的内容划分。

① 综合性展览会。综合展示一个国家、地区或组织的建设成就，既有整体概括，又有具体形象，参展者会有一个比较完整的印象。例如，日本"筑波国际科技博览会"、我国举办的"改革开放成果展览会"等，都是在世界范围内全面展示一个国家、地区优秀成果的展览活动。

② 专业专题性展览会。介绍某些专业或专题的情况，虽不要求全面系统，但也要求内容集中、主题鲜明，并且有一定的深度。例如，我国举办的"中国酒文化博览会"，专门以酒

为核心，来展示企业文化和中国传统的酒文化。

（3）按展览会的性质划分。

① 贸易性展览会。举办这种展览会的目的是促进商品交易，展出的通常是一些实物产品和新技术等。

② 宣传性展览会。通过展品向观众宣传某种思想、观点，或者让观众了解某一史实，其特点是重在宣传，没有商业色彩，展品通常是照片、资料等。

（4）按展览会的时间划分。

① 长期展览。展览形式是长期固定的，如北京故宫博物院等。

② 定期展览。展出的内容定期进行更换。

③ 短期展览。这是一种展出时间较短、展览结束后就撤离的展览会。

（5）按展出的地点划分。

① 室内展览。在室内举行，不受天气影响，不受时间限制，可展出较为精致、价值很高的展品。

② 室外展览。在室外举行，规模可以很大，布展也比较简单，但会受到天气的影响。

③ 巡回展览。这是一种流动性的展览，往往利用车辆将展品运往各地巡回展出。

课堂讨论

展览会的举办对组织形象的树立有什么实际意义？

3. 展览会的策划与实施

在举办展览会之前，要分析其必要性和可行性。展览会是大型综合性的公共关系专题活动，需投入较多的人力、物力、财力，如不对其必要性和可行性进行科学的分析论证，就有可能造成不良后果：一是费用开支过大，得不偿失；二是盲目举办，起不到应有的作用。

在确定举办展览会之后，应认真做好各项工作。组织展览会的一般原则是展览会主题思想明确，布局结构合理，布置美观大方，解说精练、流畅、动人，力求给人以深刻印象。

（1）明确主题思想。明确展览会的主题和目的、展览会的传播方式和沟通方式，确定整个展览会的领导者、策划者、执行者和其他工作人员。

（2）确定参展单位、参展项目和展览会的类型。举办者可以采取广告或给有可能参展的单位发邀请函的方式吸引相关单位参加，广告和邀请函要写清展览会的宗旨、参展的项目类型、展览会的要求和费用、对参展人数的预测等，向潜在参展单位提供决策所需的资料。

（3）明确参展者的类型。这样可以使展览会的策划者和讲解员有针对性地准备材料。

（4）选择举办展览会的时间和地点。有些展览会要考虑举办时间，在选择地点时要考虑是否方便前来，展览会周围的建筑是否与展览会的主题相适应，辅助设施是否容易配置等。

（5）培训工作人员。展览会工作人员的素质和展览技能的高低对整个展览会的效果有重要影响。因此，组织应当对展览会工作人员（如讲解员、接待员、服务员等）进行良好的公共关系意识和技能培训，并就展览会的内容进行必要的专业知识培训。

（6）成立专门对外发布信息的机构。该机构负责与新闻界沟通一切事宜，并制订信息发布计划，如确定发布的内容、时机、形式等，公共关系人员应发掘展览会上有新闻价值的内容，以扩大展览会的影响。

（7）准备展览会所需要的各种辅助宣传资料，如录音、录像带、光碟、幻灯片、各种小

册子、展览会目录表、宣传画等。

（8）准备展览会的辅助设施和相关服务，如业务洽谈室、合同签订室、音响、灯光、展柜、广告栏、邮政、海关、检验、交通运输等。

（9）布置展览厅。在展览厅入口，设置咨询服务台和签到处，并贴出展览会平面图，作为参观指南，展览会布置应考虑角度、背景、光线等综合因素，要使展品展出后整齐、美观、富有艺术色彩，给人以美感。

（10）设计制作展览会徽标，备好纪念品，以加深人们对展览会的印象。

（11）策划采用一些技巧。例如，邀请政府要员或知名人士出席，为参展者签名留念等，总之要尽量把展览会办得生动活泼、别具一格，吸引公众的注意力。

（12）制定展览会经费预算。具体列出展览会的各项费用，加以核算，有计划地分配展览会的各项经费，防止超支和浪费。

课堂讨论

企业怎样才能举办一场成功的展览会？

公共链接

企业选择展览会的技巧

1．展览会的性质

展览会具有不同的性质，按展览目的可分为形象展和商业展；按行业设置可分为行业展和综合展；按观众构成可分为公众展与专业展；按贸易方式可分为零售展与订货展；按展品可分为综合展、贸易展、消费展等。

2．展览会的知名度

现代展览业发展到今天，每个行业的展览会都成为买家十分想去的地方，如芝加哥工具展、米兰时装展、汉诺威工业博览会、广州交易会等。通常来说，展览会的知名度越高，吸引的参展商和买家就越多，成交的可能性就越大。如果参加的是一个新的展览会，则要看主办方是谁，在行业中的号召力如何。名气大的展览会往往收费较高，为节省费用，可与人合租展位，即使如此，效果也会好于参加那些不知名的展览会。

3．展览会的内容

现代展览业的一大特点是日趋专业化，同一主题的展览会可细分为许多小的专业展。例如，同样是有关啤酒的展览会，其具体的展出内容可能是麦芽和啤酒花，可能是酿造工艺，可能是生产设备，也可能是包装材料与技术。参展商事先一定要了解清楚，以免"误入歧途"。

4．展览会的时间

任何产品都具有自己的生命周期，产品的生命周期通常分为新生、成长、成熟、饱和、衰退五个阶段。展出效果与产品的生命周期有一定的关系，对普通产品而言，在新生和成长阶段，参加展览会有事半功倍的效果；在成熟和饱和阶段，展出效果可能不理想；到了衰退阶段，展出往往会劳而无功。

5．展览会的地点

参加展览会的最终目的是向该地区推销产品。因此，一定要研究展览会的主办地及其辐射地区是不是自己的目标市场，是否有潜在购买力，必要时可先进行一番市场调查。

4. 展览会举办效果的评估

对展览会举办效果的评估是对开展展览工作所带来的社会效益的测量与评估，它主要体现在参展者对展品的反应，对组织的认识及对整个展览会举办形式和效果的看法等方面。展览会举办效果的评估方法主要有以下几种。

（1）参展者留言。举办者在展览厅出口处设置参展者留言簿，主动征求参展者的意见。

（2）召开座谈会。在展览会举办过程中，随机找一些参展者座谈，谈论对展览会的看法，并要求提出意见。

（3）记者采访。在展览会举办期间，记者在展览会上，随时提出一些有意义的问题让参展者回答，以收集参展者的意见。

（4）问卷调查。展览会结束后，向参展者分发调查问卷，了解展览会举办的实际效果。

（5）当场举办有关展览会内容的知识竞赛，当场提问，当场解答，当场发奖。

补充阅读：展览经济能否成为公关营销的风口（二维码7-3）

扫一扫

二维码 7-3

7.2.5　新闻发布会

新闻发布会又称记者招待会，是政府、企业、社会团体和个人把各新闻机构的有关记者邀请来，宣布某一或某些重要消息，并让记者就此进行提问，然后由召集者回答的一种具有传播性质的特殊会议。社会组织召开新闻发布会可以达到两个目的：一是广泛传播有关本组织的重要信息；二是与新闻界保持密切的联系。

1. 新闻发布会的特点

（1）权威性强。社会组织以新闻发布会的形式发布信息，比较正规、隆重，而且规格比较高，有极强的权威性。

（2）针对性强。在新闻发布会上，问答是活动的主要形式，在活动中记者就自己感兴趣的话题进行提问，针对性强；同时，在提问中，记者们还可相互启发，从而更深层地掌握信息。

（3）价值较高。新闻发布会一般在组织急需的情况下召开，这要求新闻发布会所传达的信息具有较高的新闻价值，值得新闻媒介和公众广泛传播。

（4）难度大、要求高。召开新闻发布会不但成本高，而且占用组织者和与会记者的时间较长，对组织发言人和主持人的要求较高，如要求发言人和主持人头脑清晰、思维敏捷，逻辑性和应变能力强。因此，与其他专题活动相比，召开新闻发布会的难度较大。

（5）有利于感情交流。在新闻发布会上，主持人或主要发言人与记者进行面对面的交流，可就一些问题达成共识，加强了社会组织与新闻记者的沟通。

2. 新闻发布计划的制订程序

（1）确定理由。"无风不起浪"，制订计划总要有理由：近期发生了什么大事或计划做什么大事？这件"大事"应当是与组织的发展有直接关系的；或者发生在组织内部，已经或将要波及社会；又或者发生在社会中，必然会影响到组织。

（2）提议。制订新闻发布计划的依据是有这方面的提议。要宣传"大事"可以通过新闻发布会，也可以直接给报社写稿，还可以做广告。只有有了召开新闻发布会的提议，计划才能启动。提议者可以是最高决策层，也可以是一个部门，普通的公共关系人员也可以提议召

开新闻发布会。

（3）分析。新闻发布会是否进入计划程序要经过分析。召开新闻发布会的提议是否合理？召开新闻发布会是否有必要？会产生什么影响？在当前形势下召开新闻发布会是否与整体传播规划相适应？有没有比新闻发布会更合适的形式？

（4）建议。公共关系人员就是否召开新闻发布会和会议的格调向最高管理层提出建议。建议召开的理由是什么？确定什么样的主题？何时可以拿出具体的计划？反对召开新闻发布会的理由是什么？是否可以用其他活动代替？

（5）核定。组织的领导审阅上述建议，对是否召开、如何召开新闻发布会做决策。

（6）启动。如果领导批准召开新闻发布会，则开始制订计划。

课堂讨论

怎样才能启动一个新闻发布计划？

3. 新闻发布计划的内容

（1）确定召开新闻发布会的必要性。在召开新闻发布会之前，应当对所要发布的信息进行认真的研究分析，判断这些信息是否重要、发布这些信息的紧迫性与最佳时机，以及这些信息是否具有广泛传播的价值等。在企业中，通常有必要召开新闻发布会的事件包括开业；新产品的开发、生产与投放市场；企业重组上市；发生重大（或紧急）事件；受到公众和新闻界的公开批评；开展重大的社会公益活动；重要的人事变动；企业的重要庆典或纪念活动等。

（2）确定新闻发布会的主题。主题是新闻发布会的核心内容，整个活动都要围绕主题开展。在召开新闻发布会之前，必须确定会议的主题。

（3）确定召开新闻发布会的时间和地点。召开新闻发布会需要选择最佳时机，以便有关本组织的重要新闻能在合适的时间向公众进行传播。时间的选择应遵循两个原则：一是要在所要传播的信息最具有新闻价值的时候；二是被邀请的记者都能到会。

在地点的选择上主要考虑要给记者创造各种方便采访的条件，如灯光、视听辅助工具等，还要考虑交通是否便利，并且环境应安静。同时，会场的桌椅要尽量适合记者记录、拍摄使用等。

（4）选择新闻发布会的主持人和发言人。记者的职业要求和思维习惯使得他们在新闻发布会上会提出一些深刻、尖锐且可能棘手的问题，这就对新闻发布会的主持人和发言人提出了较高的要求。主持人的作用在于把握主题范围，掌握会议进程，控制会场气氛，促使会议顺利进行，在必要时还承担着缓解紧张气氛、打破僵局等特殊任务，应由有较高公共关系专业技巧的人担任。发言人要透彻地掌握本组织的总体状况及各项方针政策，面对新闻记者的各种提问，需要头脑冷静、思维清晰、反应灵敏，具有很强的语言表达能力，发表的意见应具有权威性。发言人一般由组织主要负责人或部门负责人担任。

（5）确定要邀请记者的范围。邀请哪些记者出席新闻发布会要根据所要发布信息的重要性和影响程度来确定。从地域范围来看，如果新闻内容仅限于本地，则以邀请当地新闻机构的记者出席为主；如果新闻内容涉及较为专业的业务，则以邀请专业性新闻机构的记者出席为主；如果新闻内容涉及全国范围，则以邀请全国性新闻机构的记者出席为主。从传播媒介来看，应该邀请各种传播媒介的记者出席，既要有电视台的记者，也要有报刊的记者；既要有文字记者，也要有摄影记者。这样可以使本组织发布的重要新闻在社会上形成良好传播的态势。

（6）准备发言稿和辅助材料。组织中熟悉情况的人成立专门的发言起草小组，全面收集有关资料、信息，写出准确、生动的发言稿供发言人参考，还可以写出报道提纲，在会议上发给记者，让其作为采访报道的参考。发言稿和报道提纲的内容要统一。如有必要，还应提前向与会记者提供与本次新闻发布会有关的背景材料，以便让记者对会议有更多的了解。

（7）组织记者参观的准备。在新闻发布会前后，可以配合会议主题组织记者进行参观，给记者创造实地考察、摄影等机会，增加记者对会议主题的感性认识。为使参观活动达到预期目的，应该提前安排好将要参观的地点，并派专人接待、陪同及介绍情况。

（8）布置会场。布置会场是召开新闻发布会之前的重要准备工作之一，要为新闻发布会创造一个良好的环境，即安静、无干扰，室内座椅舒适，灯光适宜。

（9）制定经费预算。经费预算可按新闻发布会的规模制定，制定经费预算时应留有余地，以备急用，其经费预算一般包括场地费、会场布置费、印刷费、饮食费、礼品费、器材费、邮费、交通费、电话费、上网费等。

📝 公共链接

企业选择展览会的技巧

组织机构的新闻发布制度是从国家的新闻发言人制度中衍生出来的。新闻发言人制度是当今世界大多数国家推行的一种基本的信息发布制度，这项制度的首创者是美国前总统富兰克林·罗斯福。1933 年，罗斯福执政后为挽救严重的经济危机而采取了"新政"，此后罗斯福为了推动"新政"的顺利实施，就"新政"的推行情况定期约请广播电台的记者到自己的办公室或寓所，以"炉边谈话"的形式向社会发布新闻，从而开创了新闻发言人制度的先河。

我国政府于 1983 年 4 月开始设立新闻发言人制度，国务院设新闻办公室和新闻发言人，此后举行重大活动时都要举行新闻发布会。这一体现公开性和透明度的行之有效的政治制度也在工商企业界和其他社会服务领域得到了普遍的推广。

与国家的新闻发言人制度一样，组织机构新闻发布制度的实施，不但为组织的信息传播开辟了一个更具有权威性的途径，而且对促使工商企业和其他社会组织由传统的封闭型经营方式向现代开放式经营模式的转变具有特别重要的意义。

新闻发言人制度（二维码 7-4）

扫一扫

二维码 7-4

🎓 课堂讨论

新闻发言人对组织而言可以起到什么作用？一位合格的新闻发言人应具备什么素养？

4．召开新闻发布会的注意事项

（1）所发布的信息必须是准确无误的。

（2）新闻发布会的主持人与新闻发言人代表组织出现在记者面前，应维护好组织的形象。

（3）新闻发布会的主持人应充分发挥主持和组织作用，既要调动记者提问的积极性，又要控制好会场、掌握好节奏，使新闻发布会的整个过程不偏离主题。

（4）新闻发言人发布的信息和回答的问题必须准确无误，并且主要发言人和其他发言人

的口径要统一，防止因口径不统一而引起记者猜疑和会场秩序混乱。

（5）对于不愿发表的意见和不便透露的信息，应委婉地向记者解释，希望记者理解，不要吞吞吐吐，否则会使记者追根究底，造成难堪的局面。

建立中共中央新闻发布制度的重要性（二维码 7-5）

扫一扫

二维码 7-5

5．召开新闻发布会的程序

（1）签到。组织应设立签到处，最好由组织中的一个重要人物出面迎宾，一方面可以显示出组织的礼貌和对会议的重视，另一方面可以通过问候、寒暄加强了解，建立感情。

（2）发放资料。在会议正式开始前，要将准备好的资料有礼貌地分发下去，让记者对会议有一个粗略的了解，以便在发言人发布信息时对会议主题有更进一步的认识和理解。

（3）会议开始。由主持人说明召开会议的目的，并对所要发布的信息和有关情况进行介绍。

（4）发言人讲话。发言人对事件的内容进行详细、准确的讲述。

（5）问答。

（6）会议结束。

6．新闻发布会的会后工作

（1）尽快整理出新闻发布会的记录材料，对新闻发布会的组织、布置、主持和回答问题等方面的工作进行评估，总结经验和教训，并将总结材料归档备查。

（2）对照会议签到簿，看与会记者是否发表了与本次新闻发布会有关的稿件。收集已经发表的新闻稿，进行分类登记，并对记者所发稿件的内容及倾向进行分析，检查是否达到了召开新闻发布会的预定目标。

（3）若出现不利于本组织的报道，应给出良好的应对策略。若出现不正确或歪曲事实的报道，则应采取行动，说明真相，向新闻机构提出更正要求；若报道的虽然是事实，但不利于本组织，则应通过媒体向公众表示歉意，并说明改进的措施，尽力挽回损失。

（4）收集与会记者及其他来宾对新闻发布会的反应和意见，以便今后改进工作。

项目训练一：庆典活动的策划训练

任务编号：7-1	小组成员：
任务描述：请你为本地某企业制订周年庆活动计划。	
相关资源：本地企业可以是制造企业、商业中心、农业企业等。	
实施步骤： 1．通过官网查找本地企业的资料； 2．确定周年庆活动的对象； 3．确定周年庆活动的目标； 4．确定周年庆活动的主题。	
任务成果模板： 一、本地企业简介	

二、周年庆活动的对象

三、周年庆活动的目标

四、周年庆活动的主题

五、周年庆活动的项目设计

六、周年庆活动的场地布置

七、周年庆活动的预算

项目训练二：开放参观活动的策划训练

任务编号：7-2	小组成员：

任务描述：请你为本地气象局制订"开放日"活动计划。

相关资源：

气象局，指从事气象业务的政府单位。

以中国气象局为例，其职责包括以下几点。（一）拟定气象工作的方针政策、法律法规、发展战略和长远规划；制定、发布气象工作的规章制度、技术标准和规范并监督实施；承担气象行政执法和行政复议工作。（二）组织拟订和实施气象灾害防御规划，参与政府气象防灾减灾决策，组织指导气象防灾减灾工作；组织编制国家气象灾害应急预案，组织气象灾害防御应急管理工作；组织气象灾害监测预警及信息发布系统建设，负责气象灾害监测预警和信息发布；承担国家重大突发公共事件预警信息发布工作；负责重大活动、突发公共事件气象保障工作；组织对重大灾害性天气跨地区、跨部门的气象联防和重大气象保障；组织气象灾害风险普查、风险区划和风险评估工作；组织对国家重点工程、重大区域性经济开发项目、城乡建设的气象服务；管理人工影响天气工作。（三）对国务院其他部门设有的气象工作机构实施行业管理，统一规划全国陆地、江河湖泊及海上气象观测、气象台站网、气象基础设施和大型气象技术装备的发展和布局，审订气象信息采集、传输、加工的质量评价方法并监督实施；组织气象技术装备保障和质量监督、气象计量监督，审核全国大中型气象项目的立项和方案。（四）管理全国陆地、江河湖泊及海上气象情报预报警报、短期气候预测、空间天气灾害监测预报预警、城市环境气象预报、火险气象等级预报和气候影响评价的发布；组织论证并审查大气环境影响评价。（五）组织气候变化科学相关工作；组织气候资源的综合调查、区划，指导气候资源的开发利用和保护；组织并审查国家重点建设工程、重大区域性经济开发项目和城乡建设规划的气象条件论证……

实施步骤：

1. 通过官网查找本地气象局的资料；
2. 确定"开放日"活动的对象；
3. 确定"开放日"活动的目标；
4. 确定"开放日"活动的主题。

任务成果模板：

一、本地气象局简介

二、"开放日"活动的对象

三、"开放日"活动的目标

四、"开放日"活动的主题
五、"开放日"活动的项目设计
六、"开放日"活动的场地布置
七、"开放日"活动的预算

【思政探讨】

一、党的二十大精神进课堂

1. 党的二十大精神学习。

2022年10月25日，新华社发布了党的二十大报告全文。报告先后四次提及"公益"，分别为：

"完善办事公开制度，拓宽基层各类群体有序参与基层治理渠道，保障人民依法管理基层公共事务和公益事业"（选自"六、发展全过程人民民主，保障人民当家作主"中"（三）积极发展基层民主"一节）；

"完善公益诉讼制度"（选自"七、坚持全面依法治国，推进法治中国建设"中"（三）严格公正司法"一节）；

"引导、支持有意愿有能力的企业、社会组织和个人积极参与公益慈善事业"（选自"九、增进民生福祉，提高人民生活品质"中"（一）完善分配制度"一节）；

"深化以公益性为导向的公立医院改革，规范民营医院发展"（选自"九、增进民生福祉，提高人民生活品质"中"（四）推进健康中国建设"一节）。

党的二十大报告全文四次提及"公益"（二维码7-6）

2. 企业做好公益活动的作用是什么？

扫一扫

二维码7-6

二、思政素养探讨

1. 团队在策划公益活动时应注意什么？请举例说明。

2. 如何在设计活动时进行创新？

3. 通过哪些方式可以提升发现问题和解决问题的能力？

【本项目小结】

公共关系专题活动是组织为塑造自身形象围绕某一公共关系主题，有计划、有步骤地组织目标受众参与的集体行动，是组织与公众沟通的有效途径。

组织庆典活动有三大效应：引力效应、实力效应、合力效应。

公关赞助活动是指组织通过无偿地提供资金或物质对各种社会公益事业做出贡献，以提高社会声誉，树立良好社会形象的公共关系专题活动。

展览会是一种综合运用各种传播媒介、手段推广产品，宣传组织形象和建立良好公共关系的大型活动，它通过实物、文字、图表来展示成果，图文并茂，给公众以极强的心理刺激，从而加深公众对组织和产品的印象。

【延伸练习】

一、选择题

1. 以下属于庆典活动的是（　　）。

A. 交流会　　　　　　　B. 庆功会　　　　　　C. 展销会

2. （　　）是一种复合性传播方式。

A. 展览会　　　　　　　B. 开业典礼　　　　　C. 促销活动

二、填空题

1. 公共关系专题活动的基本特点是_____、_____、_____、效率性与灵活性。

2. 组织庆典活动有三大效应，分别是_____、_____、_____。

3. 新闻发布会的特点是_____，_____，_____，难度大、要求高，有利于感情交流。

三、简答题

1. 简述如何组织庆典活动。

2. 简述开放参观活动的作用。

3. 简述公关赞助活动应遵循的原则。

4. 简述新闻发布会的注意事项。

四、课后实训

1. 假设你是某汽车公司的公共关系部部长，请你制订一份赞助一位车手无后援自驾车30日环游中国的计划（要点：项目的缘起、赞助的意义、赞助的项目、车手的义务、相关宣传报道计划、其他内容等）。

2. 请策划班级风采展。

【延伸阅读】

安踏30周年庆典，"共生"成为关键词（二维码7-7）

扫一扫

二维码7-7

项目 8

公共关系危机

思考：

★ 什么是公共关系危机？公共关系危机有什么特点？

★ 为什么会发生公共关系危机？具体有哪些原因？

★ 公共关系危机发生后，应该怎样处理？其程序是怎样的？

★ 公共关系危机的对象不同，处理方式有什么不同？

教学目标：

★ 知识目标

● 知晓公共关系危机的含义、特点与类型

● 熟记公共关系危机的预防方法

● 掌握公共关系危机管理程序

● 了解公共关系危机的处理原则

● 掌握公共关系危机的处理策略

★ 能力目标

● 能够预防公共关系危机

● 能够运用公共关系危机管理程序指导工作

● 能够运用公共关系危机的处理原则处理危机事件

● 能够运用公共关系危机的处理策略处理危机事件

★ 思政目标

● 使学生理解"弘扬诚信文化，健全诚信建设长效机制"

● 培养学生的诚信素养

★ 素养目标

● 培养学生细致、及时的工作价值观

● 培养学生的创新能力

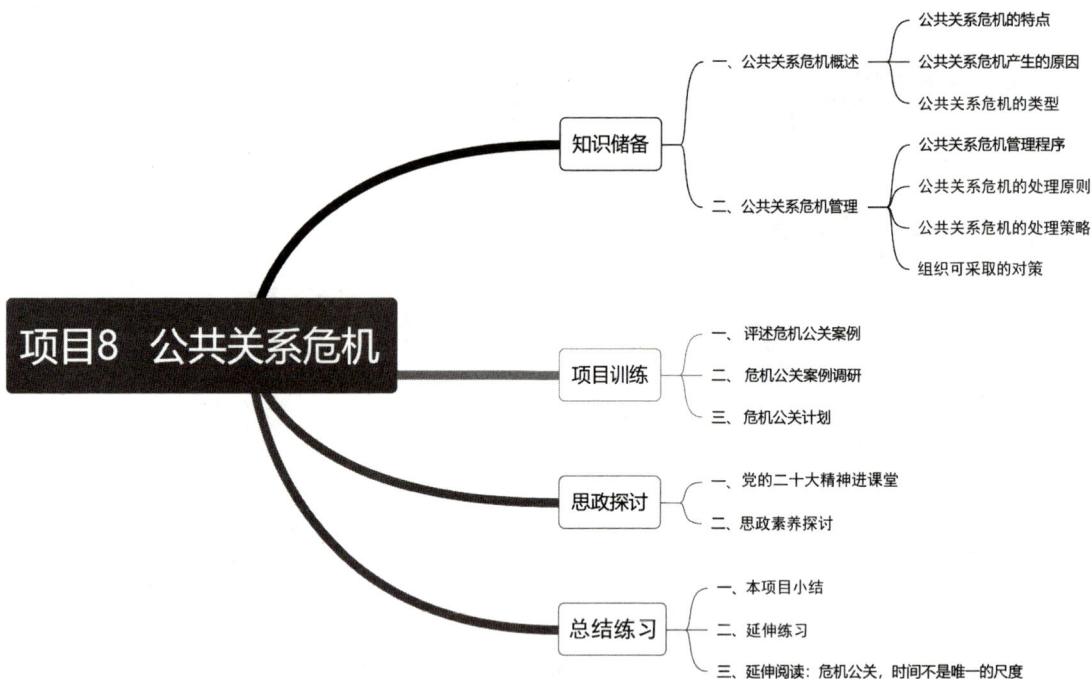

```
                                                    ┌─ 公共关系危机的特点
                                   ┌─ 一、公共关系危机概述 ─┼─ 公共关系危机产生的原因
                                   │                    └─ 公共关系危机的类型
                    ┌─ 知识储备 ──┤
                    │              │                    ┌─ 公共关系危机管理程序
                    │              │                    ├─ 公共关系危机的处理原则
                    │              └─ 二、公共关系危机管理 ─┤
                    │                                   ├─ 公共关系危机的处理策略
                    │                                   └─ 组织可采取的对策
                    │
                    │                              ┌─ 一、评述危机公关案例
  项目8  公共关系危机 ─┼─ 项目训练 ──┼─ 二、危机公关案例调研
                    │                              └─ 三、危机公关计划
                    │
                    │              ┌─ 一、党的二十大精神进课堂
                    ├─ 思政探讨 ──┤
                    │              └─ 二、思政素养探讨
                    │
                    │              ┌─ 一、本项目小结
                    └─ 总结练习 ──┼─ 二、延伸练习
                                   └─ 三、延伸阅读：危机公关，时间不是唯一的尺度
```

【知识储备】

在现代社会中，存在各种各样的危机。公共关系危机管理是现代管理领域一个新的研究课题。现代组织的公共关系人员必须了解公共关系危机产生的原因，树立公共关系危机意识，做好公共关系危机的预防工作，并能根据公共关系危机的处理原则、处理策略妥善处理各种危机事件，使组织转危为安，即使危机不能消除，也要正视危机、转化危机。

8.1 公共关系危机概述

危机是指由非常因素引起的某种非常事态。也就是说，危机是突然发生的、危及组织生存和发展的严重恶性事件。"危机"这个词是由危险和机会组成的，是一个中性词。危机中孕育着机会，危机不仅带来麻烦，也蕴藏着无限商机。

公共关系危机又称公关危机，是指由于主观或客观原因，企业与公众的关系处于极度紧张的状态，企业的处境十分困难。例如，企业因产品质量不合格、劳资纠纷、重大事故等被媒体曝光，这会令企业的美誉遭受严重考验。

8.1.1　公共关系危机的特点

1. 必然性与偶然性

必然性是指危机不可避免，即只要有公共关系就有公共关系危机，必然性是公共关系作为开放复杂系统的结果；偶然性是指危机的爆发往往是由偶然因素引起的，偶然性取决于系统的动态特征。由于公共关系系统是开放的，每时每刻都处于与外界的物质、能量、信息的交换之中，其任何一个薄弱环节都可能因某种偶然因素而出现问题，形成危机。

2. 突发性与渐进性

"冰冻三尺非一日之寒。"公共关系危机的爆发是一个从量变到质变的过程，酿成危机的因素是逐渐累积的，经过一段时间的"潜伏"，如果未能得到有效控制，这些因素就会继续增加，从而导致组织公共关系危机的总爆发，并迅速蔓延，产生连锁反应，使公众与组织的关系突然恶化。

3. 破坏性与建设性

危机一旦出现，在本质上或事实上就会造成破坏，并且是对组织和社会两个方面的。因此，组织应尽力防范和阻止公共关系危机的发生。根据系统学的观点，危机既有破坏性又有建设性。组织认识到危机的破坏性，才不会掉以轻心、麻痹大意；认识到危机的建设性，才会以主动姿态，沉着冷静且满怀信心地面对危机，为自身赢得富有竞争力的声誉，树立良好的形象，为重大问题的解决创造机会。正如伟达公共关系顾问有限公司的一位经理所说："危机，即危险加机遇。"对受损的组织形象的恢复，要采取迅速的、切实有效的危机对策。

4. 急迫性与关注性

公共关系危机总是在短时间内猛然爆发，具有急迫性，一旦爆发就会造成巨大的影响。它常常会成为社会和舆论关注的焦点与讨论的话题，是新闻界报道的热点内容，也会成为竞争对手发现破绽的线索，成为主管部门检查批评的对象。总之，公共关系危机一旦出现，就会像一颗突然爆炸的"炸弹"，在社会中迅速扩散开来，对社会造成严重的冲击；它就会像一根牵动社会的"神经"，迅速引起社会各界的不同反应，令社会各界密切关注。因此，若公共关系危机处理不当，则必然会给组织带来严重后果。"兵贵神速"，组织必须注重危机公关管理方案的时效性。

紧急公关（二维码8-1）

扫一扫
二维码8-1

✏️ **公共链接**

新时代企业危机管控的聚焦点

在传统媒体时代，企业应对危机事件可以说就是一场与媒体的博弈，因为当时的媒体掌控"绝对"的话语权，公众的声音很难被听到，主要是单向传播，且媒体数量有限，一旦企业掌控住核心的媒体，大概率能消除危机。但随着微博、微信等新媒体的出现，公众有了发表观点、展示自我的空间，传播变为双向模式，甚至是多向模式，传统媒体的传播力下降，从近几年发生的企业危机事件来看，自媒体人"发声导视"的作用越发突出。在这种情况下，企业过去管控危机的方法失效了，但"控制危机源头处理危机"的思想并未改变，因此出现

了有偿删帖等违法行为。删帖不但违法，还不能从根本上消除危机，反而会激起公众的愤怒情绪，并引起他们的关注。换句话说，假设能够删掉全部的负面报道，但公众的负面情绪"删不掉"，这就是新媒体时代危机管控面临的严峻挑战，由此也可以看出新媒体时代危机管控最重要的核心是疏导公众情绪和控制舆论。

"黄金时间"原则依旧是非常重要的，当发生危机时，当事方第一时间做出正确的应对，能将危机造成的影响降到最低。由于各种媒体信息的碎片化，已经无法掌控"绝对"的话语权，因此主动抢夺话语权，引导公众认识事实真相，是当下常用的方法。也就是说，在危机发生后，企业应抢先站出来说话，将公众关心的内容说明，且越详细越好，成为事件的主导者。其中，很关键的一点是态度要诚恳——承认错误、勇于道歉、积极改进。比如食品安全问题，好的处理方式是，企业第一时间发布声明承认错误，同时说明针对卫生问题的具体整顿措施、领导层的态度与责任，一周内再次发布声明，向公众报告整顿行动的进程，具体是如何实施的，是否聘请了专业的第三方公司，具体负责的领导是谁，联系电话是多少……这样一套做下来，有助于企业声誉的恢复。

网络谣言呈现出一种传播规律：事件的重要性乘以事件的模糊性，除以公众的判断能力。也就是说，如果是特别骇人听闻的谣言，如食品安全、伤害儿童等问题，公众的关注度越高，事件越模糊，传播越快。如果公众的判断能力很高，谣言就不容易传播，但现实情况是普通公众的判断能力并不高，否则"肯德基的鸡有六个翅膀"的谣言就不会有了。当公众被谣言激怒时，往往不会核实真相再去传播，而传播之后的层层加码会对企业造成难以估量的伤害。企业在应对这类危机时，重点是要降低事件的模糊性，只有第一时间说明真相，谣言才会不攻自破。下面举个例子说明。2017年年底，某幼儿园有家长报案，称在孩子身上发现了针眼，并在幼儿园内找到了伤害幼儿的工具，以及没有任教资质的"虐童"教师，还将这些经过拍摄成视频上传网络。这起危机事件看似证据确凿、无可辩驳，但实际上并不是真的，幼儿园及相关部门第一时间降低了事件的模糊性，还原了真相。在家长报案的第二天，该区政府就发布了声明，称已经调动了公安、医院、教委等各方对事件进行核查，结果是医院鉴定被扎孩子身上的针眼其实是干性湿疹，公安局的调查显示"作案工具"是手工课用的锥子，教委确认教师资质没有问题。整个事件就是谣言，24小时内用事实辟谣，因此并未出现大规模传播，对幼儿园的损害也是最低的。此外，利用先进技术手段也能很快甄别事件的真假，做到及时辟谣。比如微信中有辟谣小程序，辟谣助手会推送提醒阅读过的文章被辟谣。

危机防控的第一阵地是自己的阵地。具体地说，就是涉及品牌的QQ群、贴吧、微博、微信公众号的留言等。因为媒体对于事件的报道，并不是直接联系企业公共关系部，询问是否有负面新闻。最直接的方法就是以企业为线索，顺着线索找到"苦主"，将"苦主"的经历进行整理编辑，然后联系企业公共关系部，询问其对该事件的反馈。针对这一现象，产生了一种新的应对方法，叫作"从眼睛盯着媒体，到盯着媒体的眼睛"。这一应对方法要求企业做到严防死守。

此外，在新媒体时代危机管控中，还有一种方法就是让危机从公众关注的事件变成小众关注的事件，然后慢慢趋于平静。如何做？这里强调几点。第一是新闻事实的内容。比如涉及食品安全问题的危机，全民都会关注，但如果只是一个产品的瑕疵问题，关注的可能只是使用该产品的小群体，企业处理得当（承认错误、改进措施、售后服务等方面），就不会引起公众的高度关注。第二是危机事件的动机。也就是为什么会出现危机，是企业无意的，还是故意而为之的。第三是处理危机的态度。再棘手的问题，诚恳的态度都有利于稳定公众情绪。

第四是传播渠道。企业不要抱有消除一切负面报道的幻想，若能控制核心传播渠道，可以在一定程度上降低公众的关注度。

（资料来源：中国公关网）

课堂讨论

请根据新时代企业危机管控的聚焦点，谈谈你的认识。

8.1.2　公共关系危机产生的原因

美国危机管理专家诺曼·奥古斯丁曾说："危机就像普通感冒病毒一样，种类繁多，难以一一列举。"的确，经营管理不善、市场信息不足、同行竞争，以及自然灾害、事故，都可能使得组织处于危机四伏的境地。分析公共关系危机产生的原因，对制定正确的预防和处理策略有着十分重要的意义。企业公共关系危机产生的原因很多，一般来说，大致可以分为企业内部环境原因和企业外部环境原因。

1. 企业内部环境原因

（1）经营管理不善。企业管理水平和管理效率越高，发生危机的可能性越小；相反，管理者缺乏有效措施、管理方法不科学、缺乏有效沟通等，引发危机的可能性越大。

（2）员工自身素质低。这一点包括企业领导者和企业普通员工自身素质较低，在危机产生前对危机的认识不够，在危机出现后对危机处理不善。

（3）工作不规范。企业中缺乏严格的规章制度和员工的行为规范，表现为管理制度不健全，无章可循；员工行为无规范，操作无标准等，埋下了隐患。

（4）决策失误。这是最常见的引起企业公共关系危机的原因，主要有三点：一是领导的素质不高；二是对行情发展趋势所做的判断不正确；三是缺少市场周密调查，做出不科学的决策，表现为方向错误、时机错误、策略错误。

2. 企业外部环境原因

企业所处的外部环境是异常复杂的，某一方面发生变化，尤其是突如其来的变化，都会给企业以重击，使企业陡然陷入困境，企业形象面临前所未有的挑战。

（1）自然环境突变。自然环境突变包括天然性自然灾害和建设性破坏两个方面。天然性自然灾害，如山脉、河流、海洋、气温等所形成的灾害，是不以人的意志为转移的，它往往会给企业带来意想不到的打击，正所谓"人在家中坐，祸从天上来"。

（2）企业恶性竞争。恶性竞争即不正当竞争，是指在市场经济活动中，违反国家政策法令，采取弄虚作假、坑蒙拐骗等手段获取利益，损害国家、生产经营者和消费者的利益，扰乱社会经济秩序的不良竞争行为。

（3）体制和政策不利。国家的经济管理体制和经济政策是企业难以控制的外部因素，它对企业的经营和发展具有重大影响与制约作用。一般来讲，任何企业都希望国家的经济管理体制和经济政策有利于本企业的生存和发展，但这些又在某些特定的情况下无法实现，如果经济管理体制和经济政策对企业的发展不利，那么企业可能在经营活动中遭遇很大的风险，出现严重的问题，甚至陷入一种欲进不能、欲退不甘、欲止不利的困境。在这种情况下，出现一种公共关系危机是完全可能的。传统经济管理体制的约束、传统思想观念的影响、行业封锁、产品垄断、条块分割的种种弊端，甚至可以把企业逼上绝境。

（4）公众误解。公众对企业的了解并不是全面的，有的公众会因信息的缺乏或专听一面之词对企业产生误解。这包括四个方面：一是服务对象公众对企业的误解；二是内部员工对企业的误解；三是传播媒介对企业的误解；四是权威机构对企业的误解。无论是哪类公众对企业的误解，都有可能引发企业的危机，其中传播媒介和权威机构对企业的误解，更可能使传播范围扩大，程度加深，形成极为不利的舆论环境。

除上述所列公共关系危机产生的原因之外，还有下列原因：劳资争议及罢工、股东丧失信心、具有敌意的兼并、股票市场上大股东的购买、谣言、大众传媒泄露企业机密、企业内部人员贪污腐化等。企业只有在广泛收集有关信息的基础上，对造成公共关系危机的原因进行深入分析，才能拿出充分的依据，为公共关系危机的管理奠定坚实的基础。"把握症结，对症下药"应成为企业牢记的宗旨。

8.1.3　公共关系危机的类型

按照不同的分类标准，可将公共关系危机划分为多种类型，在公共关系工作中，可将公共关系危机按照内容和形式进行划分。

1. 按照内容划分

按照内容，可将公共关系危机划分为信誉危机、效益危机、综合性危机。

（1）信誉危机。它是指组织在经营理念、管理手段、服务态度、传播方式等方面出现失误引起的社会公众对组织的不信任，甚至怨愤的情绪。信誉危机又称形象危机。信誉危机是真正意义上的公共关系危机，它是组织形象在公众心中的倒塌，是公共关系工作的重大失误，如不及时想办法挽救，很快就会波及组织的其他领域，造成灾难性的损失。

（2）效益危机。它是指组织在直接的经济效益方面面临的困境。例如，同行业产品价格下调；原材料价格上涨；行业的恶性竞争；该产品市场疲软，产品过剩；组织的投资出现了偏差等。

（3）综合性危机。它是指兼有信誉危机和效益危机的整体危机。这种危机的爆发往往是由于出现了影响重大的突发性事件，而且情况总是由信誉危机引起的，由于处理不及时，或者事态发展太快而造成了经济利润的全面下降，导致连锁损失。

2. 按照形式划分

按照形式，可将公共关系危机划分为点式危机、线性危机、周期性危机、综合性危机。

（1）点式危机。它的出现是独立的、短暂的，和其他方面联系不大，产生的影响比较有限，它往往是发生在一定范围内的局部危机，也是一种程度较轻的危机。

（2）线性危机。它是指由某一项危机产生的影响而造成的事物沿着发展方向出现的一系列危机连锁现象，根本原因在于事物之间的联系。如果某一环节出现偏差，不及时处理，造成失控，困难的局面就会失去控制，最终由一项危机演变成一系列危机。

（3）周期性危机。周期性危机是指一种按规律出现的危机。例如，某些产品的销售，有旺季，也有淡季，当进入淡季后，就要有相应的处理措施，以应对不利的局面。这种周期性危机可以预测、能够预防。

（4）综合性危机。综合性危机是指在一个组织中，突然出现了由以上几种危机构成的爆炸性危机。它一般是先因点式危机处理不得力造成了线性危机，再加上其他因素的作用，使

危机变严重，短期内迅速发展成一种重度危机。

我们还可以根据公共关系危机危害程度的不同，将危机划分为一般性公共关系危机和重大公共关系危机。前者程度较轻，是局部性的，危害小；后者情况严重，是整体性的，危害大。另外，根据公共关系危机呈现的状态，还可以将其划分为隐性公共关系危机（某些局部要素上的隐患）和显性公共关系危机（已经形成事实的整体性危机事件）。

课堂讨论

请选择某个类型的公共关系危机，谈谈你的认识。例如，常见的信誉危机有哪些？具有什么特点？

8.2 公共关系危机管理

8.2.1 公共关系危机管理程序

公共关系危机管理是指公共关系人员在危机意识或危机观念的指导下，依据管理计划，对可能发生的或已经发生的公共关系危机进行监督、控制、处理的过程。公共关系危机管理主要包括危机预测、危机防范、危机识别、危机处理、危机善后五个方面。

1. 危机预测：监测环境，制定图表

企业应成立公共关系危机管理委员会，对内外部环境做详细、周密的分析和检测，其内容包括可能发生哪些危机，危机可能具备的性质和规模等，并对危机进行分类。例如，A 表示最可能发生的危机，如产品质量、媒介关系、环境变化等；B 表示次级危机，如公众误解、合作伙伴违约等。

2. 危机防范：日常贯彻，严格控制

企业应制订公共关系危机管理计划，即制订一个具体的、有针对性的、可操作性强的公共关系危机管理计划。计划应结合企业实际，考虑市场的变化，具有一定的弹性。

此外，应全员公关，让员工参与危机管理，把计划应用到企业运转的全流程中，并确保被严格执行。

企业还应做好内部培训，把所有程序的执行分配到每个人的头上，权责明晰，并设立人员监督，定期检查。

3. 危机识别：正确区分，制定对策

企业应尽快识别危机。市场瞬息万变，问题越早发现，处理起来越容易，所花代价越小，等到事态扩大就麻烦了。

4．危机处理：注重沟通，迅速行动

一旦危机不可避免地发生了，要临危不乱，及时沟通，迅速行动。企业要做好内外部沟通工作：对内要统一口径，避免内部的猜疑，保证一个声音对外；对外沟通要及时，不能只是以"电话无人接听""等待鉴定结果""企业负责人不在""我们会对整个事情负责"等理由来搪塞公众，应尽快发布真实的进展信息。只有在内部充分沟通的基础上，及时进行外部沟通，并且在沟通的过程中，站在消费者利益的角度真诚地认错，展现出负责任的态度，才能获得公众的理解。

5．危机善后：总结经验，重视反馈

危机善后包括对内和对外两个方面：对内整顿，总结经验，找出不足，制订一个切实可行的危机管理计划；对外将可能造成的不良影响列成表格，重视双向反馈，根据不同对象、程度、方面进行具体分析，并制定出有效的应对策略。例如，在媒体上进行公益宣传，召开新闻发布会，与相关部门保持良好接触，设立一个与公众自由交流的渠道等。

公共链接

危机管理计划书

一、序言

1．封面：计划名称、生效日期及文件版本号。

2．总裁令：由企业最高管理者致辞，并签署发布，确保该文件的权威性。

3．文件发放层次和范围：明确规定文件发放层次和范围，确保需要阅读或使用本计划的人员能够正确理解本计划的内容，同时文件接收者应签署姓名和日期，以表明对本计划的认可。

4．关于制订、实施本计划的管理制度：包括保密制度，制订、维护和更新计划的方案，计划审计和批准程序，以及启动本计划的时机和条件。

二、正文部分

正文部分通常包括12个方面的内容。

1．危机管理的目标和任务。这部分主要对建立危机管理体系的意义、在企业中的地位和要达成的目标进行描述。

2．危机管理的价值观和企业形象定位。这是企业进行危机管理的纲领。强生公司处理某事件成功的关键是因为有一个"做最坏打算的危机管理方案"。而这一危机管理方案的原则正是公司的信条，即"公司首先考虑公众和消费者的利益"，这一信条在危机管理中发挥了决定性的作用。希尔顿饭店为长远发展定下了两条原则：一是顾客永远是对的；二是即使错了，请参看第一条。希尔顿把顾客摆到了绝对没有错误的位置上，真正体现了顾客至上的理念。

3．危机管理的沟通原则。危机管理的核心是进行有效的沟通，是保持对信息流通的控制权。危机管理的沟通原则包括内部和外部两个方面，作用是为危机管理的沟通定下基调。

（1）与员工的沟通原则。

（2）与受损人员的沟通原则。

（3）与公众的沟通原则。

（4）与媒体的沟通原则。

（5）与政府的沟通原则。

（6）与股东和债权人的沟通原则。

（7）与供应商和经销商的沟通原则。

（8）与竞争对手的沟通原则。

4．成立危机管理小组。

（1）确定首席危机官或危机管理经理。

（2）确定危机管理小组的成员，并对各成员的权利和职责进行描述与界定。

（3）制定培训和演习方案。

（4）制定替补方案。如果在危机发生后，危机管理小组的成员因故不能履行职责，就需要人员替补的方案及计划变通的方案。

（5）组成外部专家队伍。

（6）制定指挥、沟通与合作程序。

5．危机管理的财物资源准备。

（1）危机管理计划的预算：包括危机管理小组的日常运转费用、危机管理设备的购买和维护费用及危机管理计划实施的费用。

（2）财物资源的管理：由谁管理，通过何种途径获得、如何使用等。

（3）财物资源的应急措施：当企业所储备的资源用完后，应如何获取相应资源。

（4）财物资源的维护制度：如定期检查、修理或更换制度。

（5）财物资源的使用制度：由谁使用、如何使用等。

6．法律和金融方面的准备（紧急状态下在法律和金融方面的求助程序）。

7．危机的识别与分析。

（1）识别危机。对企业的薄弱环节及内外部危机诱因进行列举。

（2）分析危机。对危机发生的概率、严重性进行分析和评估。

8．危机的预控措施。

（1）预控政策。

（2）检查和督促。

9．危机的发现、预警和报告程序。

（1）建立危机预警体系的程序。

（2）由谁建立、改进和维护危机预警体系。

（3）如何界定危机信息。

（4）危机信息汇报的原则和程序。

（5）危机预警后的处理措施。

10．危机时刻的应急指挥。

（1）启动危机管理程序。

（2）确定危机应对方案（如何减少损失和消除负面影响）。

（3）危机管理小组成员工作的原则和程序。

（4）信息汇报制度。

（5）决策制度。

（6）人、财、物的调度制度。

（7）内部和外部的沟通制度与程序。

（8）求助程序（向哪些机构或组织寻求帮助）。

11．恢复和发展计划。

（1）恢复和发展的原则。

（2）危机带来哪些长期影响？如何消除影响？

（3）如何恢复正常的组织运营程序和经营活动？

（4）危机管理小组成员在危机后的工作安排。

（5）回答员工关心的问题，统一员工的思想。

（6）解答外部公众和媒体的疑问。

（7）稳定债权人、股东、供应商和经销商队伍，争取他们的支持。

（8）积极与政府部门配合。

（9）赢得竞争对手的尊重。

12．危机管理的评估。危机结束后，对危机管理的评估程序。

（1）文件存档。

（2）评估损失。

（3）检讨危机管理行为。

三、附录部分

罗伯特·希斯把附录部分称为 PACE（清单）：P 指 Preparation，即准备；A 指 Action，即行动；C 指 Contact，即联络；E 指 Equipment，即装备。

我们把附录部分分为流程图、应用性表单、内部联络表、外部联络表。

（1）流程图：危机管理各流程的图表。

（2）应用性表单：整个危机管理程序中所涉及的环节中使用的表单，如危机记录和监控表单、危机汇报表单等。

（3）内部联络表：危机管理人员的姓名、职位、联系方式及职责。

（4）外部联络表：在危机应对过程中，外部相关组织（如政府、行业协会、银行、保险公司、供应商、经销商等）的联络方式。

（资料来源：中国营销传播网）

8.2.2　公共关系危机的处理原则

1．迅速反应原则

危机发生后，要在最短的时间内挽回组织的损失，维护组织的形象；及时、果断、快速地处理，采取有力的措施，控制住局面，防止危机失控。

2．承担责任原则

无论事件的危害多么严重，组织都要勇于承担责任，做到不推卸、不埋怨、不寻找客观理由。

3．权威证实原则

组织应积极调查判断，积极提出解决方案，主动投入调查、了解、分析、判断、决策工作，寻求最佳解决方案，争取专家的帮助和公众的支持与谅解。

4．真诚坦率原则

组织应主动向公众讲明事情的真相，不遮掩，否则会让公众更加好奇，甚至引起公众的

猜测和反感，要避免公众误解。

5. 系统运行原则

组织应考虑全局影响，不单纯就事论事；妥善安排危机后续事宜；动员全体员工团结一致，献计献策，共渡难关。

公关危机的处理原则（二维码8-2）

公共链接

在处理公共关系危机时，以下言论或行为是不妥当的，有损当事人的形象。

（1）声称"任何企业或个人都可能发生同类事件"。

（2）声称"事件的发生是由于供应商或别人的原因"。

（3）声称"此类事件是不可抗力的"。

（4）不简明扼要地阐述自己在为处理事件时具体做什么，而是说一些没有任何有效信息的话语。

（5）面对媒体和公众时态度不严肃、不诚恳，表现出不耐烦或怒气冲冲。

（6）事件发生后不闻不问，似乎对事件造成的损失和影响毫不关心。

（7）嘴上说在处理事件，但迟迟不行动。

（8）在处理事件时显得手足无措，不知如何是好。

（9）态度强硬，面对媒体或公众，发言混乱，前后矛盾或出现多个声音。

课堂讨论

举例说明在处理公共关系危机时为什么要遵循上述原则，谈谈你的看法。

8.2.3 公共关系危机的处理策略

危机是一种客观存在的现象，它会不时地出现在企业面前。因此，对危机进行处理显得十分迫切。公共关系危机的处理策略具体如下。

1. 采取紧急行动

（1）了解事件真相。当危机事件发生时，企业负责人首先要做的便是召集高层人员听取关于危机事件的报告。危机事件应由一线员工或亲历员工汇报，力求准确、全面、详尽、客观。如果隐瞒一些可能涉及自己或企业责任的事实或情节，就会影响对危机事件的正确评估。

（2）成立临时的专门机构。临时的专门机构是危机处理的领导部门和办事机构，一般由企业的主要领导负责，公共关系人员和有关部门负责人加入。成立这样一个机构，对于保证危机事件顺利和有效地进行处理是十分必要的。

危机处理的专门机构主要有三方面作用：一是内外通知和联络；二是为媒介准备材料；三是成立公共信息中心，加强与外界公众的沟通。

（3）制订危机处理计划。根据现有的资料和情报，以及企业拥有或可支配的资源来制订危机处理计划。计划应当体现出危机处理目标、程序、人员及分工、后勤保障、行动时间表及各个阶段要实现的目标，还应当包括社会资源的调动和支配、费用控制和实施责任人。

2．积极处理危机

（1）积极主动，具有高度的责任感。危机发生后，企业应主动承担责任，积极处理。

（2）迅速隔离危机险境。企业应重点做好公众的隔离和财产的隔离，对于伤员更是要进行无条件的隔离救治，这也是危机过后有可能迅速恢复企业形象的基础。

（3）控制危机蔓延态势。在严重的危机事件爆发后的一段时间内，危机不会自行消失，相反，它还可能进一步恶化。因此，企业必须采取措施，控制危机影响范围的扩大，使其不致影响其他事务。

（4）查明危机事件真相，收集相关信息。危机发生后，如果没有人能站出来说些什么，那么谣言听多了，也就成了真理，所以企业应及时组织人员了解危机事件的各个方面，收集关于危机事件的综合信息，并形成基本的调查报告，为处理危机提供基本依据。

（5）高层领导直接面对危机，这样更容易取得事半功倍的效果。

（6）要端正处理危机的态度，牢记"精诚所至，金石为开"。

（7）分析研究，确定对策。企业的危机处理人员在提交危机事件的专题调查报告之后，应及时会同有关职能部门，进行分析、决策，针对不同公众确定相应的对策，制定消除危机事件影响的方案。

（8）及时与媒体联系，发布信息。美国明尼阿波利斯的某银行突然失火，大火吞噬了16层的银行大楼，很多人惊慌失措，储户们一心急于提款，对他们来说，银行失火意味着他们的钱也着火了。失火后，银行总裁通过广播和电视告诉储户们，他们的款项和其他物件都很安全，整个大楼已经投保，各分行照常营业，并在银行对面设立了临时办公室，集中处理储户及媒体的来信，记者还可与总裁直接通话。一些职员身穿易辨认的红白色且有银行字样的T恤在街上忙碌，最后该银行顺利地解决了这场灾难性危机。

3．汇报结果，总结经验教训

危机事件解决方案的实施，并不意味着危机处理的过程已结束，对企业来讲，最为重要的一个危机处理环节是汇报结果，总结经验教训。这个环节之所以很重要，是因为企业可以从这个环节中发现经营管理中存在的问题，并且有针对性地进行改进，同时企业可以从中总结经验教训。

📝 公共链接

危机管理的"4S"方法

（1）Stop：指的是这件事立即控制住，不能再发展了。

（2）Shut up：这时候企业只有一个发言人，其他人都禁言。当企业发生公共关系危机时，媒体都会想方设法从企业中获取消息。

（3）Sorry：公共关系危机处理中的重要一环就是认错。有时候可能不是企业的错，但企业必须积极处理、认真对待，将消费者放在重要位置，应在新闻界树立一个正面形象。

（4）Survive：危机转化以后，就要面对企业的生存问题。

在处理公共关系危机的过程中，各个环节之间有什么关系？你认为最重要的是哪个环节？为什么？

8.2.4 组织可采取的对策

面对公共关系危机，组织可采取的对策包括总对策和具体对策。总对策要求重视事实，迅速调查，妥善处理，做好善后工作，再造组织形象；而具体对策要求根据不同的公众采取不同的对策。

1. 企业内部对策

迅速成立处理事件的专门机构；辨明情况、制定对策；安抚受损人员及相关人员；奖励有功人员。

2. 针对受损人员的对策

认真了解受损情况，积极地承担责任，并诚恳地道歉；冷静地听取受损人员的意见，做出赔偿损失的决定，避免发生不必要的争执；派专人了解受损人员的要求，并给予重视。

3. 针对新闻界的对策

实事求是、不回避、不隐瞒；设置临时的记者接待处；主动向新闻界提供相关信息，并表明自己的态度；在事件结果明朗之前，不信口开河，不盲目评论，与新闻界密切合作；表明自己的看法，不带有主观情绪；借助新闻媒介表达自己的歉意，并向公众做出相应的解释。无论哪种情况，公共关系人员都不能用"无可奉告"来应付公众及新闻媒介。

4. 针对上级主管部门的对策

危机事件发生后，及时、主动地向上级主管部门汇报，汇报时应实事求是，不能歪曲事实，混淆视听；在处理过程中，应定期汇报事态的发展情况，求得上级主管部门的指导和支持；之后还应对事件的处理过程、解决方法和今后的预防措施进行总结，并向上级主管部门详细报告。

5. 针对消费者的对策

危机事件发生后，组织要及时通过各种渠道，如零售网络、广告媒介等，向消费者说明处理结果和今后的预防措施；热情地接待消费者代表，因为他们代表消费者的利益，在新闻界很有发言权。

危机公关四步法——以腾讯老干妈事件为例

如今，以自媒体与社交媒体为代表的新媒体发展迅猛，很多企业纷纷加大自媒体与社交媒体对自身的宣传力度，但这不可避免地让很多企业危机四伏，其危机公关难度可想而知。在新媒体时代，信息传播速度极快，把握舆论风向很重要，企业危机公关极为紧迫。前有腾讯老干妈事件，后有钉钉在线求饶，这些企业通过自嘲卖萌、卖惨营销化解了危机，但是也有不少企业因危机处理不当而被喷上热搜，这不禁让人陷入深思：企业应如何正确地制定新媒体时代下的危机公关策略。

一、明确危机：找准来源，认清位置

危机公关的第一步是明确危机。顾名思义，明确危机就是要对危机有全方位的把握。具体来说，就是冷静地分析危机的来源，以及认清自己所处危机中的位置。找准来源是危机公关的前提。处于危机之中的企业还应认清自己的位置，这有助于更好地化解危机。

腾讯老干妈事件原本是一个很普通的广告合同纠纷案件，但极不寻常的是涉事双方的特殊身份，以及剧情反转尺度之大、速度之快，让公众目瞪口呆、脑洞大开，一夜之间，腾讯老干妈事件就上了热搜，成为公众关注焦点。这其实是对腾讯和老干妈的危机公关能力的考验，危机公关的攻与防在双方之间不断切换，首先是腾讯起诉，老干妈应对，接着是老干妈发声，剧情反转，腾讯努力化解危机。不管是老干妈还是腾讯，核心在于找准危机的来源。

该事件一曝出，普通大众仅凭法院的一纸裁定，认为老干妈违约属于事实。再加上原告腾讯有优秀的法务团队，公众认为该事件势必会对老干妈造成极其恶劣的影响。对此，老干妈的危机公关极其简单，当天发表声明澄清，老干妈与腾讯从未有过商业合作，并已报案处理。次日贵州警方发布通告，宣布案件侦破。可以说，老干妈很好地掌握了危机公关的黄金24小时法则，使事件在还未多次发酵和失控的情况下，就得到了及时处理。自此，老干妈成功实现其危机公关"由防到攻"的转变。

与此同时，由于事件的反转，明明掌握主动权的腾讯反而变得极为被动，一时间腾讯成为公众密切关注和质疑的焦点，并深陷舆论旋涡。对腾讯而言，如何找准危机来源，认清自己在危机中所处的位置，成为危机公关的第一步。企业应对一触即发的危机尽早洞察及全面感知，同时对自己在危机中所处的位置有足够清晰的认知，为后面的危机公关打下基础。

二、降低危机等级：尊重事实，主动认错

危机的爆发，不仅能让企业发现自身的短板或存在的问题，而且要求企业勇于承担责任，并对危机进行有效的处理，快速降低危机等级。尊重事实、主动认错是企业应有的担当。一般而言，危机公关有三条路可供选择。

第一，直接甩锅。通过撇清自己的责任，直接甩锅给消费者或者相关的当事人，甚至甩锅给社会。企业可能会说这些消费者是被人利用、受人蛊惑的，或者当事人的操作不代表企业行为，又或者当事人甩锅给社会来掩盖自身问题。这种处理危机的方式是十分不得人心的。

第二，道歉认错。有的企业在处理危机时会拼命道歉认错。这种危机处理方式的唯一好处就是主动道歉，不会引发争论，最后自然大事化小、小事化了，但负面影响很大。有时候企业只要犯一次错，从此其污点就难以洗刷。

第三，转移话题。该方式介于上述两种方式之间，既不直接甩锅，也并非一个劲儿地道歉认错了事，而是进行模糊操作。一方面，在尊重事实的情况下，无论错误与否，采用诚恳地道歉这种方式处理危机；另一方面，巧妙地转移话题，对危机采用冷处理。可以说，这种危机处理方式最为巧妙，水平也是最高的。

腾讯采用的是最后一种折中方式。由于理亏，腾讯一上来就道歉认错，并且用一只"傻白甜"的企鹅形象巧妙地将话题转移，采用了冷处理的方式。从表面来看，腾讯老干妈事件，

危机出现在广告合同纠纷上，但实际暴露了腾讯在内部管理上存在的问题。企业管理属于内部问题，让公众窥探太多对企业不利，最好的处理办法就是转移公众的视线。

三、化解危机：提出方案，执行到位

所谓化解危机，是指对危机提出行之有效的方案，并将方案执行到位。腾讯为了有效地化解危机，不仅打造出一个"傻白甜"的企鹅形象，还精心准备，对外做了三次回应，堪称教科书级别危机公关。

第一次回应：今天中午的辣椒酱突然不香了

7月1日13时39分，腾讯B站官方账号发表了一条动态：今天中午的辣椒酱突然不香了。

第二次回应：千瓶老干妈求骗子线索

7月1日17时56分，腾讯官方微博发文称："其实，但是，一言难尽……为了防止类似事件再次发生，欢迎广大网友踊跃提供类似线索，通过评论或私信留言。我们自掏腰包，准备了一千瓶老干妈作为奖励，里面还包含孤品哦！"

第三次回应：我就是那个吃了假辣椒酱的憨憨企鹅

7月1日20时29分，腾讯B站官方账号上传了一段《我就是那个吃了假辣椒酱的憨憨企鹅》的自嘲视频，不到一天时间数次进行危机公关，让公众啼笑皆非。

这三次回应表明腾讯并非坐以待毙，而是积极应对，最终转移了公众关注的焦点，化解了一场史无前例的危机。

首先，腾讯选择粉丝量相对较少、宽容度相对较高的年轻人受众作为主流的平台B站进行第一次发声，以窥探公众对该事件的反应。该动态评论区均以抽奖打广告和"嘲笑"为主，这算是一种对公众反应的初试探。其次，腾讯趁热打铁，在于B站发布动态不久后又在微博发声，发起了求骗子线索活动，并配了恶搞的企鹅形象。最后，腾讯乘胜追击，发布了一段自嘲视频，称自己就是一只"吃了假辣椒酱"的憨憨企鹅，别人买假辣椒酱亏了8元，自己却亏了1600多万元。可以说，这是一种彻底放下身段的自我"认怂"。自此，"憨憨企鹅"遭到全网的调侃与"嘲讽"。

正是这只可怜又可爱的"傻白甜"憨憨企鹅，以一己之力不仅吸引了公众的眼球，引发全网"嘲讽"，还博得了公众的同情，成功疏导了公众的情绪。通过这种"自嘲式"危机公关，在化解了危机的同时，还赢得了许多年轻网民的同情与好感，公众对腾讯的印象也由之前的遥不可及变为"憨憨企鹅"。可以说，此次腾讯危机公关可圈可点，算得上是危机公关的经典。

四、转化危机：握手言和，开启合作

如果说化解危机主要是把危机给企业造成的负面影响降到最低，转化危机就是辩证地看待危机，从"危"中找"机"，即在危机中寻找新一轮商机的过程。对于深陷危机旋涡之中的企业，化解危机往往是不得已而为之，而转化危机是企业借势宣传、寻求合作的主动行为。此次腾讯与老干妈的纠纷，腾讯也是在化解危机之后，立即转化危机，与老干妈深入沟通，借势营销，最后双方握手言和，开启合作之旅。7月10日，腾讯与老干妈通过各自官方渠道发布了一则联合声明，双方宣布已消除误解，未来将积极探索并开启一系列正式合作。

可以说，这则联合声明，不但让腾讯的危机公关得以升华，从化解危机上升至转化危机，而且这种握手言和的收尾，对双方而言是最为有利的。如果腾讯的危机公关止步于化解危机阶段，那么腾讯的危机公关水平不值得称赞；只有最后的转化危机，开启与老干妈的合作，才让这种腾讯式公关成为当前危机公关的经典案例。

在新媒体时代，危机公关从表面来看是一种示弱卖萌的自嘲式公关，其实更是在更大的网络空间中的借势营销。危机公关本身就是一种另类营销。因此，快速反应、化"危"为"机"，主动借势营销自我，已成为当下企业不得不修炼的一项新技能。

（资料来源：中国公关网）

案例讨论

分析并总结企业处理公共关系危机的经验与教训。

项目训练一：评述危机公关案例

任务编号：8-1	小组成员：
任务描述：评述危机公关案例。	
实施步骤： 1. 通过网络等，收集并整理一个危机公关案例； 2. 列出案例中公共关系危机产生的原因，要求3条以上； 3. 如果你是该事件中的公共关系主管，你会如何处理？请列出你的处理方案，要求5条以上。	
任务成果模板： 一、危机公关案例 二、案例中公共关系危机产生的原因 1. 2.	

3.

三、处理方案

1.

2.

3.

4.

5.

项目训练二：危机公关案例调研

任务编号：8-2	小组成员：
任务描述：对本地企业进行危机公关案例调研。	
相关资源：本地企业可以是制造业企业、农业企业、服务业企业等。	

实施步骤：

1．访问本地一家企业；

2．与其消费者服务部门进行交流沟通；

3．了解近年来该企业发生的消费者投诉事件；

4．总结处理该类事件的方法和技巧。

任务成果模板：

一、所访问企业的资料

二、需要提出的问题

三、近年来该企业发生的消费者投诉事件

四、处理该类事件的方法和技巧

五、对危机公关的看法

项目训练三：危机公关计划

任务编号：8-3	小组成员：

任务描述： 制订危机公关计划。

相关资源： 你所在的组织可以是产教融合企业、做兼职的企业等。

实施步骤：

1. 简单介绍你所在的组织；
2. 描述你所在的组织已经发生或可能发生的危机事件；
3. 制订相关危机公关计划。

任务成果模板：

一、组织介绍

二、组织已经发生或可能发生的危机事件

三、制订相关危机公关计划

（一）序言

1. 封面。

2. 总裁令。

3. 文件发放层次和范围。

4. 关于制订、实施本计划的管理制度。

（二）正文部分

1. 危机管理的目标和任务。

2. 危机管理的价值观和企业形象定位。

3．危机管理的沟通原则。

4．成立危机管理小组。

5．危机管理的财物资源准备。

6．法律和金融方面的准备（紧急状态下在法律和金融方面的求助程序）。

7．危机的识别与分析。

8．危机的预控措施。

9．危机的发现、预警和报告程序。

10．危机时刻的应急指挥。

11．恢复和发展计划。

12．危机管理的评估。

（三）附录部分

【思政探讨】

一、党的二十大精神进课堂

1. 党的二十大精神学习。

党的二十大报告提出："构建高水平社会主义市场经济体制""完善产权保护、市场准入、公平竞争、社会信用等市场经济基础制度，优化营商环境"。将社会信用放在这里，一方面说明社会信用对市场经济体制很重要，是基础之一；另一方面说明社会信用对构建新发展格局推进高质量发展的重要性。社会信用如何推进市场经济发展是主要研究的课题。

党的二十大报告还提出："提高全社会文明程度""弘扬诚信文化，健全诚信建设长效机制"。将诚信建设放在这里，一方面说明诚信对于推进社会文明的重要性，另一方面说明诚信也是铸就社会主义文化的重要内容，再有强调了"诚信建设长效机制"，不是短期的是长期的，不是简单举措而是构建机制。

（资料来源：平凉市卫生健康委员会官网）

2. 阐述诚信对于处理公共关系危机的重要作用。

二、思政素养探讨

1. 团队在处理公共关系危机时应注意什么？请举例说明。
2. 在处理公共关系危机时如何做到及时、诚信？
3. 你通过哪些方式提升了创新能力？

【本项目小结】

公共关系危机是指由于主观或客观原因，企业与公众的关系处于极度紧张的状态，企业的处境十分困难。公共关系危机管理是指公共关系人员在危机意识或危机观念的指导下，依据管理计划，对可能发生或已经发生的公共关系危机进行监督、控制、处理的过程。

公共关系危机的特点为必然性与偶然性、突发性与渐进性、破坏性与建设性、急迫性与关注性。企业公共关系危机产生的原因很多，一般来说，大致可以分为企业内部环境原因和企业外部环境原因。

公共关系危机的处理策略具体如下。

（1）采取紧急行动。当危机事件发生时，应了解事件真相，成立临时的专门机构，制订危机处理计划。

（2）积极处理危机。积极主动，具有高度的责任感；迅速隔离危机险境；控制危机蔓延态势；查明危机事件真相，收集相关信息；高层领导直接面对危机；要端正处理危机的态度；分析研究，确定对策；及时与媒体联系，发布信息。

（3）汇报结果，总结经验教训。发现经营管理中存在的问题，并且有针对性地进行改进。

面对公共关系危机，组织可采取的对策包括总对策和具体对策。总对策要求重视事实，迅速调查，妥善处理，做好善后工作，再造组织形象；而具体对策要求根据不同的公众采取不同的对策。

【延伸练习】

一、选择题

1. 企业内部原因导致的危机是（　　　）。

A. 企业恶性竞争   B. 自然环境突变   C. 企业决策失误

2. 组织在经营理念、管理手段、服务态度、传播方式等方面出现失误引起的社会公众对组织的不信任属于（　　　）。

A. 信誉危机   B. 效益危机   C. 综合性危机

二、填空题

1. 公共关系危机事件按照形式可划分为点式危机、＿＿＿＿＿、＿＿＿＿＿、＿＿＿＿＿。

2. 危机处理的专门机构主要有三方面作用：＿＿＿＿＿＿＿＿、＿＿＿＿＿＿＿＿、＿＿＿＿＿＿＿＿。

3. 危机公关的总对策要求＿＿＿＿＿，＿＿＿＿＿，＿＿＿＿＿，做好善后工作，再造组织形象。

三、简答题

1. 简述公共关系危机管理程序。
2. 简述公共关系危机的处理原则。
3. 简述危机公关中针对新闻界的具体对策。

【延伸阅读】

危机公关，时间不是唯一的尺度（二维码 8-3）

扫一扫

二维码 8-3

项目 9 公共关系礼仪

思考：

★ 什么是公共关系礼仪？公共关系礼仪有什么作用？

★ 为什么要重视公共关系礼仪？

★ 公共关系礼仪有哪些形式？它们分别有什么特点？

★ 如何做好个人仪表、见面、交谈、接待、宴请等礼仪工作？

教学目标：

★ 知识目标

● 熟知公共关系礼仪的概念与主要形式

● 知晓礼仪在公共关系活动中的重要作用

● 掌握常用的公共关系礼仪

★ 能力目标

● 能够在不同的场合灵活运用公共关系礼仪

● 能够遵守仪表礼仪、见面礼仪、交谈礼仪、接待礼仪、宴请礼仪

★ 思政目标

● 使学生理解"礼仪文明是中国传统文化的重要组成部分"

● 培养学生的文化自信

● 帮助学生做好"中华文明的传播者"

★ 素养目标

培养学生的礼仪素养

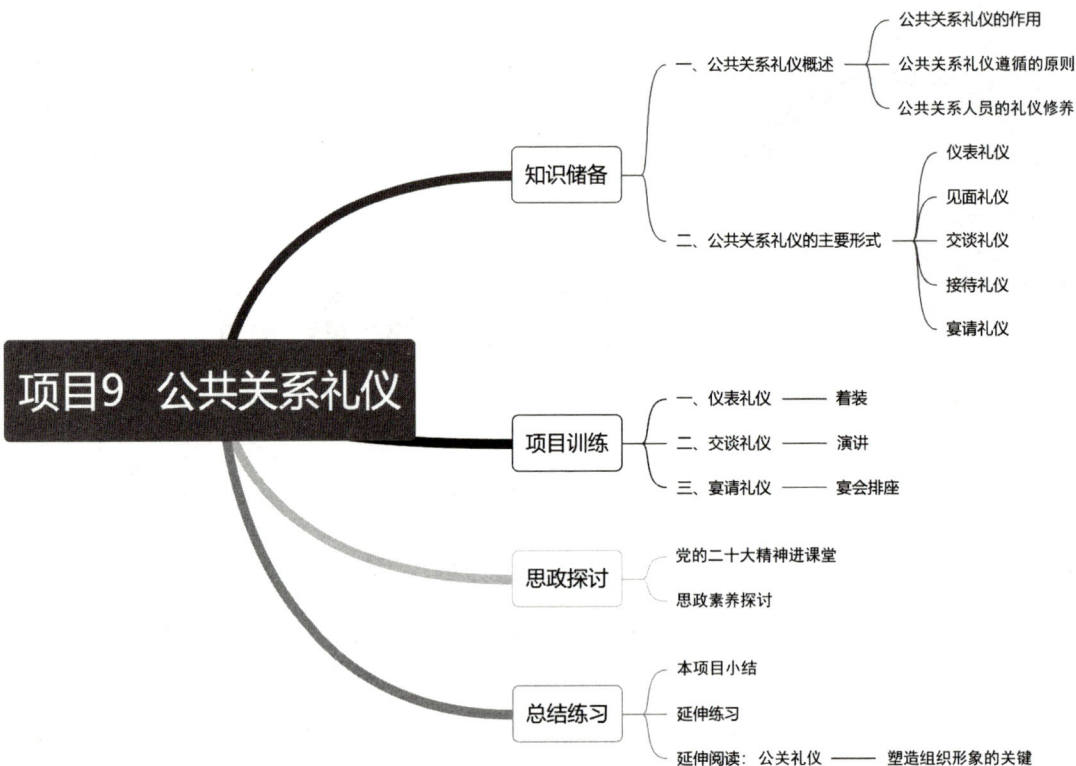

项目9 公共关系礼仪

知识储备 ── 一、公共关系礼仪概述 ── 公共关系礼仪的作用
公共关系礼仪遵循的原则
公共关系人员的礼仪修养

二、公共关系礼仪的主要形式 ── 仪表礼仪
见面礼仪
交谈礼仪
接待礼仪
宴请礼仪

项目训练 ── 一、仪表礼仪 ── 着装
二、交谈礼仪 ── 演讲
三、宴请礼仪 ── 宴会排座

思政探讨 ── 党的二十大精神进课堂
思政素养探讨

总结练习 ── 本项目小结
延伸练习
延伸阅读：公关礼仪 ── 塑造组织形象的关键

【知识储备】

9.1 公共关系礼仪概述

9.1.1 公共关系礼仪的作用

公共关系礼仪简称公关礼仪，是指公共关系人员在公共关系活动中尊重他人、讲究礼节的程序。

公关礼仪是由公关礼貌、公关礼节、公关仪式组成的。公关礼貌是指在交往中所表现出的敬重和友好的行为，如守时、尊重老人、面带微笑等。公关礼节是礼貌在语言、行为、仪

表等方面的具体规定,如拜访客人的礼节、致意的礼节。公关仪式是一种具有固定性质的礼貌、礼节,如奠基仪式、庆典仪式、迎宾仪式等。公共关系人员讲究公关礼仪的作用表现在以下三个方面。

1. 提升个人素质

公共关系人员的素质体现在个人的修养和个人的表现两个方面。教养体现细节,细节展示素质。作为从事公共关系活动的人员,应该从我做起,只有在每件事上都注重礼仪修养,做到"内慧外秀",才能塑造良好的个人形象。

2. 塑造组织形象

讲究礼仪的基本目的是塑造良好的组织及个人形象。良好的礼仪修养是公共关系人员必备的素养,是开展公共关系工作的前提,同时可以塑造良好的组织形象,从而更好地开展公关工作。比尔·盖茨说过,"企业竞争是员工素质的竞争",进一步讲就是组织形象的竞争。

3. 建立和谐关系

讲究公关礼仪能调节冲突、化解矛盾、消除分歧、增进理解、获得谅解、调适人际关系,使人与人和谐相处,建立起相互尊重、彼此信任、友好合作的关系,进而促进各项事业的高质量发展。

案例 9.1

巧取九龙杯

有一次,某外国贵宾来我国访问,在上海市参观期间,东道主为他举办了招待宴会。

宴会上使用的酒杯是一套价值连城的九龙杯,其外形古朴苍劲、玲珑剔透,特别是龙口上那颗夺目的明珠更是巧夺天工。贵宾被这精美而又珍贵的艺术品深深吸引了,拿在手上仔细欣赏,赞不绝口,啧啧称奇。也许是由于饮酒过多,他竟将一只九龙杯顺手装进了自己随身携带的公文包中。我方陪同人员看到后,觉得直接索要不太礼貌,甚至还会影响到两国的关系,只好眼巴巴地看着贵宾夹起公文包兴冲冲地离去。

九龙杯是我国的稀有珍宝,一套 36 只,缺一不可,当然追回也应采取合适的办法。当得知这位贵宾将要去观看杂技表演时,我方陪同人员心生一计。

晚上,明亮的表演大厅里充满欢声笑语,热闹非凡。精彩的杂技表演令观众心潮澎湃,特别是那位贵宾被我国杂技演员精湛的技艺深深折服了,一个劲儿地鼓掌。台上表演正值高潮,只见一位魔术师走上舞台,潇洒地将 3 只杯子摆放在一张桌子上。观众定睛一看,原来是弥足珍贵的九龙杯;再看魔术师举起"手枪",朝九龙杯扣动扳机,随着一声"枪响",转眼间那 3 只九龙杯只剩下两只,另一只不知去向。观众既被魔术师的技艺征服,又都在疑惑:那只九龙杯到底被藏在了什么地方?

这时,那位魔术师对观众说:"大家别着急,那只杯子刚才被我一枪打进坐在前排的贵宾的公文包中了。"说完,他便轻步走下舞台,对那位贵宾说:"先生,能打开您的公文包吗?"贵宾明知是计,但也不敢作声,便从公文包中将那只九龙杯取了出来,当他看到满场的观众都兴奋地鼓掌时,也不由自主地笑了。

案例讨论

结合案例说明公共关系礼仪的作用。

9.1.2 公共关系礼仪遵循的原则

1. 真诚尊重的原则

真诚是对人对事的一种实事求是的态度，是待人真心真意的友善表现。真诚尊重首先表现为不虚伪、不骗人、不侮辱人等；其次表现为对他人的正确认识，相信他人、尊重他人，正所谓"心底无私天地宽"，先真诚奉献，才会有丰硕的收获，只有尊重他人，才能使双方心心相印，友谊地久天长。

案例 9.2

礼轻情意重

"千里送鹅毛，礼轻情意重。"唐朝时，云南一少数民族首领为表示对唐王朝的拥戴，派特使缅伯高向唐太宗贡献天鹅。缅伯高在过沔阳河时，想给天鹅洗个澡，在把天鹅从笼子放出来时，天鹅展翅飞向天空。缅伯高伸手去抓，只抓住几根鹅毛。天鹅飞走了，缅伯高想了一个办法，将一个精致的绸缎小包敬献给了唐太宗。唐太宗一看，是几根鹅毛和一首小诗。诗曰："天鹅贡唐朝，山高路途遥。沔阳河失宝，倒地哭号啕。上复圣天子，可饶缅伯高。礼轻情意重，千里送鹅毛。"唐太宗感到莫名其妙，缅伯高随即讲出事情原委。唐太宗连声说："难能可贵！千里送鹅毛，礼轻情意重！"

2. 平等适度的原则

平等在交往中表现为不骄狂，不我行我素，不自以为是，不厚此薄彼，不傲视一切，更不以貌取人，或以职业、地位、权势压人，而是时刻平等、谦虚待人，唯有如此，才能结交更多的朋友。适度要求在交往中把握分寸，根据具体情况、具体情境运用相应的礼仪。例如，在与人交往时，要彬彬有礼但不能低声下气，要热情大方但不能阿谀奉承，要自尊但不能自负，要坦诚但不能粗鲁，要活泼但不能轻浮。

3. 自信自律的原则

自信对于社交至关重要，一个十分自信的人，才能在交往中不卑不亢、落落大方，遇到强者不退缩，遇到磨难不气馁，受到侮辱敢于反击，遇到弱者会伸出援助之手。同时，自律也是一种很可贵的素质。

4. 信用宽容的原则

在社交场合，要做到以下两点：一是守时，与人约定好时间的会见、会谈、会议等，不拖延、不迟到；二是守信，即与人签订的协议或口头答应的事，要说到做到，即"言必信，行必果"。因此，在社交场合，如果没有绝对的把握就不要轻易许诺他人，许诺了却做不到，可能会落个不守信的名声。宽容是一种较高的境界，允许别人有行动与发表见解的自由，能

够接纳不同的声音。

结合案例，谈谈你对公共关系礼仪的理解。从上述案例中你得到了哪些启示？

9.1.3 公共关系人员的礼仪修养

1. 真诚

公共关系人员待人要真诚，心口如一。待人真诚的人，才会得到他人的信任；而表里不一、口是心非、缺乏诚意的人，即使在礼仪形式上做得无可指摘，最终还是得不到他人的信任，交往一般难以继续。

2. 热情

公共关系人员待人要热情。热情会使人感到亲切、温暖，从而缩短他人与你的感情距离，愿意与你接近、交往。但公共关系人员不要过分热情，否则会使人感到虚情假意，因而有所戒备，无意中筑起一道心理防线。

3. 温和

公共关系人员需要与不同思想、性格的人打交道，需要处理各种各样的问题。公共关系人员面对他人的误解、无礼，要有气量，宽大为怀；要允许不同观点的存在，也要原谅他人对自身利益的无意侵害。公共关系人员谅解他人的过失，允许他人的观点与自己的观点不同，可以化解矛盾，赢得他人的敬重，有利于大局。

4. 大方

公共关系人员需要代表组织与社会各界人士联络沟通，参加各种社交活动，所以要讲究姿态和风度，既要稳重端庄，又要落落大方，举止自然，讲话、表演、道歉等都要大方，表现出自信和成熟，使他人认识到你所代表的组织值得敬重。

5. 幽默

公共关系人员应当争取在交往中的重要地位。言谈幽默风趣，使他人觉得因为有了你而开心，并使他人从你的身上得到启发。这样，你就会成为交往中的核心，他人乐于与你在一起，围在你的周围，有利于你开展有关工作。

6. 注意小节

有的人大大咧咧，行为不受约束，往往不拘小节。例如，进入他人办公室，推开门就往里闯；在展览会上随便触摸展品；当众挖鼻孔、剔牙齿等。公共关系人员应注意小节，彬彬有礼，这是最起码的修养。

案例 9.3

一位女推销员在美国北部工作，她一直身穿深色套装，提着一个男士公文包。后来，她被调到阳光普照的南加州，她仍然以同样的装扮去推销商品，结果业绩不够理想。于是，她改穿浅色套装或洋装，并且换了一个女士皮包，顾客看了有亲切感，装扮的变化使她的业绩提高了 25%。

案例讨论

谈一谈如果你是一名公共关系人员，你会从哪些方面注意自己的礼仪修养。

9.2 公共关系礼仪的主要形式

9.2.1 仪表礼仪

仪表礼仪要求一个人在容貌、举止方面遵守礼节规范和要求，主要包括仪容礼仪、举止礼仪和服饰礼仪等。

1. 仪容礼仪

整洁是仪容礼仪最基本的要求。要做到面部干净、头发光顺、口气清新、手部洁净。在参加社交活动之前，应简单修饰一下自己，除身体各部位要干净之外，还要注意修面、剪鼻毛、剪指甲，男士应剃胡子、梳理好头发，女士应整理一下发型。

2. 举止礼仪

举止礼仪是指人们在社交活动中各种表情与姿态行为的规范，包括人的站姿、走姿、坐姿、面部表情等。

（1）站姿。我国素有"站如松、坐如钟、卧如弓、行如风"之说，优美而典雅的站姿，是发展人的不同质感动态美的起点和基础。良好的站姿应该是直立、头端、肩平、挺胸、收腹。在具体要求上，男女略有不同。

① 女士的站姿。女士在正式场合最优雅动人的站姿应当是全身直立，双腿并拢，双手搭放在腹前，抬头、挺胸、收腹，并且目视前方。

双脚的脚跟应靠拢在一起，两个脚尖应相距 10 厘米左右，呈"V"字形。两只脚最好一前一后，将重心集中于后面一只脚上，切勿双脚分开。

在正式场合双膝应挺直，而在非正式场合则伸在前面的那一条腿的膝部可以略微弯曲，为"稍息"状态。但无论处于哪一种场合，双膝都应当有意识地靠拢。

在站立时，双手若非拎包、持物，最好将右手搭在左手上，然后贴在腹部，同时应当注意放松双肩，使双肩自然下垂。不要把手插在口袋或袖子里，也不要双手相握，背在身后。

下颌要微微内收，脖颈要挺直，双目要平视前方，以便使自己显得自然、放松。

② 男士的站姿。男士站立时，应将身体的重心放在两只脚上，头要正，颈要直，抬头平

视，挺胸收腹不斜肩，两臂自然下垂，从头到脚成一条线。双脚可微微分开，但最多与肩同宽。站累时可向后挪半步，但上体仍要保持正直。这种站姿从外观上看犹如挺拔的青松，显得刚毅端庄，精神饱满。

（2）走姿。走姿即人们行走时的姿态，它是以优雅、端庄的站姿为基础的。一般来说，行走时步履应自然、轻盈、敏捷、稳健，不要左顾右盼，不要左右摇摆。男士的步伐要体现男士的刚健、有力、英武，给人以"动"的壮美感。女士的步态要体现女士的温柔、轻盈、典雅，给人以"静"的优美感。切忌走路时不入神或做出怪姿，如叉腰背手、双手放入口袋、勾肩搭背等。

在公共关系活动的具体实践中，走姿也有不少特殊之处，公共关系人员需加以掌握。例如，与人告辞或退出领导的办公室时，不宜立即扭头便走，给人以后背。为了表示对在场的其他人的敬意，在离去时，应采用后退法。其标准做法是目视他人，双腿轻擦地面，向后小步幅地退三四步，然后先转身，后扭头，轻轻地离去。又如，在楼道、走廊等道路狭窄之处需要为他人让行时，应采用侧行步，即面向对方，双肩一前一后，侧身慢行。这样做是为了对人表示"礼让三分"，也是意在避免与人争抢道路，发生身体碰撞或将自己的背部对着对方。

作为公共关系人员，应当知晓稳重大方和不妨碍他人的重要性，所以在公共场合，即使遇到急事，也不要轻易表演"百米冲刺"。当然，快走几步是可以的，不要走起路来用力过猛，尤其是女士穿着高跟鞋行走时不要忘记这一点。

（3）坐姿。坐姿是指人们就座时和坐定之后的一系列动作与姿势。一般来说，坐姿应当高贵、文雅、舒适自然。其基本要求是腰背挺直，手臂放松，双腿并拢，目视于人。

公共关系人员在入座时一定要做到不紧不慢、不慌不忙，大大方方地从座椅的左后侧接近它，然后不声不响地坐下。不要大大咧咧地一把拉过椅子，"扑通"一声把自己"扔进"座椅里，落座时搞得声音很大，那是没有教养的表现。落座时切忌用力过猛，尤其是走向他人对面的座椅落座时，可采用后退步接近属于自己的座椅，尽量不要背对自己将要与之交谈的人。女士若坐下之后所要面对的是异性，则通常应当在入座前用手将裙子拢一下。如果面对一位异性坐定之后，才大模大样地前塞后掖自己的裙摆，就显得失礼了。

公共关系人员要善于利用坐姿来表示对他人的敬意。面对不同的情况，可以选择不同的坐姿，以适当的坐姿来表示对他人的尊重和敬意。例如，当前去拜访长辈、上司或贵宾时，不宜在落座后坐满座位，甚至就像与家人拉家常一样架起"二郎"腿。若是只坐座位的 2/3，则能充分地表示对对方的敬意，当然，也没必要只坐在椅子边上。在与来宾会面时，如双方对面而坐，最好彼此间有 1 米左右的距离，使双方在调整各自的坐姿时不至于腿部"打架"；如双方并排而坐，则有必要目视对方，以示恭敬，此时最好的办法是上身微侧，双手叠放于一侧的腿上，双脚亦同时并拢，向同一方向倾斜。

课堂实训

女士、男士正确站姿和坐姿练习。

（4）面部表情。面部表情是指眼、眉、嘴、鼻等部位和面部肌肉的情感体验的反映。公共关系人员在与公众打交道时，面部表情反映的应是热情、友好、诚实、稳重、和蔼。要想保持良好的面部表情，应做到以下几点。

① 学会看人。第一，注视的时间。对于不太熟悉的人，不可长时间地盯着对方的眼睛，

以免引起对方的恐惧和不安。如果感觉与对方谈得来，可以一直看着他，让他意识到你喜欢与他交往。他可能也会有所回报，以建立良好的默契。在谈话时，起码要有 60% 以上的时间注视对方。第二，注视的位置。比如公事注视，这是指人们在工作交往中，联系业务、洽谈生意及外事谈判时，目光所及区域在额头到两眼之间。这种注视给人一种郑重、严肃的感觉。如果同对手谈判，采用公事注视，对方会认为你对工作认真负责，同时也很看重对方，有诚意，因而会慎重考虑你的意见，你在一定程度上也就拥有了控制权。又如社交注视，这是在舞厅、茶话会、宴会及朋友聚会时用的，目光所及区域在两眼到嘴之间。这种注视会令人感到舒服。

② 改变不良的看人习惯。不要盯住对方的某一部位"用力"地看，因为那是愤怒的直接表现，有时也暗含挑衅之意；不要反复地打量他人，那样很容易被理解为有意寻衅闹事；不要窥视他人，这是心中有鬼的表现；不要用眼角瞥人，这是鄙视他人的表现；不要频繁地眨眼看人，反复地眨眼，看起来心神不定，挤眉弄眼显得轻浮；不要左顾右盼，东张西望，目光游离不定，会让对方觉得心不专一。

③ 经常微笑。在公共关系活动中，为了表示对交往对象的友好与尊重，公共关系人员的最佳表情应是面带微笑。微笑传达的信息常能促进双方沟通，拉近双方感情，如当谈话取得一定成果，谈判达成一定协议时，双方会心地微微一笑，往往能消除隔阂，增进彼此的理解和友谊。微笑对人际交往具有突出的作用。要掌握好它，诀窍只有一个：发自真心，有诚意。微笑既不是奴颜婢膝地曲意奉承、强颜欢笑，也不是例行公事似的皮笑肉不笑，或是笑得夸张放肆。微笑的基本做法是不发声、肌肉放松、嘴角向上略微提起、面含笑意、亲切自然，使人如沐春风。其中，亲切自然最重要，它要求微笑发自内心，而无任何做作之态。也只有这种发自内心的微笑，才能使与你接触的人感到轻松和愉快。

公共链接

微笑练习

1．准备

先准备好一面小镜子，以便辅助训练。

（1）用手遮住自己的鼻子和嘴，只露出眼睛，练习让自己的眼睛笑起来。这时眼角是微微上提的，眉头也一定是舒展的，就是人们常说的眉开眼笑。

（2）嘴角上扬。一般来说，嘴角上扬表示喜、乐、欢愉、满足等；嘴角下垂表示哀、怒、讨厌、生气等，应尽量避免。微笑的基本要领：摆"一"字口形，用力抬高嘴角两端，下唇迅速与上唇并拢至不露齿的程度。

2．练习

（1）上扬嘴角10秒后，恢复原状，隔3秒再次上扬，如此重复3次。在嘴角上扬时，还可以仰头，保持头颈肌肉的紧张，可以使颈部皮肤更加紧致和富有弹性。

经过嘴角上扬练习，大多数女性都可以在与人接触时，嘴角保持自然上扬的状态，显得更加年轻、柔和。这样不但会笑得更美，而且原本有下垂趋势的面颊肌肉，经过一段时间的练习后，也会比以前紧实。

（2）对着镜子，咬住一根筷子，露出上排牙齿，可以用双手按住两颊肌肉，调整嘴角上扬的角度，直到自己满意为止，然后把筷子拿掉。看着镜子，记住这个表情。

3. 服饰礼仪

服饰包括服装和饰品两部分。

在选择服饰时，应先考虑自己的社会形象。比如，超短裙穿在青春少女身上，显得亮丽活泼，而穿在女教师身上，则会引起非议，有损教师的形象；政府官员、公司职员穿上乞丐服，同样不合适。一般情况下，穿着保守有利于塑造个人和组织的良好形象。

生意界很多人都知道，IBM 公司对员工的服装有要求，尤其是对它的推销员，其中一条规定是必须穿标准的白色衬衫。这对 IBM 公司在竞争中取得胜利帮助很大。因为 IBM 公司的服装体现出了对工作的负责，取得了公众的信任。

TPO 原则是有关服饰礼仪的基本原则之一。TPO 是 Time（时间）、Place（地点）、Object（目的）三个英文单词的缩写。

T 原则是指在选择服饰时应考虑时代的变化、四季的变化及一天中的具体时间。在选择服饰时应顺应时代的发展，不可太超前或太滞后；应考虑四季的变化，夏季应注重凉爽，冬季应注重保暖，春秋两季应注意增减衣服并防风；还应考虑早、中、晚气温的变化及是否有活动。

P 原则是指服饰要与地点、环境相适应。在严肃的写字楼里，女员工穿着拖地晚礼服送文件，将是什么情景？在工作场所应穿职业装，回到家里可以穿家居服，在不同的地点应选择不同的服饰。

O 原则是指在选择服饰时要考虑此行的目的。若参加国事活动，则打扮得自然应稳重大方；而若与妻子蜜月旅行，则应穿得轻松舒适些。

人们总是在一定的时间、地点，为某种目的进行活动。我们的服饰应合乎礼仪要求，这是事业及社交成功的开端。

课堂讨论

参考身边的例子，谈谈公共场合不恰当的着装。

9.2.2 见面礼仪

1. 介绍

简单地说，介绍就是向有关人士说明有关情况，使双方相互认识。符合礼仪的介绍可以使互不相识的人之间消除陌生感和畏惧，获得必要的了解和信任。社交场合的介绍基本上有两种，即自我介绍和为他人做介绍。

（1）自我介绍。自我介绍是跨入社交圈、结交更多朋友的第一步。如何介绍自己，如何给他人留下深刻的印象，可以说是一门艺术，这与个人的气质、修养、思维和口才密不可分。一个人是否有人缘、魅力或吸引力，往往在第一次见面时他人就已心中有数。学会自我介绍，可以树立自信、大方的个人形象。

在做自我介绍时，应当先向对方点头致意，得到回应后，可根据情况，主动向对方介绍自己的姓名、身份、工作单位，同时递上事先准备好的名片，如"我是某某，是某某公司的公共关系部经理，很高兴认识您，请多关照"。

（2）为他人做介绍。在为他人做介绍时，首先应了解双方是否有结识的愿望，切不可冒昧引见，尤其是在双方职位或地位悬殊的情况下。最客气的介绍方法是以询问的口气说，如"×××，我可以介绍×××和您认识吗？""您想认识×××吗？"。如果对方同意，那么在正式介绍时，最好先"请允许我向您介绍……""让我介绍一下……"等。介绍时应面带微笑，说话要简洁，可以略去敬语与被介绍人的名字，如"张小姐，让我来给您介绍一下，这位是李先生"。

介绍的顺序应当是先向身份高者介绍身份低者，先向年长者介绍年幼者，先向女士介绍男士等，受到特别尊重的一方有了解的优先权。介绍时，应有礼貌地以手示意，不能伸出手指指来指去。被介绍时，一般应起立；但在宴席、会谈桌上不必起立，保持微笑、点头示意即可。

📋 公共链接

自我介绍的几种形式

（1）应酬式：适用于某些公共场合和一般性的社交场合，这种自我介绍十分简洁，往往只包括姓名一项即可。例如，"你好，我叫×××""你好，我是×××"。

（2）工作式：适用于工作场合，包括姓名、供职单位、从事的具体工作等。例如，"你好，我叫×××，是×××××公司的销售经理""我叫×××，在×××××学校读书"。

（3）交流式：适用于社交活动中，希望与交往对象进一步交流。它大体应包括介绍者的姓名、工作、籍贯、学历、兴趣及与交往对象的某些熟人的关系。例如，"你好，我叫×××，在×××××工作。我是×××的同学，都是××人"。

（4）礼仪式：适用于讲座、报告、演出、庆典等一些正规而隆重的场合，包括姓名、单位、职务等，同时还应加入一些适当的谦辞、敬辞。例如，"各位来宾，大家好！我叫×××，是×××××学校的学生。我代表全校师生欢迎大家光临我校"。

（5）问答式：适用于应试、应聘场合。问答式自我介绍表现为有问必答，问什么就答什么。

⚓ 课堂实训

请用三种不同的方法介绍你邻座的同学。

2. 握手

握手既是见面的一种礼节，又是一种表示祝贺、感谢、鼓励的方式。

（1）握手的姿势与时间。距离对方一步左右，两脚立正，上身微微前倾，面带微笑，伸出右手握住对方的右手。伸出的右手应四指并拢，拇指自然张开，紧握住对方的手，上下摇晃三下就松开自己的手，握手时间以3～5秒为宜。

（2）握手的顺序。当主人与宾客握手时，主人应先伸出手来，宾客待主人伸出手后，方可伸手握之；当年长者与年幼者握手时，年长者应先伸出手来，年幼者待年长者伸出手后，方可伸手握之；当身份高者与身份低者握手时，身份高者应先伸出手来，身份低者待身份高者伸出手后，方可伸手握之；当女士与男士握手时，女士应先伸出手来，男士待女士伸出手后，方可伸手握之。在码头、车站、机场等场所迎接客人，主人应先伸出手来，表示非常欢迎对方的到来。

（3）握手禁忌。握手礼，在现代人的社交中用得非常普遍，以下禁忌应特别注意。

①忌握手的时间过长或过短。长时间用力握着异性的手是不礼貌的。

②忌握手时冷而无力，缺乏热情；应热情地伸出手，并面带笑容。

③忌握手时东张西望，心不在焉。

④忌握手时一言不发，应配以适当的敬语或问候语，如"您好""见到您很高兴""久仰""恭喜"等。

⑤忌戴着手套握手。

⑥忌握手时用力过大。

⑦忌几个人在场时，只同一个人握手，对其他人视而不见。当多人相互握手时，要注意待别人握完手后再伸手，不可交叉握手。

⑧忌握手时不讲究先后顺序。握手的先后顺序是根据双方的社会地位、身份、性别等来确定的。

⑨忌伸给对方脏手。如果客人到来，主动向自己伸出手，碰巧自己在洗东西、擦油污，这时可以一面微笑致意，一面摊开双手，说明情况，表示歉意，然后赶紧洗手，热情接待。

3. 递、接名片

名片主要用于社交场合中人们相互了解，或者在做自我介绍或相互介绍之后使用。在递、接名片时，如果是一方递、接名片，最好用双手递、双手接；若双方互递名片，应右手递，左手接；两种情况都要求名片的正面朝着对方。接过对方的名片后应点头致谢，并认真地看一遍，最好将对方的姓氏、职位轻轻地读出来，以示尊重，若有看不明白的地方也可以请教。将对方的名片放在桌子上时，不要在上面压任何东西。收起名片时，要让对方感觉到，你将其名片放在了一个稳妥的地方。不要接过对方的名片后一眼不看就收起来，也不要将其随意摆弄，因为这样会让对方感到不舒服。

如果是事先约定好的面谈，或者事先双方都有所了解，不用忙着交换名片，可在交谈结束、临别之时取出名片递给对方，以加深印象，表示保持联络的诚意。

拜访性名片可用于下列情况：寄送礼物时，可将名片附在其中；赠送鲜花或花篮时，可将名片附在其上；在非正式的邀请中，可用名片代替请柬，并写清时间、地点及内容。

感谢与祝贺性名片可用于下列情况：当朋友送来礼品或书信时，作为收条或谢帖；当朋友举行重要的庆典活动时，可寄送一张写有祝福语的名片。

此外，寄送名片还可以用于对朋友及其亲属的问候等。

课堂实训

请模拟交换名片，注意礼仪规范。

9.2.3 交谈礼仪

交谈礼仪是指人们在交谈活动中应遵循的礼节和应讲究的仪态等。交谈包括听和说两个方面。

1. 交谈中的聆听礼仪

（1）聆听的方式。要用心听，不能心不在焉、左顾右盼、摆弄东西等，也不要来回走动。

（2）聆听时应注意的问题。

① 选择一个安静的环境进行交谈，以减少外界噪声的干扰。如果交谈环境不好，如外界噪声太大，或者室温过高、过低，那么应更换环境。同时，应保持冷静，不受个人情绪和当时气氛的影响，这样才能有效地倾听。

② 设法使交谈轻松自如，不要使对方感到拘束，不要预先存在想法，不能表现出不耐烦，也不要过早地做出判断，要少讲多听，不要随意打断对方。

③ 注意说话者的神态、表情等，这些往往会透露出一些信息。

④ 注意自己的"身体语言"。在他人讲话时，应尽可能以柔和的目光注视对方，以便与对方进行心灵上的交流与沟通。要学会用表情、动作去回应，也就是说要随着说话者情绪的变化做出相应的表情，并且身体稍稍倾向说话者。在说话者谈到要点，或者其观点需要得到理解和支持时，应适时适量地点点头，或者简洁地表明自己的态度，或者通过一些简短的提问，暗示对他的话感兴趣。这样做会使对方感受到鼓励或赞许，可以赢得其好感。

公共链接

插话、不赞成或不认同时可这样说。

想插话时："你的看法的确有道理，不过请允许我打断一下，能让我提个问题吗？"

不赞成对方时："我对这个问题倒也十分感兴趣，只不过我不这样认为。"

认为对方观点错误时："我在某本书上看到的好像与你讲的不完全一样。"

2. 交谈中的说话礼仪

（1）话题应尽量避开个人隐私。

（2）话题应尽量符合交谈双方的年龄、职业、思想、性格、心理等。例如，同样是40岁的女士，第一位女士安于现状，不思进取；第二位女士不甘落后，仍在努力拼搏。你如果在第一位女士面前夸奖第二位女士，肯定会引起第一位女士的不满，谈话很可能也就无法继续下去了。

（3）应尽量寻找双方都感兴趣的话题，使谈话富有创新性和吸引力，始终在趣味盎然的氛围中进行。所谓"道不同不相为谋"，志同道合是双方走到一起交谈的前提。

（4）看对象，分场合。一个关心国家政治经济发展的人和一个只知道埋头做生意的人，大谈政治体制改革、经济发展格局，就好像对牛弹琴，丝毫引不起对方的共鸣，谈话很难进行下去。

（5）适度幽默，绘声绘色，要使谈话在友好愉快的氛围中进行。

（6）控制声调、表情等因素。

（7）大胆说"不"。我们应大胆拒绝别人的利益要求过分的请求等。然而，在现实生活中，一些人怕伤了和气，或者在利益面前经不住诱惑，不敢、不愿说"不"，这样做结果并不一定会好，往往会落个"言而无信"或"不负责任"的恶名。说"不"的确需要勇气，为了长远、有效、脚踏实地地发展公共关系，公共关系人员应大胆说"不"。

公共链接

接待规范五句话

第一句话，问候语"您好"。一定要养成习惯，对外人也好，对自己人也好，要先说"您

好"者"你好",再说其他的话。如果是在重大的商务会展,为了体现你的素养,问候对方时最好采用时效性问候,就是要加上具体时间,如"下午好""晚上好"。

第二句话,请求语"请"字。当你需要别人的帮助、配合、理解、支持时,要先说"请"字,如请坐、请稍等、请用茶。

第三句话,感谢语"谢谢"。别人帮助了你、支持了你,要说"谢谢"。知恩图报,感恩之心长存,其实是做人、做事的基本要求。

第四句话,抱歉语"对不起"。怠慢了客人,伤害了客人,影响了客人或者不方便帮助对方的时候,要说"对不起"。

第五句话,道别语"再见"。当客人离去时,一定要主动与其道别,要说"再见"。

3. 使用手机的礼仪

(1)在公共场合,当手机不使用时,应放在合乎礼仪的常规位置,不要在不使用的时候拿在手里。放手机的常规位置一是随身携带的公文包里;二是衣服口袋里。不要把手机放在桌子上,特别是不要对着对面正在聊天的客户。

(2)在会议中、和别人洽谈的时候,最好将手机关机,若不关机至少也要调成静音模式,这样既显示出对别人的尊重,又不会打断说话者的思路。有的人认为在会场上铃声不停地响,展示的是业务很忙,实际上大家都很反感。

(3)在公共场合大声地接打电话是有失礼仪的。

(4)在给他人打电话时,尤其是当知道对方是身居要职的人时,首先想到的应该是,这个时间他方便接听吗,并且要有对方不方便接听的准备。"现在方便通话吗?"通常是接通电话后的第一句问话。其实,在没有事先约定好和不熟悉对方的情况下,我们很难知道对方什么时候方便接听电话。因此,在有其他联络方式时,还是尽量不打对方手机。

(5)在一些场合,比如在看电影时打电话是极其不合适的,如果非得沟通,那么采用静音的方式发送短信是比较适合的。

(6)在餐桌上,关掉手机或把手机调成振动模式还是有必要的,避免他人正吃得起劲儿,被电话铃声打断。

(7)不要在他人注视你的时候查看短信。一边和他人说话,一边查看手机短信,对他人很不尊重。

(8)在短信的内容选择和编辑上,应该和谈话礼仪一样。因为通过你发的短信,可以看出你的品位和水准,所以不要编辑或转发不健康的短信,特别是一些讽刺伟人、名人的短信。

4. 电子邮件礼仪

(1)主题要提纲挈领,切忌使用含义不清的文字,如"嘿!"或"收着!"等。添加主题是电子邮件和书信的主要不同之处,在"主题"栏里用短短的几个字概括出整个邮件的内容,便于收件人权衡邮件的轻重缓急,分别处理。尤其是回复的电子邮件,重新添加、更换主题是要格外注意的环节,最好写上来自×××××公司的邮件,以便对方查看。

(2)电子邮件的文体格式应该类似于书面交谈,开头要有问候语,但问候语的选择比较自由,像"你好""Hi",或者仅仅是一个简单的称呼皆可,结尾也可随意一些,如"以后再谈""祝你愉快"等,也可直接注上自己的名字。但是,如果你写的是一封较为正式的电子邮件,还是要用和正式的书信一样的文体,开头要写"尊敬的×××:您好!"或"×先生/×女士:您好!";结尾要有祝福语,并采用"此致、敬礼"这样的格式。

（3）内容简明扼要。需要回复或转变的电子邮件，要认真写电子邮件中的每个字。因为法律规定电子邮件也可以作为证据，所以发电子邮件时要小心，如果对企业不利，千万不要写上，如报价等。发电子邮件时一定要慎重，还要定期审查你发过的电子邮件，评估其对商业往来所产生的影响。

（4）清理内容。有一位传播学专家曾举例说：我最近收到一份电子邮件，其中包括辗转收送的十二个人的姓名，我实在没有必要知道这些信息。有一个妙方是在发送电子邮件时用"匿名附件收信者"取代"附件收信者"，或者在转发之前删除一切无关紧要或重复的内容，如原始邮件中摘要部分之主题、地址及日期等。

注意回答问题的技巧。当回复电子邮件的时候，最好只把相关的问题抄到回件上，然后附上答案。不要用自动应答键，那样会把来件所有内容都附到回件中；但也不要仅以"是的"二字回复，那样太生硬了，而且让读的人摸不着头脑。

（5）恰当地称呼收件人，并且在结尾签名。虽然电子邮件本身已标明了邮自哪方，发予何人，但在邮件中注明收件人和发件人还是需要的，包括在信件开头尊称收件人的姓名，在结尾注明发件人的姓名、通信地址、电话等，以方便收件人未来与你联系。大型企业注重在邮件的结尾添加个人签名栏。人们通常会把邮件转发给很多人，打开邮箱你可能会发现有一半的邮件是无关紧要的，删除它们费时费力，所以在转发前要整理一下。如果条件允许，要每天检查自己的邮箱，及早回复邮件，重要邮件发出后要及时确认是否收到。另外，企业机密和敏感的话题不要在电子邮件中提及。

（6）切忌全文使用英文大写字母。这样写成的电子邮件"太强势"，甚至暗示发件人懒得采用正确的书写方式。毕竟，这仍是种文字沟通方式，应遵守相关写作规范。

（7）接收到电子邮件后，应当尽快给予回应，表示已经收到。如"已经收到，我会尽快处理，谢谢！"等。

公共链接

当接待一个重要客户时，为了表示对他的尊重，不仅要把手机关机，还要让他知道你特意为他关了手机。这时，你可以把手机取出来，然后告诉对方："王总，今天我负责接待您，我先把手机关机，不能让别人打扰我们。"

如果不这样做，客户可能不知道你关机了，他只知道你的手机长时间没有响，说不定还怀疑你比较清闲，那么长时间都没有人联系你。在将手机关机的时候，要说一声，如果你不说，客户看到你拿着手机，他可能怀疑你正在玩手机。你告诉了他，则说明：我为你而关机，我对你是非常尊重的。

总之，我们既要了解别人，也要被别人了解。这是礼仪所要求的表达与沟通意识。

课堂讨论

发送短信是重要的交流方式之一，请谈谈发送短信时应注意哪些问题。

9.2.4　接待礼仪

接待工作是公共关系人员日常工作的一项重要内容，具体包括以下两个方面。

1. 针对不同人员的接待礼仪

无论来访者是何人，都应面带微笑，礼貌地表示欢迎，热情地招呼来访者坐下，给来访者端上一杯热茶，然后迅速了解清楚来访者的身份、来访目的和具体要求，以便决定接待的规格、程序和方式。

对于特别重要的来访者，应由公共关系部经理亲自出面接待，并立即通知上级领导甚至最高负责人，按照来访者的身份安排对等的接待者是有必要的，通常公共关系部经理被授权代表组织，甚至代表最高负责人出面接待来访者，可接待各种级别的来访者。

对于专业性较强的访问，公共关系部应立即与相关专业技术部门联系，积极引荐权威人士，并协助其做好一切安排。

对于新闻记者或意见领袖，应特别谨慎、热情、周到。公共关系人员应先了解清楚来访者的意图，但不轻易表示赞成或反对；如果必要，在回答敏感问题之前，应向上级领导或有关部门请示；在实事求是地提供信息的前提下，尽可能树立组织的正面形象。此外，注意为他们提供各种便利条件，真心实意地协助他们工作。

对于一般的客户，应耐心地倾听他们的诉求，详细地回答他们的咨询，尽可能解决他们的实际问题，让他们满意地离去。

对于社区代表或赞助团体，在认真考虑他们的要求后，应根据企业的赞助条例或有关规定，结合企业利益给予回应，无论是接受、商榷还是拒绝，都应不失礼节。公共关系部应具备较好的接待条件，如相对独立、安静、舒适的接待环境，基本的服务设施，供来访者了解企业情况的各种宣传册、刊物，送给来访者的纪念品等。这本身就表达了对来访者的敬意。

2. 迎送礼仪

（1）了解客人的基本信息。准确地记住客人的名字、相貌（如果事先有照片），弄清楚客人的身份、来访目的、与本组织的关系、到达的时间、乘坐何种交通工具等。

（2）确定迎送规格。根据获取的信息，结合本组织的具体情况，确定迎送规格。对较重要的客人，应安排身份相当、专业对口的人员出面迎送；也可根据特殊需要或与本组织关系的亲密程度，安排比客人身份高的人员迎送；对于一般客人，由公共关系部指派人员迎送即可。

（3）做好迎送准备工作。例如，与有关交通运输部门联系，核实客人的车船班次；安排好迎送车辆；预先为客人准备好客房及膳食；如果对所迎接的客人不熟悉，需要准备一块牌子，写上"欢迎×××先生（或女士）"及本组织的名称；如果需要，可准备好鲜花等。

（4）严格把握和遵守时间。在迎接客人时，需要至少提前15分钟赶到车站或机场，要考虑到交通状况与天气等，不能让客人在那里等你。如果你迟到了，无论怎样解释，都很难消除客人的不快和对你的不良印象。如果送行时客人需要办理托运或登机手续，可由公共关系部指派人员提前前往代办。

（5）迎接与介绍。在接到客人后，立即表示欢迎或慰问，然后相互介绍。通常先将一同前来迎接的人员介绍给客人，或先做自我介绍，并递上名片。客人初到一般较拘谨，应主动与客人寒暄，话题宜让人感到轻松，如客人的旅途情况，当地的风土人情、气候特点、旅游景点，客人来访的活动安排、筹备情况，以及客人可能关心的其他问题。除客人随身携带的公文包外，应主动帮助客人提其他行李。

（6）妥善安排。客人抵达后，尽可能妥善安排客人的食宿事宜，使客人感到宾至如归。例如，向客人提供活动计划表、本地地图和旅游指南；向客人介绍餐厅开放时间及主要的接待安排，

了解客人的健康情况及特殊需要（如回程车票）；到达后不要马上安排活动，迎接人员不必久留，以便让客人更衣、休息及处理其他事务；告别时约好下次见面的时间，并告知联系方式等。

📋 公共链接

电梯里的礼仪

（1）当和客人或长辈一起来到电梯门前后，先按呼梯按钮；当电梯门打开后，若客人或长辈不止1人，可先行进入电梯，按住"开门"按钮，礼貌地说"请进"，请客人或长辈进入电梯。

（2）进入电梯后，按下要去的楼层按钮。

若乘坐电梯期间有其他人进入，可主动询问要去几楼，并帮忙按下楼层按钮。

在电梯内可视具体情况决定是否交谈，如果没有其他人，可适当交谈。

在电梯内应尽量侧身面对客人。

（3）到达目的楼层后，一只手按住"开门"按钮，另一只手做出"请"的动作，并说："到了，您先请！"

当客人或长辈走出电梯后，自己应立刻走出电梯，并热情地引导方向。

🎓 课堂讨论

某公司董事长因临时有事无法按约定时间与客人见面，于是派了一位公共关系人员去接待客人。这位公共关系人员对客人说："王经理，董事长在路上呢，让我先赶过来。董事长说了，我们有求于您，让我好好招待您，要什么给什么。您想喝点什么？"

讨论：她说的好吗？好在哪里？若你觉得她说的不好，请指出不好之处。如果是你，你会怎么说？

9.2.5　宴请礼仪

1. 宴请的种类

宴请的种类较多，以宴会、招待会、茶会、工作餐为主。

（1）宴会。宴会主要分为国宴、正式宴会、便宴和家宴四种。

① 国宴是国家元首或政府首脑为招待国宾或在重要节日招待各界人士而举行的隆重宴会，因而规格最高。宴会厅内可悬挂国旗、奏国歌，席间会致辞或祝酒。

② 正式宴会除不悬挂国旗、不奏国歌及规格不同外，与国宴基本相同。宾主均依据身份就位。有些正式宴会对餐具、酒水、菜肴、摆设及服务人员的着装、仪表等都做出了严格要求。

③ 便宴是非正式宴会，常见的有午餐、晚餐，有时也有早餐。便宴形式简单，不排座位，不进行正式讲话，让人感到轻松，菜肴也可以酌情减少。

④ 家宴是在家中设宴招待客人。这种形式亲切友好，往往由主妇亲自下厨，家人共同招待。

（2）招待会。招待会是指各种较为灵活的，不备正餐但备有食品和酒水饮料的宴请形式。

招待会期间不排座位，宾客自由活动。常见的招待会有冷餐会、酒会。

① 冷餐会，即自助餐。冷餐会的特点是不排座位，菜肴以冷食类食品为主，也可有热菜，供客人自取，客人可以自由活动，酒水可以自取，也可由招待员端送。冷餐会可在室内或庭院等地举行，可设桌子、椅子，也可不设椅子及站立进餐。冷餐会的举办时间一般为中午 12 时至下午 2 时；下午 5 时至 7 时。冷餐会有三大优点：能安排下很多客人，即无论在室内还是室外，只要有空间就可以容下更多人；当缺乏人手招待时也不受影响，客人可自取食物；不受正式宴会礼仪的约束，无论是用餐前还是用餐中，客人都可以自由活动。

② 酒会。这种宴请形式活泼，便于广泛交谈。招待品以酒水为主，略备小吃。酒会不设座椅，仅设桌子、茶几，客人可随意走动。酒会举行的时间较灵活，中午、下午、晚上均可。

（3）茶会。茶会是一种简单的宴请形式，举行的时间多在上午 10 时或下午 4 时左右，以茶或咖啡招待客人。茶会通常设在客厅，而不设在餐厅。厅内设茶几、座椅，不排座次。茶会对茶叶和茶具的选用应有所讲究，一般用陶瓷器皿，而不用玻璃杯。

（4）工作餐。工作餐是现代交往中经常采用的一种非正式宴请形式，人们可以利用进餐时间，边吃边谈事情。这类活动一般只请与工作有关的人员。工作餐按时间可分为工作早餐、工作午餐和工作晚餐。宴请的菜肴、程序从简，甚至采用快餐形式或由人们各自付费。

2. 宴请活动的组织

（1）确定宴请的目的、对象、范围与形式。

① 目的。宴请的目的多种多样，既可以为某人，也可以为某件事。例如，为某人或某团赴约谈判；为某展览会或订货会的开幕、闭幕；为某工程的竣工等。总之，宴请的目的应明确。

② 对象。宴请对象确定的主要依据是宾主双方的身份，即宾主的身份要对等。

③ 范围。宴请的范围是指请哪方面人士，哪一级别，请多少人；主人一方请什么人出陪，这要考虑宴请的性质、客人的身份等多方面因素，不能只顾一个方面。宴请的范围确定后，就可草拟具体的邀请名单了。

④ 形式。采用何种形式在很大程度上取决于习惯做法，可根据习惯和需要选择宴请的形式。目前，无论是国外还是国内，宴请的形式都在简化，更注重经济和实效。酒会、冷餐会被广泛采用。

（2）确定宴请的时间、地点。

宴请的时间对宾主双方都应适宜。一般不要选择一方有重要活动的日子。宴请前应征求客人的意见，口头当面约定较方便，也可电话沟通。

对于宴请地点的选择，一般来说，正式的、隆重的宴请活动应在高端酒店举行，具体可根据宴请的性质、规模、形式及主人的意愿、可行性而定。原则上选择的场所要能容纳全体人员。

（3）发出邀请。

各种宴请活动一般都发请柬，这既是礼貌，也能提醒客人按时出席。请柬一般提前一到两周发出，有些时候需要提前更长时间，以便被邀请者及早安排。

请柬的内容包括活动形式，举行的时间、地点，主人的姓名。请柬一般不加标点，所提到的人名、单位名、节目名等都应用全称。中文请柬一般将被邀请者的姓名写在封面上。请柬可以印刷也可以手写，若手写字迹要美观。

（4）订菜。

宴请的菜肴根据宴请的形式、规格及预算而定。选择菜肴时不以主人的喜好为准，主要考虑主宾的喜好与禁忌。如果宴会上有个别人有特殊要求，也可以单独为其上菜。无论哪种宴请，事先都应列好菜单，并征求主管人员的同意。

宴请的菜肴一般都较丰盛。例如，在中餐宴会上，除凉菜和甜点外，还有鸡、鸭、鱼、虾等数道热菜，以及汤和水果。一般都备有精致的菜谱，上菜的顺序与菜谱相符。

中餐宴会菜肴的数量并不一定以主宾身份的高低而定。一般国宴的规格很高但菜肴不一定十分丰富。而一些企业间的互相宴请，其费用标准之高，菜肴数量之多，往往是国宴无法比拟的。

西餐宴会的菜肴与中餐宴会不同。西餐宴会一般菜肴数量不多。西餐宴会一开始先喝汤，然后陆续上两三道菜，这些菜多与蔬菜搭配，之后是甜点、冷饮等，至于咖啡，可离席而饮。西餐宴会常配有生菜奶酪。

（5）席位安排。正式宴会一般会安排席位，也可只安排部分人的席位，其他人只排桌次或自由入座。注意，要在入席前通知每个入席者，现场还要有人引导。常见的席位安排如图9-1所示。

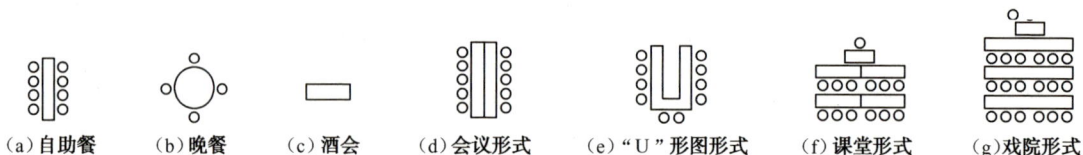

(a)自助餐　(b)晚餐　(c)酒会　(d)会议形式　(e)"U"形图形式　(f)课堂形式　(g)戏院形式

图9-1　常见的席位安排

按照国际惯例，桌次高低以距离主桌远近而定，右高左低；同一桌上，席位高低以距离主人远近而定。外国习惯男女穿插安排，以女主人为准，主宾在女主人右上方，主宾夫人在男主人右上方。我国则习惯按宾客的职务安排，如夫人出席，通常把女士安排在一起，即主宾坐男主人右上方，其夫人坐女主人右上方。

有关宴会席位的具体安排，大致可分为下列几种情况。

① 圆桌宴会。当宴请只设一桌时，一般以设宴的房间正对着房门的一边为主位，是男主人的席位。主位的正对面为第二主位，是女主人的席位。席位安排讲究右高左低，同一桌上席位高低以距离主人远近而定。如果男、女主人并肩坐于一桌，则男左女右，让女主人坐于右席；如果男、女主人各居一桌，则让女主人坐于右桌；如果男主人或主主人居于中央之席，面对门而坐，则其右方之桌为尊，右手旁的宾客为尊。圆桌宴会的席位安排如图9-2所示。

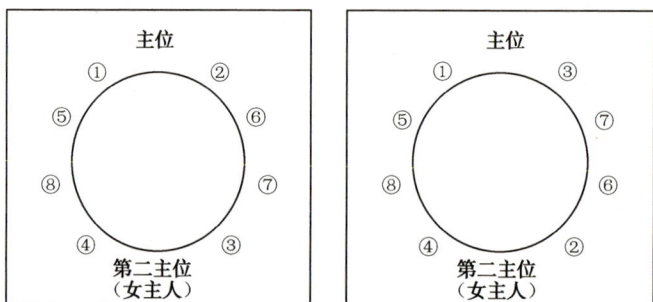

图9-2　圆桌宴会的席位安排

如果参加宴请的人数较多，可安排多桌。通常，第一桌称为主宾桌，人数可安排得多一些，

十几人到二十几人均可。在使用大桌子时，桌子中央可以摆放花篮。其他桌子以十人至十二人为宜。其他桌子的主位应面向主宾桌的主位。在每张桌子上，应设置桌序牌，供宾客按桌次入座。桌子序号的排法，除主宾桌外，自右向左，按二、三、四等依序排列。

② 长方桌。若使用长方桌，安排席位时往往根据房间的形状和桌的具体形状而定。例如，当宴请的房间为长方形时，可将主宾全部安排在一张长方桌上，其排法如下。

主位可安排在长方桌的两头，也可安排在长方桌较长边的中央，如图 9-3 所示。

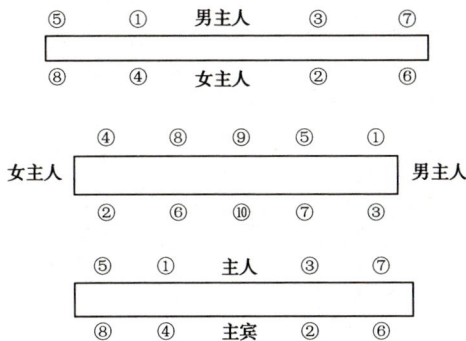

图 9-3　长方桌宴会的席位安排

如果人数较多，主位和副位可安排在长方桌的两头。其中，正对着门的为主位。宾客按身份高低以先右后左的顺序，间隔地分别坐于男主人和女主人两侧。

如果主位安排在长方桌较长边的中央，则另一较长边的中央为副位。宾客也按礼宾顺序，以先右后左的顺序，间隔地分别坐于男主人和女主人两侧。

无论是使用圆桌还是长方桌，也无论是一桌还是多桌，一般将参加宴会的人的姓名与职务写在标签上，摆在每人应坐的位置。

（6）现场布置。宴会厅、休息厅的布置取决于活动的形式、性质。官方和其他正式的活动现场的布置应严肃、庄重、大方，不要用彩灯装饰，可以少量点缀鲜花等。

宴会上可使用圆桌、长方桌或方桌。桌子之间的距离要适当，各个座位之间的距离要相等。

冷餐会常使用长方桌，在四周摆设，也可根据情况摆在房间中间。座位要略多于总人数，以便宾客自由就座。

酒会一般使用圆桌或茶几，以便摆放花瓶、干果、小吃等，在四周可设些椅子，供宾客随意就座。

（7）餐具准备。应根据参加宴会的人数、菜肴数量准备足够的餐具。餐桌上的一切用品都要干净卫生，桌布应洁净、平整；各种器皿、筷子、刀叉等都要预先洗净、擦亮，此外，还应准备好每道菜撤换用的菜盘。

① 中餐餐具及其摆放。中餐餐具主要包括筷子、碗、盘子、勺子、小碟子、酱油罐等。一般来说，水杯放在菜盘上，右上方放酒杯；酒杯的样式应与所上酒品相符。餐巾叠成花插在水杯中，或平放在菜盘上。在宴请外国客人时，以中餐西吃为宜，此时要准备必要的西餐餐具，酱油、醋、辣椒油等作料，通常一桌数份。公筷、公勺应放在架子上。餐桌上还应备有烟灰缸、牙签等。

② 西餐餐具及其摆放。西餐餐具有刀、叉、匙、盘子、杯子等。刀分为主餐刀、鱼刀、色拉刀、黄油刀、水果刀等；叉分为主餐叉、鱼叉、色拉叉、甜点叉等；匙有主餐匙、汤匙、茶匙、甜点匙等；盘子有主餐盘、色拉盘、黄油盘等；杯子的种类很多，茶杯、咖啡杯多为

瓷器，水杯、酒杯多为玻璃制品，不同的酒使用不同规格的酒杯。

在摆放西餐餐具时，正面位放主餐盘，左手位放叉，右手位放刀，主餐匙也放在主餐盘的右边；主餐盘上方放甜点匙和甜点叉；右上方放杯子；左上方放黄油盘、黄油刀等。西餐餐具的摆放示例如图9-4所示。食毕，刀叉朝四点钟方向摆放（见图9-5），也可将刀叉叠放，既方便服务员收拾，又可避免发出较大的响声。

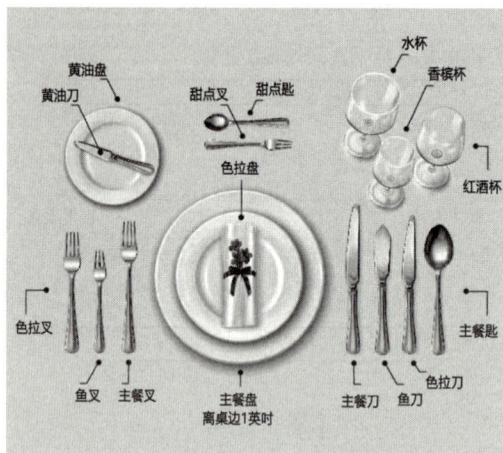

图9-4　西餐餐具的摆放示例

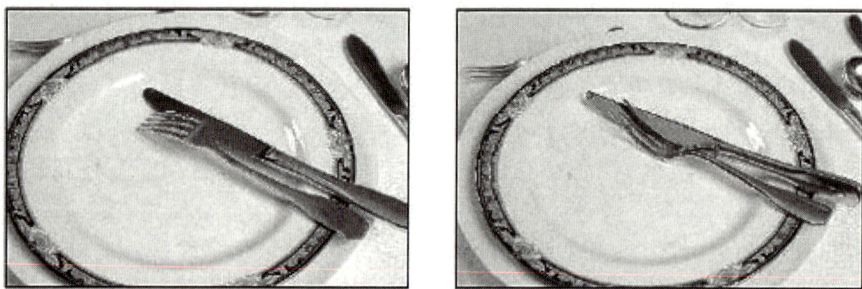

图9-5　用餐后西餐餐具的摆放

3. 宴请程序及现场工作

主人一般在门口迎接客人，与客人握手后，由工作人员将客人引到休息厅，若无无休息厅则可让客人直接进入宴会厅，但暂时不入座。休息厅内应有相应身份的人员负责接待。

主宾到达后，由主人陪同进入休息厅与其他客人见面。如其他客人尚未到齐，可由其他迎宾人员代表主人在门口迎接。

主人陪同主宾进入宴会厅，全体客人就座，宴会即开始。一般吃完水果后，宴会即结束。主宾告辞，主人送至门口，主宾离去后，迎宾人员与其他客人握别。

课堂讨论

如果你是一家企业的公共关系人员，你和司机开车接待一位重要的客人，开的是一辆双

排座的轿车，你会安排客人坐哪个位置？为什么？

公共链接

冬奥会的礼仪训练

2021年8月，吴芸与同为武汉华夏理工学院教师的周敏及学校来思教育工作室的成员曹寒柳一同受邀成为冬奥会颁奖礼仪指导老师，是湖北唯一前往北京担任礼仪指导的团队。

对着镜子练嘴角弧度，让世界看到"最美微笑"。吴芸介绍，她和团队负责的是颁奖礼仪培训，志愿者们都是来自北京各高校的大学生。每天早上8点准时开训，而控制表情是每天雷打不动的第一课。

"颁奖典礼是比赛的高光时刻，摄像机拍运动员时，同样会拍到颁奖志愿者。她们的表情和仪态代表中国，如果面部表情不到位，就会影响整体效果。"吴芸说，在礼仪训练中，控制表情非常重要，不但要自然好看，而且冬奥会颁奖典礼上还有很多新的挑战。

冬季的低温、大风和强光对面部表情有影响。为了培养志愿者们控制表情的能力，他们要进行一系列特训。"比如，我们有盯点训练，对着光源看，保持几十秒不眨眼，这样能促使她们在面对闪光灯时眼神不会下意识躲避。"

此外，每天会安排30分钟练习微笑操和面部瑜伽操，帮助她们随时露出自然亲和的笑容。"笑的时间长了常常会变成'假笑'，我们先帮助每个志愿者找到她们笑起来最好看的时候，记住那一刻苹果肌的状态，然后每天训练，形成肌肉记忆。"

吴芸介绍，她还有一个专门练习微笑的方法——对着镜子笑着说："来我家做客。""说完这几个字的时候，把嘴角保持住，这个时候的苹果肌一般是最自然的，嘴角弧度也刚刚好。我们还会引导志愿者在练习微笑的时候，想一想让自己开心的人和事，因为发自内心的笑是最好看的。"

对颁奖志愿者来说，出场时的仪态和步态也非常重要，也需要刻苦训练。华夏理工学院教师周敏介绍，比如站姿，不是站直即可，而是采用"11点站立法"，贴墙站立，头、肩、肘、臂、小腿和脚后跟靠墙。"刚开始训练时，有的人连5分钟都坚持不下来。我们慢慢地加量，现在强多了。"

导师团还会准备沙袋让姑娘们训练手腕、手肘力量，保证她们端有一定重量的托盘时仍能保持水平。比如冰球等团体项目的获奖人数多，光是金牌可能就有20多人获得，3个奖牌加起来有60多人获得，托盘和奖牌也比较重。而众多运动员、颁奖嘉宾和志愿者同台，怎样保持人员流动有序、队形好看，需要精心设计和排练。

在参加颁奖典礼时，出场步伐一般为一分钟80多步。由于当时培训时颁奖音乐还没有公布，导师团便选择节奏相近的音乐，借助节拍器来训练，力求走出庄重感、仪式感。颁奖时会用中文、法语、英语等多种语言播报，志愿者也要熟悉一些常用的词，说到哪个字的时候要出场，或做什么动作，都需要提前预判。

为期30天的训练，每天从早上8点到晚上10点，姑娘们一天训练下来常常走超过3万步。"礼仪训练是水磨工夫，说起来很琐碎，但功力都藏在细节里。"无论是动作、仪态，还是妆容、表情，都是一个庞大团队不断训练、磨合、讨论的成果，力争每个动作都规范、准确，充分展现东方女性的美。

导师团还将中国传统文化知识融入培训中。吴芸从事礼仪培训工作多年，她深知这项工作绝不仅是外在动作表现形式，而是传达中华民族自信、典雅、从容的内在修养。除形体课程之外，礼仪培训还设计有系列文化课，如学习《诗经》《论语》等古典著作，邀请专家讲国际关系，请心理学老师上心理课等。

"中国作为礼仪之邦，礼仪训练所展现的是东方之美，蕴藏着我们对运动员的尊重，对世界的尊重。"中华民族自古注重礼仪礼节，被称为"文明古国""礼仪之邦"。比如古人见面要行礼，在相互问候、交谈时有很多礼仪用语，而孔子更是认为"礼"是治国安邦、平定天下的基础。

"我们虽然不用完全复刻古代礼仪，但我们希望让世界看到一个充满朝气、活力的青春中国，礼仪之美在这片土地上一直延续。"

（资料来源：广州日报，2022-11-26）

案例 9.4

王峰上大学时学习非常刻苦，成绩也非常优秀，每年都拿特等奖学金，为此，同学们给他起了一个绰号——"超人"。大学毕业后，王峰顺利获得了在美国攻读硕士学位的机会，毕业后又顺利进入美国公司工作。一晃8年过去了，王峰已成为公司的部门经理。

一年国庆节，王峰带着妻子、女儿回国探亲。一天，他和妻子在剧院观看音乐剧，刚刚落座，就发现有3个人向他们走来，其中一个边走边伸出手，并大声喊："喂！这不是'超人'吗，你怎么回来了？"这时，王峰才认出说话的人是他的高中同学贾征。贾征没考上大学，高中毕业后跑到南方去做生意，赚了些钱，如今回到上海注册公司，当起了老板，今天正好陪两位从异地来的生意伙伴来看音乐剧。这两位生意伙伴是他交往多年的、年长的夫妻。

此时，王峰和贾征都既高兴又激动。贾征在和王峰聊了一会儿后，才注意到王峰身边站着一位女士，就问王峰身边的女士是谁，王峰这才想起向贾征介绍自己的妻子。待王峰介绍完毕，贾征高兴地走上去，给了王峰的妻子一个拥抱礼。这时贾征才意识到该向老同学介绍他的生意伙伴。大家相互握手、交换名片、简单交谈，之后就各自回到自己的座位上观看音乐剧了。

案例分析

案例中王峰和贾征的做法有没有不符合礼仪的地方？若有，请指出来，并说明正确的做法。

项目训练一：仪表礼仪——着装

任务编号：9-1	小组成员：
任务描述：如果你要参加谈判会议、庆功晚会、假日出游三种不同的活动，分别该怎样着装？请借助网络进行实训，查找相关图片，并说明做出选择的理由。	
实施步骤： 1. 查找适合三种不同场合着装的图片。 2. 说明三种不同场合的着装特点及原因。	

任务成果模板：

一、谈判会议

二、庆功晚会

三、假日出游

项目训练二：交谈礼仪——演讲

任务编号：9-2	小组成员：
任务描述：对媒体节目中的"自我介绍"演讲进行点评，并完善自己的介绍方式和内容。	
实施步骤： 1. 搜索媒体节目中的"自我介绍"演讲； 2. 点评媒体节目中的"自我介绍"演讲及相关礼仪； 3. 完善自己的自我介绍； 4. 总结"自我介绍"演讲应注意的礼仪。	
任务成果模板： 一、媒体节目中的"自我介绍"演讲 二、点评媒体节目中的"自我介绍"演讲及相关礼仪 三、完善自己的自我介绍 四、总结"自我介绍"演讲应注意的礼仪	

项目训练三：宴请礼仪——宴会排座

任务编号：9-3	小组成员：

任务描述：模拟宴会，完成宴会排座图，并说明理由。

实施步骤：

1. 搜索不同类型宴会的排座案例；

2. 点评不同类型宴会的排座案例；

3. 完善自己的宴会排座图；

4. 说明理由。

任务成果模板：

一、不同类型宴会的排座案例

二、点评不同类型宴会的排座案例

三、完善自己的宴会排座图

四、说明理由

【思政探讨】

一、党的二十大精神进课堂

1. 党的二十大精神学习。

党的二十大报告指出："坚持和发展马克思主义，必须同中华优秀传统文化相结合。只有植根本国、本民族历史文化沃土，马克思主义真理之树才能根深叶茂。中华优秀传统文化源远流长、博大精深，是中华文明的智慧结晶，其中蕴含的天下为公、民为邦本、为政以德、革故鼎新、任人唯贤、天人合一、自强不息、厚德载物、讲信修睦、亲仁善邻等，是中国人民在长期生产生活中积累的宇宙观、天下观、社会观、道德观的重要体现，同科学社会主义价值观主张具有高度契合性。"

作为文明古国、礼仪之邦，礼仪文明是中国传统文化的重要组成部分，对中国古代社会历史发展起到了广泛而深远的影响。每个中华儿女都是中华文明的受益者、承载者、传播者。

2. 阐述礼仪对公共关系的重要作用。

二、思政素养探讨

1. 在接待外宾时，需注意哪些礼仪？请举例说明。
2. 你通过哪些方式提升了自身发现问题和解决问题的能力？

【本项目小结】

公关礼仪是指公共关系人员在公共关系活动中尊重他人、讲究礼节的程序。

公关礼仪有利于提高个人素质，有利于塑造组织形象，有利于建立和谐关系。

仪表礼仪要求一个人在容貌、举止方面遵守礼节规范和要求，主要包括仪容礼仪、举止礼仪和服饰礼仪等。见面礼仪包括介绍、握手及递、接名片几个方面。交谈礼仪是指人们在交谈活动中应遵循的礼节和应讲究的仪态等，包括听和说两个方面。

接待工作是公共关系人员日常工作的一项重要内容，应认真对待。宴请的种类较多，以宴会、招待会、茶会、工作餐为主。在公共关系活动中，无论是参加宴会、招待会、茶会还是工作餐，都应注意餐桌上的各种礼仪。

【延伸练习】

一、选择题

1. 女士站立时要求双脚的脚跟靠拢在一起，两个脚尖应相距（　　）厘米左右。

A. 5　　　　　　　　　　　　B. 10　　　　　　　　　　　C. 15

2. 正确的介绍顺序应当是（　　）。

A. 先向身份高者介绍身份低者

B. 先向年幼者介绍年长者

C. 先向男士介绍女士

3. 一般礼节性握手的时间以（　　）为宜。

A. 1～2秒　　　　　　　　　　B. 3～5秒　　　　　　　　　C. 6～8秒

4. 正式宴会一般要求（　　）。

A. 挂国旗　　　　　　　　　　B. 奏国歌　　　　　　　　　C. 席间致辞

二、填空题

1. 公共关系人员讲究公关礼仪的作用有_____、_____和_____。

2. 举止礼仪包括人的_____、_____、_____、面部表情等。

3. 有关服饰礼仪的基本原则之一 TPO 原则是_____、_____、_____三个英文单词的缩写。

4. 招待会常见的两种形式有_____和_____。

三、简答题

1. 简述公共关系人员礼仪修养的内容。

2. 简述握手的基本规则。

3. 简述递、接名片礼仪。

4. 简述迎送礼仪。

【延伸阅读】

公关礼仪——塑造组织形象的关键（二维码 9-1）

扫一扫

二维码 9-1

项目10

公共关系文书

思考：

★ 公共关系文书与其他应用文书有什么相同之处，又有什么独特之处？

★ 公共关系文书的基本写作有什么要求？

★ 公共关系常用文书有哪几种？

教学目标：

★ 知识目标

- 了解公共关系文书的特点
- 陈述公共关系文书写作的一般要求
- 掌握公共关系事务类文书的写作格式与要求
- 掌握公共关系礼仪类文书的写作格式与要求

★ 能力目标

- 能够撰写出符合写作格式与要求的公共关系事务类文书
- 能够撰写出符合写作格式与要求的公共关系礼仪类文书

★ 思政目标

培养学生牢牢把握正确政治方向的能力

★ 素养目标

培养学生的政治意识、大局意识

```
                                              ┌── 公共关系文书的特点
                          一、公共关系文书概述 ┤
                                              └── 公共关系文书的写作要求
                                              ┌── 公共关系企划书
                                              ├── 公共关系简报
                  知识储备  二、公共关系事务类文书的写作 ┤── 公共关系新闻稿
                                              ├── 公共关系广告
                                              └── 公共关系危机事件处理书
                                              ┌── 公共关系柬帖
                          三、公共关系礼仪类文书的写作 ┤── 公共关系发言稿
                                              └── 公共关系书信

项目10 公共关系文书
                                              ┌── 一、新闻稿撰写训练
                          项目训练 ┤── 二、拟写宣传广告词
                                   ├── 三、拟写领导欢迎词
                                   └── 四、演讲稿撰写及演讲训练

                          思政探讨 ┌── 党的二十大精神进课堂
                                   └── 思政素养探讨

                          总结练习 ┌── 本项目小结
                                   ├── 延伸练习
                                   └── 延伸阅读：企业新闻稿，长还是短？
```

【知识储备】

"内求团结，外求发展"是每个现代社会组织开展公共关系活动的目的。那么，如何实现这一目的呢？途径很多，但其中极为重要的、不可缺少的一种就是公共关系文书写作。任何一个公共关系人员要想成为公共关系领域的优秀人才，都应当系统而全面地掌握文书的写作格式与要求。

10.1　公共关系文书概述

10.1.1　公共关系文书的特点

公共关系文书是为实现公共关系目的和开展公共关系活动而制作、使用的各种书面材料。公共关系文书与其他应用文书有一些共同点，如实用性、程式性、广泛性、时效性等。但由于公共关系独特的职能，公共关系文书具有不同于其他应用文书的地方，甚至广告、新闻、公文、计划、总结等，一旦纳入公共关系范畴，也就或多或少具有了新的特征。

1. 鲜明的目的性

公共关系文书写作既不能无病呻吟，在没有什么问题时有意制造问题，也不能无的放矢，在不知道自己的组织或公共关系活动要达到什么目的时盲目写作，只有在既明确要解决什么问题，又明确要达到什么目的时，才能进行写作。这样写出来的公共关系文书才能真正解决问题，达到组织或公共关系活动的预期目的。组织的创造力在于"协调"，因此可以说，公共关系文书写作的目的正是协调各方面的关系。从宏观上看，这种协调可分为内部协调和外部协调两个方面。

2. 反映的客观性

公共关系活动的一项主要工作是传播信息，一般来说，传播信息这项工作本身并不难，难的是如何客观地、实事求是地传播信息。因为所传播的信息是否客观、真实，与组织、公众皆有利害关系。

公共关系文书写作要客观。首先，公共关系人员在调查、了解有关事件时，应不带偏见，而且必须杜绝主观随意性，力求公正；其次，公共关系文书在写作时对材料的要求要非常严格，必须认真鉴别，反复核实，不允许有任何虚构。

3. 传播的主动性

社会组织是公共关系的主体，是关系调节的主力，同样处于关系主导地位的社会组织的公共关系文书写作，也应当在关系调节中发挥主动性。

公共关系文书写作的主动性，首先表现在内容上，它是为公共关系活动服务的，是为了解决公共关系活动中存在的实际问题，对公共关系活动具有直接的作用。例如，公共关系新闻稿是为了把组织好的信息传播给公众；公共关系企划书是为了给公共关系活动绘制出蓝图，安排好工作进程。这些都应该是积极主动的，而不是被动的。其次，在瞬息万变、丰富多彩的公共关系活动中，一切公共关系文书的写作都不可能是永恒不变的，不是一种机械式的固定模式，而是因人、因事、因时、因地而变化的。公共关系文书写作要主动根据具体情况灵活调整，这样才能获得理想的传播效果。另外，公共关系及公共关系文书写作本身是动态的，不会永远停留在一个水平上。因此，公共关系文书写作要想适应公共关系实践的需要，必然

是变化的，正是这种丰富多彩的表现，才充分体现了公共关系文书写作的主动性这一特征。

4. 很强的针对性

公共关系文书还有一个明显的特点就是具有很强的针对性，主要体现在以下几个方面。

（1）有明确的读者对象。一般文章或文学作品的读者对象是笼统的，既没有明确的规定，也没有很强的制约力。但公共关系文书写作不然，无论是策划、信息咨询或大众传播文书，还是人际沟通及组织内部公务类文书，一般都有明确的读者对象。

（2）针对具体问题而写作。公共关系文书写作，总是针对公共关系活动或组织生存和发展中的具体问题，因此写成的文章一般具有很强的针对性。

（3）选择特定的程式。所谓程式，指在长期的实践中形成的有关内容要素、行文格式、书写位置及习惯用语等方面的基本要求。

课堂讨论

公共关系文书与其他应用文书相比有什么特点？

10.1.2 公共关系文书的写作要求

1. 公共关系文书的沟通性

公共关系活动可以借助写公函、拍电报、写书信、发请柬、发聘书、送慰问信、送表扬信等，达到传递信息、安排工作，争取社会效益和经济效益的目的。公共关系工作的沟通是双向的，公共关系文书的使用也要考虑反馈效应。理解、信任、支持与合作是在相互交往中实现的，公共关系文书可以作为联络的纽带、建立友谊的桥梁。

2. 公共关系文书的竞争性

开展公共关系活动要善于利用文字手段，在同行或同类产品中，利用自己的优势去争取公众的支持与赞誉，进而树立组织的良好形象，开拓并占领更大的市场，在竞争中取胜，使自己立于不败之地。

3. 公共关系文书的时效性

作为传播、服务的工具，公共关系文书应当公开、迅速、通畅地发挥作用。它的写作要快，传递要快，反馈要快，要紧密配合市场经济的发展，严格贯彻国家现行方针、政策，及时抓住时机开展工作，追求高速度、高效率。时间就是生命，就是金钱，任何迟滞都会使公共关系文书失去作用。

4. 公共关系文书的务实性

公共关系文书的写作是一种实用写作，每种文书的起草都要明确写作目的、意图，从公共关系工作实际出发，提出和解决现实中的问题。

5. 公共关系文书的可信性

公共关系文书必须"说真话、办实事"，与公众坦诚相见，凡是文书中允诺的，都要严格执行。

6. 公共关系文书的简洁性

公共关系文书是处理公务的实用文，为便于沟通、交往与传播，应当去粗取精、简明概括，切忌拖泥带水。

7. 公共关系文书的规范性

为了便于流通与管理，提高用文的效率，公共关系文书应当按通用的格式与要求进行写作。

8. 公共关系文书的精美性

公共关系文书不但要求内容新与实，而且要求版面的设计庄重大方且富有艺术感染力。

9. 公共关系文书的准确性

语言准确严密，合乎逻辑与语法，合乎事实与政策，是公共关系文书用语的基本要求之一。

课堂讨论

公共关系文书的写作要求是什么？

10.2 公共关系事务类文书的写作

10.2.1 公共关系企划书

公共关系企划书是企业系统地、科学地策划公共关系活动时使用的书面材料。公共关系企划书通常涉及活动主题、活动目标、综合分析、活动程序、传播与沟通方案、经费预算等。

1. 活动主题

活动主题应言简意赅，并易于公众理解、记忆。

2. 活动目标

活动目标既应与企业总体目标相一致，又应能够体现某次活动的具体特点。简而言之，活动目标应是企业总体目标在某次活动中的具体体现。

3. 综合分析

综合分析包括对企业概况的介绍、产品简介、市场分析、消费者分析。在单个活动的企划书中，综合分析可以略去，但企划者应当对企业概况、产品、市场、消费者等有较深入的了解，否则企划难免不切实际。

4. 活动程序

说明本次活动的基本安排，什么时间由什么人做什么。

5. 传播与沟通方案

活动通过什么样的传播媒介进行传播。

6. 经费预算（略）

经费预算也应适当说明。

范文 10.1

×× 公司公关宣传活动企划书

一、活动主题

万名大学生携"×× 牙膏"为您服务。

二、活动目标

通过大学生宣传及上门为消费者服务，在目标国各城市提高 ×× 牙膏的知名度，增进消费者对 ×× 牙膏特性、功能及价格的了解，并通过后续的公共关系活动，树立 ×× 公司尊重科学、关心青年学生身体健康、积极服务社会的形象，提高 ×× 公司的美誉度。

三、综合分析

（一）企业概况。

（二）产品简介——×× 牙膏系全天然生物牙膏，内含丰富的天然生物活性物质丝肽及表皮生长因子，可直接被口腔黏膜吸收，能促进细胞新陈代谢，融洁齿、治疗、营养三功能于一体，有药物牙膏之功效，无药物牙膏之副作用。

（三）市场分析——×× 牙膏生产量为800万支，其中 ×× 市场占总销量的32%；×× 公司现已陆续在 ×× 市等数十个大中城市设立了销售网点。

（四）消费者分析——×× 牙膏系第三代产品，它的价格比其他牙膏的价格高，其潜在消费者主要是城市居民中收入和文化程度较高者。

四、活动程序

（一）选择 2008 年 3 月 18 日为"×× 牙膏宣传日"，该活动于同日在 ×× 市等十大城市举行。

（二）2008 年元旦前后，派专员与上述十大城市的大学联络，每校寻找参加宣传活动的大学生 500～1200 名；其中，×× 市等有条件的城市同时组织人数在 100～200 人的大学生自行车宣传队。

（三）2008 年 3 月 18 日上午 9 时，各城市大学生自行车宣传队沿拟定线路开展"闹市行"，沿途向市民散发 ×× 牙膏宣传单；同时，参加宣传活动的大学生走进千家万户开展宣传活动。

（四）在直销活动结束后 1 个月内，×× 公司在 ×× 大学举办一场音乐会，并赠送公共关系相关书籍 500 本。

五、传播与沟通方案

（一）在活动前一天，在 ×× 市的《×× 报》与 ×× 市的《×× 报周末版》上刊登宣传广告。

（二）提前与 ×× 电视台、《×× 报》等媒介联系，争取在活动后陆续报道。

（三）由进行宣传的大学生向消费者宣传××牙膏的基本特性，并散发宣传单。

（四）由选修"公共关系理论与实务"课程的××大学数百名学生撰写该项活动的分析报告，并择优寄往《××公共关系报》《××公共关系导报》等。

六、经费预算

（一）印制宣传单10万份及制作宣传绶带500条，约2000元。

（二）在报纸上登广告的费用及媒介报道费用4000元。

（三）10位销售活动监督、协助人员的差旅费，共3000元。

（四）大学生自行车宣传队的劳务费：共约500人，每人50元，共25000元。

（五）举办音乐会的费用及赠书活动的费用：音乐会的费用为3000元，500本公共关系相关书籍为10000元，共13000元。

七、预期效果

如果活动安排妥当，能够达到目标，那么取得的效果肯定比将这部分费用用于进行单纯的广告宣传好。

10.2.2　公共关系简报

公共关系简报是机关团体组织内部交流、汇报情况的文字材料或刊物，包括工作简报、信息简报、会议简报、动态简报等。动态、简讯、内部参考等都属于简报的范畴。写作时应事先制订编写计划，通过通信系统或个人组织稿件，采用汇编、摘编、编写等方式，按版面要求，设计报头、行文与报尾，把名称、期数、编印单位、日期、份数、按语、发送单位等一一列清楚。简报多数为内部使用，有的也可直接向外发送，但要注意发送的范围与要求，不能像报纸一样到处分发。简报的编发有定期和不定期两种。简报不是正式公文，不具备法律效力和行政效力。

公共关系简报具有以下特点。

（1）简明扼要。抓住事物的实质，抓住代表性的典型材料。

（2）迅速。像新闻一样快编、快写、快印、快发。

（3）真实。材料确凿，表述讲究语法、逻辑。

（4）新颖。立意要新，情况要新，抓新人、新事、新问题。

1. 公共关系简报的写作内容

公共关系简报是公共关系活动的简要报道。公共关系简报可以涉及以下内容。

（1）有关组织形象的材料，调查了解到的内部公众和外部公众的意见、评价和要求。

（2）组织内部生产和思想等方面的动态、趋势。

（3）公共关系部门开展的一些公共关系活动。

（4）公共关系部门对各项工作的意见和建议。

（5）公共关系相关会议。

课堂讨论

哪些可以作为公共关系简报的写作内容？

2. 公共关系简报的写作要求

（1）公共关系简报的写作要用第三人称。

（2）公共关系简报的写作要重点突出，有明确的主题思想，做到主题单一，内容集中。

（3）公共关系简报的写作要及时、准确、客观，内容真实，据事直说，不夹杂评述性意见，但编者按除外。

（4）公共关系简报的写作应当简短、通俗，具有可读性、指导性。

（5）公共关系简报的写作格式要规范。

课堂讨论

公共关系简报可以用于组织外部吗？它的写作有什么要求？

3. 公共关系简报的写作格式

（1）报头。居中写简报的名称，要用较大的字体；名称下方写简报编号，如"第××期"；简报编号下方的左侧写编发单位，右侧写印发日期；报头与正文部分用一条横线隔开。

（2）正文。正文是简报的内容所在。正文一般分为标题、主体、结尾三部分。正文的标题与新闻的标题相似，应力求简明、准确、扼要地概括出正文的内容；主体是简报内容的主干和中心部分，主体的内容要抓住关键问题，把本组织在贯彻执行上级指示、开展工作中发生的情况集中地反映出来，与之无关的琐碎小事不能上简报；正文的结尾应注明写稿单位或写稿人的姓名。

（3）报尾。报尾在简报最后一页的下方。画两条平行线，在平行线内写明本期简报的报、送、发单位和印制份数。

范文 10.2

辰溪县人民医院检验科简报
第六期

辰溪县人民医院检验科编　　　　　　　　　　　　　　　　　2024 年 1 月 10 日

编者按：检验科《工作简报》2004 年创刊至今已有五年了，承蒙大家的厚爱和关心已出版发行了 29 期，受到有关领导和同行们的一致好评。为了进一步提升刊物水平和更好地服务于临床，从 2009 年起（总第 30 期），《工作简报》由双月刊改为季刊，仍为 A4 双面版，对现有栏目进行调整，将增辟八面来风、新技术介绍、专家座谈等栏目，希望继续获得广大读者的支持和帮助，并恳请有关专家和同行们多提宝贵意见或建议。

［临床输血管理］

2008 年 11 月至 12 月，血库临床取用血量 468.35U（含院外取用血），成分血使用率占 100%，其中血浆 21 720 毫升，洗涤红细胞 4U，血小板 8U，我院五大临床科室成分血使用率均为 100%。2008 年度血库临床取用血总量 2933.52U（约 58.67 万毫升），成分血使用率占 99.86%。

[仪器设备管理]

2023 年 11 月 7 日，某品牌血球仪经邮寄到某公司维修或检查，先后更换了 2 个电磁阀（共支出 4600 元），基本上解决了仪器现有的故障，日前仪器由某公司邮回我院，即日起可投入临床使用。该仪器自八月份出现故障，前后拖了两个多月，当时科室考虑到设备老化曾写报告要求医院重新更换一台血球仪，经医院反复进行成本测算，最后才确定采用更换零件维修的方式。

[科室管理]

2023 年 11 月 14 日，检验科门诊化验室下水道流水管因老化发生漏水现象，影响环境卫生和正常工作，监事会巡视人员发现后及时反馈，后勤部门马上派龚师傅前来维修，不到一个小时就解决了漏水问题，效率极高。据悉，自 2023 年 1 月以来，我院物资后勤部门实行人事改革及人员精减和调动员工积极性等举措，其工作效率比以前明显提高了，受到临床科室和医技部门的一致好评。

报：辰溪县人民医院
送：诊疗部、辅助诊疗部、护理部、行政后勤部
共印 200 份

10.2.3　公共关系新闻稿

社会组织要宣传自己的形象，提高知名度，打出"牌子"，获得更多公众的支持，借助大众传播媒介和舆论导向是非常有效的手段，其中一个很好的办法就是将各种信息通过新闻稿的形式，借助新闻媒介迅速传播开来。因此，有人将公共关系新闻称为"不花钱的广告"。

新闻稿是组织公共关系人员撰写的以目标受众为宣传对象的文字作品，包括提供给媒介的消息和通讯。撰写新闻稿是公共关系人员利用大众传播媒介对公众施加影响的重要手段，也是组织与新闻界保持密切联系的基础。

1. 一般新闻稿

一般新闻稿也就是人们常说的"消息"。它往往以鲜明的主题、简练的文字，迅速及时地反映现实生活中新近发生的具有特定意义的事件，并因此成为新闻媒介经常使用的一种文体。一篇新闻稿通常包含 6 个基本要素，也称 6 个 W，即 Who（何人）、What（何事）、When（何时）、Where（何地）、Why（何因）、How（如何做）。除以上 6 个 W 外，公共关系人员撰写新闻稿的目的是供新闻媒介刊发，所以不能满足于对 6 个 W 的掌握，最好再加上 2 个 W，即 What theme（什么主题）和 What meaning（什么意义）。

（1）新闻稿的结构。新闻稿一般由标题、导语和主体组成。新闻稿中时常也要介绍一些背景资料，但由于它不是一个单独的组成部分，无固定地位可言，因此不能被看作新闻稿的独立层次。有的新闻稿中还有结尾，但对多数新闻来说，结尾可有可无。

① 标题。新闻的标题可以说是一篇新闻稿的点睛之处，它能迅速地向读者提供简要的信息，同时能吸引读者的注意力，使读者产生阅读新闻稿的欲望，所以必须精心加以拟定。

新闻稿的标题有单行标题（只有一个主标题）、双行标题（一个主标题，一个引标题或副标题）、三行标题（一个引标题，一个主标题，一个副标题）。一般来说，内容比较简单的新闻稿有一个主标题就可以了；内容比较重要且包含信息较多的新闻稿，则需要添加副标题

和引标题，以构成更加完整的标题。

范文 10.3

单行标题

（1）松下中国区域脱胎换骨　家电业务缩减到 30%
（2）200 多家候选企业将角逐电信供应商百强
（3）红色之旅成春游主力

范文 10.4

双行标题

促就业、护出行、治欠薪
——2024"春暖农民工"行动启动

范文 10.5

三行标题

亲商　护商　为商
福州全方位推进开放型经济
实际利用外资超过 80 亿美元 世界 500 强落户 31 家

②导语。导语是新闻的开头，一般来说，它是提炼新闻精髓并提示主题，以吸引读者阅读全文的第一句话或第一段话。有时一些新闻中也较常见两个以上的段落。因此，我们可以概括：导语是以凝练的形式、简洁的文字表述新闻中心内容的开头的一个单元或部分。

导语的关键是"导"字，它应当起到引导的作用，也就是说，它应当用简洁的语言，表达最主要、最新鲜、最吸引人的事实，给读者留下深刻的印象。因此，导语写作要求开门见山、中心突出、简明扼要、生动有趣。新闻稿的导语一般有以下几种写法。

a．直叙式。直叙式是一般新闻稿常用的导语写作方式，即把所要传播的信息中最重要的事实，用直叙的方式简明扼要地加以点出，以方便读者把握。

b．提问式。提问式是把新闻稿所要传播的最重要的信息，用提问的方式开头，并给予简单回答，以此来构成导语。这种方式容易引起人们的注意。

范文 10.6

最近市场上供应的酱油质量如何？质检专家告知：经检测，那些品牌酱油的质量均稳定可靠，可放心食用。

c．结论式。结论式是在导语中，把新闻稿所要传播的有关事件的最终结论先行点出，再在文章的主体中展开阐述。这种方式适用于一些带有研讨性质的活动（会议）的新闻报道。

范文 10.7

中国公关事业必须在全球化这一大背景下加快本土化进程，从而使公关研究、公关教育和公关实践都有一个质的飞跃——这是 ×× 月 ×× 日在上海兰生大酒店召开的"上海国际公共关系研讨会"上与会人员达成的共识。

d. 引语式。引语式是将新闻事件中某一重要人物的话语作为导语。通过这一人物的简要表述，指出所要传播的信息中最重要的事件。

范文 10.8

"亚太地区的经济发展近年来一直保持着旺盛的活力。其中，中国发挥了重要的作用。"这是联合国亚太经济社会委员会秘书长在有 30 个国家和地区参加的第 ×× 届亚太国际贸易博览会开幕式上透露的信息。

e. 描写式。描写式是一开始就对新闻事件发生的现场进行简洁、生动的描述，适当渲染气氛，以引起人们阅读的兴趣。这种方式适用于一些描述社会性大场面活动且篇幅较长的新闻稿。

范文 10.9

鲜花与彩旗共舞，欢迎四海宾朋莅临西藏的巨幅标语四处可见，浓郁的节日气氛把拉萨装扮得分外妖娆。9 月 1 日，世界屋脊迎来了盛大的节日——西藏自治区成立 ×× 周年。

③ 主体。主体是新闻的躯干或主干部分，也是新闻的展开部分。好的导语对下文的展开固然十分重要，但是如果仅有一个出色的提示了新闻主题的导语，而没有在主体部分用新鲜生动的材料来阐明和表现主题，这条新闻仍然不能算是一条好新闻。

一般来说，新闻主体应当具备以下两部分内容：一是对导语提出的重要事实、问题或观点进行具体的阐述或回答，使导语部分的内容借助一连串丰富的材料而得到进一步的说明和解释，使新闻诸要素更为明确和详尽；二是用附加的次要材料来补充导语中没有涉及的新闻内容，提供新闻背景，说明事件的来龙去脉，使新闻内容充实饱满，主题更加突出。

主体部分常见的结构形式有以下两种。

a. 以事件的重要程度为序组织材料。这种主体结构形式是常说的倒金字塔结构。这种写作方法，多用于动态新闻。所谓倒金字塔结构，就是大头在上面，小头在下面。具体来说，新闻稿应先把最重要、最新鲜的事件放在导语中，主体部分的内容则依照重要程度按递减的顺序来安排：较重要的材料往前放，较次要的往后放，最次要的放在最后面。这种叙述方式的优点是重点突出，阅读简便，同时便于编辑、修改稿件。

b. 以事件的时间先后为序组织材料。这种主体结构形式通常是按事件发生的时间顺序来组织材料，事件的开始是新闻稿的开头，事件的结束为新闻稿的结尾。这种结构形式比较适用于内容较为复杂但线条单一的新闻的写作，如报道节日游行盛况、一些重大事件、一场灾祸、一次球赛等。这种叙述方式的优点是能够清楚地反映新闻事件的来龙去脉和前因后果，

使人们对事件的全过程有一个完整的印象，符合一般读者的阅读习惯，在实际写作中也较容易掌握。

课堂讨论

一则完整的新闻稿由哪几部分构成？试着对收集的新闻稿进行分析。

（2）新闻稿的类型。按照写作特点，新闻稿可以分为四类：动态性新闻、经验性新闻、综合性新闻和评述性新闻。

① 动态性新闻。所谓动态性新闻，是指对新近发生或正在发生的事件和活动的报道。它重在揭示事物发展、变化的特征，用于反映社会生活中的新气象、新情况、新问题，是最基本、最常见的一种新闻报道形式。

② 经验性新闻。所谓经验性新闻，是指对一个社会组织乃至一个行业的先进经验、成功典型的报道。这类新闻往往偏重交代情况、介绍做法、反映变化与效果，较多提供背景材料，因而篇幅比其他类型的新闻稿要长一些。

③ 综合性新闻。所谓综合性新闻，是指把发生在不同地区或部门的性质相似又各具特点的事件综合起来，从不同侧面阐明一个共同的主题思想，反映一个时期内带有全局性的情况、成就、趋势或问题的报道。它纵览全局、报道面广、声势较大，给人以较为完整的印象。常见的综合性新闻有两种类型：一种是横断面的综合；另一种是纵深度的综合。

④ 评述性新闻。所谓评述性新闻，是指一种且述且评、夹叙夹议的新闻报道体裁。它在"用事实说话"，在报道具有普遍意义的新闻事实的基础上，结合形势和动向，对事实进行适当的分析、评述，揭示其本质意义，指明其发展趋势，以指导实际工作。

课堂讨论

收集一篇新闻稿，分析它属于哪种类型。

2. 新闻通讯

新闻通讯也是新闻媒介传播信息的基本文体之一。它的特点是通过对现实生活中有关事件和人物真实而详细的报道，生动、具体地传播某一方面信息，表现某一主题思想，从而给读者留下深刻的印象。

（1）新闻通讯的类型。

新闻通讯可以分为事件通讯、人物通讯、工作通讯。事件通讯指的是以记叙事件为主的通讯，这类通讯侧重较为生动地报道某一事件的详细过程，虽有人物出现并给予一定描述，但不着力刻画。人物通讯指的是以记叙和刻画人物为主的通讯，这类通讯侧重描写某一人物或人物群体，让读者对这一人物或人物群体的思想、行为有一直观感受。工作通讯指的是以反映综合性事件和经验为主的通讯，这类通讯往往以点带面，视野较为开阔，或提出一些问题，或总结一些带指导性的经验，有时近似于调查报告，但在文法上更为生动形象。

（2）新闻通讯的写作要点。

① 要认真把握素材，反复提炼主题。通讯面对的是事件的全部纷繁复杂的事实和素材，要求在生动描写的同时，尽可能表现出较为深刻的主题思想。这就需要写作人员认真把握原始素材，提炼出既富时代感又独到，并且有一定深度的思想内涵来。

②要精心构思,写好通讯的开头和结尾。新闻通讯是一种带有一定文学色彩的新闻体裁,讲究结构的完整合理,尤其注重开头和结尾。

③善于抓取和选择典型事件。这对一些以写人物为主的通讯和某些综合性的工作通讯来说尤其重要。

④通过生动的形象描绘来烘托事件和人物。新闻稿以叙述为主要手段,只需要把事件说清即可,一般不用生动描写。通讯则应该通过有关细节描写,生动形象地描绘人物,反映事件,以烘托气氛,增强感染力。

⑤注意叙述、描写、议论和抒情手法的有机结合。通讯的主要表现手法是叙述和描写,也可以穿插运用议论和抒情手法,以增强文章的思想性和感染力。

课堂讨论

如何才能写出一篇优秀的新闻通讯稿?

10.2.4　公共关系广告

1. 公共关系广告的含义

公共关系广告（简称公关广告）是公共关系实务活动中塑造组织形象、传递新信息的一种方式。它公开面向广大公众,具有传播性和告知性。它借助一定的媒介开展有计划的、非个体的活动,具有接受性和说服性。它融语言、文字、音乐、美术、摄影等于一体,具有综合性。它对传播信息、加速流通、认识与审美具有重要作用。公共关系广告常用的媒介有印刷媒介、电子媒介、物体媒介等。一般而言,公共关系广告侧重介绍、宣传社会组织的情况,树立其良好形象,提高其知名度和美誉度。公共关系广告与商业广告无论在构思创意、艺术表现,还是在传播方式等方面,差异都不大,不过认真考虑,还是有所不同的。

（1）广告目标不同。商业广告的目标是有效地传播商品信息,激发消费者的热情,获得直接经济利益。公共关系广告的目标则是向公众介绍组织的相关情况,如组织规模、资源状况、运营情况及发展前景等,争取公众对组织的关心、了解、赞许和合作。公共关系广告可以形象地称为"攻心广告"。

（2）广告作用不同。商业广告的作用是直接地、迅速地、及时地传播经济信息,而公共关系广告体现着组织的经营管理理念,在组织的经营管理中处于全局性、战略性的地位,贯穿经营管理的全过程。公众也通过这种广告认识组织。

（3）传播周期不同。商品具有时间性的特点,会影响商业广告的时效,因此商业广告的传播周期比较短。而公共关系广告旨在宣传、介绍组织本身,公众对组织的认识、接受需要经过较长的时间。因此,经常地、不间断地对组织进行广告宣传是唯一奏效的手段。

公共关系广告的含义（二维码 10-1）

扫一扫

二维码 10-1

课堂讨论

公共关系广告与一般商业广告有什么不同?

2. 公共关系广告的类型

公共关系广告因具体目标不同可分为不同的类型。

（1）企业广告。企业广告是以提高企业的知名度和树立良好形象为主要目标的广告。

任何企业都有一块招牌，它的名称（包括商标）和声誉如同企业的财产一样是企业存在的基石。从某种意义上说，招牌比财产更重要，没有财产，可以创造财产；招牌若倒了，企业的生命也就完结了。为此，许多企业家十分重视企业广告。比如，当你踏上北京车站地下通道时，迎面看到一则大型灯箱广告，上面写着"诸位旅途辛苦了，欢迎您到北京来"。这块广告牌在塑造北京车站的良好形象方面，立下了较大的功劳；北京牡丹电子集团与北京大栅栏电器商店联合举办"迎五一牡丹电视机技术咨询服务活动"等，这些都有助于组织树立良好的形象。

（2）响应广告。很多组织与社会各界都有密切的联系，一方面有需要各界广泛理解和支持的意愿，另一方面有希望通过一种途径向社会表达自己乐于支持政府和各界活动的意愿，因此产生了"响应广告"。其主要内容是对政府的某种活动或社会生活中的重大事件表示响应和支持。

常见的"响应广告"是祝贺广告。例如，某公司新开业，以同行的身份刊登广告致以热烈祝贺，这是表示愿意携手合作，共同繁荣，也是表示欢迎正当竞争。许多时候这类广告的做法是，向新开业单位赞助若干广告费，并在该单位的开业广告上署名祝贺，该单位通常也会以某种方式表达谢意。

祝贺广告对受贺方和祝贺方都有好处。受贺方可以极大地提高自己的知名度，有效地向社会显示自己的横向联系能力，从而含蓄地表现自己的光明前景，同时可节省一笔广告费用。至于祝贺方，虽说是出钱为别人做广告，但也不无裨益：首先可以借助这类广告，广结良缘，建立友善关系；其次可以提高声望。这对一个小型的或原先知名度甚低的企业来说，花不多的钱把名字登在报上是值得的。况且，若能多次以祝贺方的身份出现，那声名必定日渐远扬。

（3）倡议广告。倡议广告是以企业的名义率先发起某种社会活动，或提供某种有意义的新观念的广告。例如，"献给母亲节有奖征文启事"，每年5月第二个星期日是母亲节，《北京青年报》与中华乌鸡精厂决定共同举办"中华乌鸡精献给母亲节"有奖征文活动，讴歌无私的母爱，提倡尊重母亲。倡议广告一般来说要有明确的主题和目标，以表明企业对社会活动的关心、支持与积极参与的态度。

（4）致歉广告。致歉广告，顾名思义是表示歉意的广告。常见的致歉广告有两种。

① 向公众赔礼道歉的致歉广告。刊登这类广告往往是由于刊登者本身出现了差错，并且可能侵害了某些公众的利益。这类广告的制作没什么窍门，关键在于是否有勇气。不少企业明知做错了事，侵害了部分公众的利益，但怕事态扩大，自身形象受损，于是想方设法保全面子，遮盖真相，不敢主动认错，这种做法往往会适得其反。明智的做法是，除采取补救措施，如停产整顿、查办失职人员、向客户退赔损失等外，还应公开刊登广告赔礼道歉，这样才能挽回损失，重新树立自身的良好形象。

② 向公众排除误解的致歉广告。这类广告是以致歉的形式，向公众陈述事实，排除误解。例如，消费者手持劣质产品，上门责难，经核查发现责任不在于生产厂家或发现消费者手持的是假冒产品，这时应该怎么办？登报"严正声明"未尝不可，但从公关角度来看，用硬碰硬的"声明广告"不如改用语气谦和的致歉广告。1986年，山东一家洗衣机厂在收到许多顾

客的投诉后，立即派人调查，结果发现，导致洗衣机质量低劣的根本原因在于运输部门野蛮装卸。于是，该洗衣机厂在报纸上登了一则广告，称由于未能及时发现运输环节存在的问题，致使已损坏的产品到达顾客手里，为此深表歉意，并表示今后会尽力避免类似事故发生。这种主动从自己身上找原因并公开致歉的做法，同发表义正词严的声明相比，更能显示服务消费者的诚意。

（5）公益广告。公益广告是就某些行为、观念、道德或哲理向社会公众进行告知、提示、劝导和警示的社会性广告。其主要内容涉及社会的方方面面，如社会公德、文明礼貌、风俗习惯、生态环境保护、慈善救灾、交通安全、禁赌戒烟、防火防盗、心理教育、亲情友情等。

公益广告具有双重作用，对社会来说，其作用在于提高社会公民的素质，唤起社会公民对社会责任和社会问题的密切关注，以促进社会文明的进步和健康发展。例如："江河并非万古流，生命离不开水"；"还记得天空的颜色吗？保护环境，减少大气污染"；"知识的富有才是真正的富有"等。

另外，由于公益广告是社会良知的体现、社会进步的象征、社会文明的标志，因此它也可以给组织带来无法估量的社会效益。例如："夜深了，请您调低电视机音量，以免影响邻居休息"；"今天下雪路滑，保险公司提醒市民注意交通安全"等。这种细心、及时、真诚的提示，缩小了公众与组织之间的心理距离，显示了组织对公众的关心、爱护，获得了公众的认可。

公益广告成功的基础在于抓住公众的心理，研究公众的需要。例如，"曾几何时，我们奔波于事业，陶醉于爱情，却忽视了饱经沧桑的母亲。回家，哪怕打一个电话！"这则朴素的广告词，引起了忙碌于现代社会的人们对亲情的珍视，对家的思念，很容易使人们产生共鸣。

由于公益广告用极其凝练、富有艺术性的文字和创意性的画面与公众达成一种感情上的沟通和心理上的契合，因此很容易使公众对组织产生某种认同感，从而改善和强化公众对组织的印象，是社会组织树立形象、赢得公众信任和支持的一种有效手段。

3. 公共关系广告写作时应考虑的因素

（1）目标。写作人员必须清楚地了解所要达到的目标，而且必须是了解广告的单一目标而不是多重目标，广告中的一切都应该为目标服务。在编辑广告的时候，要去掉没有对目标进行深入发掘的词句或录像。

（2）事实。只有在对所有与事件有关的事实进行谨慎而全面的检查之后，你才能为广告选择出一个特定的目标，只有这样，你才能根据信息就你和竞争对手的优劣势做出有意义的判断，并且找到一个能利用你的优势或攻击对手劣势的广告目标。在公共关系广告文案写作中要严格遵循客观事实，语言表达精确、清晰，正确处理艺术表现与客观现实之间的关系。

（3）公众。在进行公共关系广告写作前，应该对目标受众的特性有全面的了解，知道他们的欲望、需求和价值观。

（4）媒体。在撰写公共关系广告前，必须清楚你在为哪个或哪些媒体写稿，首先要考虑的问题就是满足媒体的技术要求。一个为报纸准备的广告可能不符合杂志的要求，肯定也不符合电视台或互联网的要求。

课堂讨论

在写作公共关系广告时要考虑哪些因素？

4. 公共关系广告文案的写作艺术

广告短文案撰写（二维码 10-2）

扫一扫

二维码 10-2

公共关系广告文案一般由标题、正文、广告词和随文四个部分构成。

（1）标题。标题的拟写在公共关系广告文案的写作中有特殊的意义，公共关系广告的主旨体现在标题上。标题应当具备"立即引起注意"和"阅读向导"的功能，要能有效地抓住公众心理，使之关注，造成一种视觉冲击力，把广告主旨迅速传递给公众。例如，某化妆品公司的广告标题是"如何让45 岁以上的女人看上去更年轻"，某鲜奶广告的标题是"从中国台湾第一至世界金牌，统一鲜奶就是最好的鲜奶"。前者一下就能抓住读者的注意力，而后者以简洁的文字把产品的高品质、权威认证及企业的自豪感、荣誉感等主要信息都在标题中呈现出来。

根据写作形式，公共关系广告的标题可分为直接标题、间接标题和复合标题。直接标题要求把最重要的事实和情况，开门见山地公之于众，其优点在于简洁明了，不足之处在于信息传递过于直接，往往不能诱导公众阅读正文。间接标题不明确告知广告的主要信息或主题，采用含蓄、迂回的手段，巧妙地激发公众的阅读兴趣，使之关注正文，从而获取信息。复合标题一般由两个或两个以上标题构成，与多行新闻标题类似，在创意上往往将上述直接式和间接式两种类型的标题有机组合。

（2）正文。正文应当解释公共关系的主旨，向公众说明组织信息的细节。常见的公共关系广告写作体式有陈述体、说明体、论证体、文艺体。叙述是陈述体文案的主要表达方式，以陈述性的语言来介绍广告内容，有脉络清晰、交代明白、立见主干的特点。说明体文案旨在用说明的方法将广告内容介绍和解释清楚，往往给公众客观、实在的感觉。论证体文案主要展示有关权威的鉴定评价、获奖情况、典型用户的见证、典型的实例，以说明广告内容的真实性、可靠性。文艺体文案主要借助文艺的形式（如诗歌、散文、故事等形式）来表现广告内容，具有生动活泼、形象鲜明、感染力强的特点。

（3）广告词。广告词也可以说是广告口号，它是组织在广告运作中长期而反复使用的、简明扼要的、具有口号性质的、表现组织精神理念或商品特性的语句。广告词经反复宣传，便能不断地强化公众对组织形象及其品牌的印象。

广告词的语句一定要简短易记，朗朗上口。若广告词的语句过长，则难以记忆，进而难以广为流传。一般来说，广告词最好控制在 10 字之内，最长不宜超出 20 字，语言风格越趋向口语越佳。

（4）随文。随文又称附文、结尾语，是广告文案的结尾部分。随文中一般标出组织名称、地址、电话、网址、联系人员等信息。这一部分不是广告文案的必备部分，可以根据实际需要决定写或不写。

课堂讨论

谈一谈，公益广告文案与商业广告文案的区别。

端午节公益广告文案（二维码 10-3）

端午节小罐茶商业广告文案（二维码 10-4）

扫一扫

二维码 10-3

扫一扫

二维码 10-4

10.2.5　公共关系危机事件处理书

公共关系危机事件处理书是企业在面对公共关系危机时所采取的应对策略的文字材料。公共关系危机事件处理书通常包括背景介绍、主要问题、公众分析、传播渠道分析、应对计划与措施等内容。

范文 10.10

×× 制药集团处理危机事件的方案

A 制药集团于三年前开始生产镇痛剂 B，据估计，此药的使用者已超过 1500 万人。

某星期六的早晨，A 制药集团的总经理接到了集团的电话，得知 C 国发现七个人的死亡和自家生产的镇痛剂 B 有关。他决定立即收回 C 国市面上的镇痛剂 B，同时开展所谓与该药有关的死亡事件的调查工作。

A 制药集团的总经理需要立即决定是否也收回另一国家市场中的镇痛剂。他立即打电话和其他董事及公共关系部主任商量，最终决定在 C 国调查没有明确结果前，也收回另一国家市场中的镇痛剂。

公共关系部主任需要草拟一份"备忘录"（公关方面的应急方案），相关内容于次日早晨准备召开的全体董事紧急会议上讨论。

"备忘录"的基本内容如下。

致：总经理（执行董事），A 制药集团

自：公共关系部主任

事由：收回镇痛剂 B，在等待 C 国的调查结果时应采取的公关行动。

前言：A 制药集团决定立即收回另一国家市场中的镇痛剂 B，等待 C 国的调查结果。

一、情况

镇痛剂 B 销路很好，目前在另一国家使用者超过百万人。A 制药集团从事制造、包装和销售该药者为数不少。到目前 C 国有七人死亡和该药有关。据了解这只是暂时的消息，经调查后将会澄清。

二、问题

镇痛剂 B 多年来因品质优良、疗效可靠，声誉很好。A 制药集团在此次危机中一定要维持企业的信誉，要给公众留下以行动负责和关心消费者利益的印象。问题是必须采取行动尽量降低 A 制药集团的信誉受损程度，绝对不能使危机成为丑闻。

三、目的

该药极可能再次推入市场，因此一切有关的报道必须真实，必须让公众知道本集团完全可靠。我们的目的是维护本集团品质优良、疗效可靠的声誉。

四、公众对象

主要公众对象有制药工人、推销人员、医师、用药者、集团股东和医药卫生部。

五、信息

本集团要传播给公众的信息主要是多年来，本集团认真努力生产和销售各种药品，对减轻患者的痛苦贡献不小。本集团十分负责任，关心人民，将获利放在次要地位，并且已经收回市面上的镇痛剂 B。

同时，对制药工人的未来要提出保障——但不可提出不能兑现的诺言（镇痛剂 B 可能停止供应，要向工人说明事实）。

六、传播信息

对医院、医师、药剂师采用发送电子邮件的形式通知；对地区销售经理电话通知，由他们召开推销人员紧急会议，会议中可分发文件。

对制药工人也可召开会议说明情况，分发合适的文件。

对消费者（用药者）用报纸、广播传播信息。

对股东及股票持有人除通过大众传播渠道外，还可将信件寄去。

对相关医药卫生部门可直接用电话通知。

集团方面对上述公众提出的问题要乐于回答。要指定一位熟悉全部问题的发言人，随时解答疑问。电话接线员要了解情况，能应付询问，特别是媒体的询问。

七、工作计划

1．所有信件要在未来 24 小时内寄出。

2．召开针对推销人员及制药工人的会议时，所需文件一定要在会议中分发。

3．推销人员要在次日早晨开会，尽快通知，对不能赶来开会的人员尽快邮寄去有关资料，并在电话中详细说明情况。

4．针对制药工人的会议可在次日早晨召开，不能放任谣言传播。

5．本集团任何人均不得和传播媒介直接谈话，但是应该有一个完整的声明，要在明日正午前传播，使明天晚报可以发表，而后天可见于各发行的报上。本集团在实施此工作计划时要始终传达乐于合作的态度，要采取完全公开事实的策略。

6．评估。报纸发行后就可以知道公众的初步反应。现在最好等待星期二各国报纸刊出全部声明后再进行估计。

7．修改。我们要准备以本计划工作所得结果的评估为依据来考虑如何对本集团持续进行的公共关系活动加以改进。

八、结论

董事会应将本方案作为十分紧急的文件加以考虑。要使本集团维持负责任、关爱消费者的声誉，就必须立即采取行动。现阶段很难预测镇痛剂 B 将来能否再推入市场。无论日后如何决定，都要谨慎地实施本公共关系工作计划。

课堂讨论

结合范文，谈一谈公共关系危机事件处理书的内容。

10.3 公共关系礼仪类文书的写作

10.3.1 公共关系柬帖

柬帖是公共关系信件、名片、帖子的统称，公共关系柬帖是一种简便、亲切、自然的沟通形式和礼貌的传播、交际工具，是组织在公共关系活动中最常用的文书。作为日常社交和公共关系活动中经常使用的沟通媒介，它可以向公众迅速、简洁地传递信息、通报事务、表达情感，因此是一种不可或缺、十分方便的联络工具。

公共关系柬帖不同于普通信函和通知，它比普通信函更庄重、更正式，对传播对象也更礼貌、亲切和尊重。一般来说，只有在重大活动或节庆、会议等场合才使用柬帖。公共关系柬帖常用的形式有请柬、邀请函。

1. 请柬

请柬又称"请帖"，是邀请某人、某单位参加某项活动的专用文书，多用于重要的庆典宴请活动，或者特别的集会、聚会，多数使用统一印制、美观大方的现成式样。使用时根据需要填写：被邀请单位或个人的名称或姓名，与会时间、地点、会议内容、安排、敬语，发文单位、日期。用于个人活动的，可以用书信的方式邀请对方，打印或手写均可。请柬不仅要交代各项事宜，以利于对方准时参加活动，还要表示诚意与热情，使对方乐于接受。

一份规范的请柬一般由封面和内页（正文）两部分组成。特制的专门请柬的封面，一般应写明是什么活动（会议、宴请）的请柬，如范文 10.11 所示。若社会组织为控制成本，一次印制较多请柬以供多个不同的活动所用，也可只写"请柬"二字，在相应部位可配上组织的标识。

请柬的内页（正文）可以有两种撰写方式，如范文 10.12 和范文 10.13 所示。

范文 10.11

第三届中国—中东欧国家博览会
暨国际消费品博览会开幕仪式
请　柬

范文 10.12

请　柬

尊敬的 ××× 先生／女士：

第三届中国-中东欧国家博览会暨国际消费品博览会开幕仪式定于2023年5月16日（星期二）上午9:30在宁波国际会展中心（宁波市鄞州区会展路181号）举行。诚邀您届时莅临指导。

第三届中国-中东欧国家博览会组委会

2023年4月

（敬请持本请柬的贵宾于上午9:00准时到宁波国际会展中心贵宾休息室签到）

范文 10.13

请　柬

诚邀您出席第三届中国-中东欧国家博览会

暨国际消费品博览会

开　幕　仪　式

时间：2023年5月16日（星期二）

上午9:30

地点：宁波市鄞州区会展路181号

宁波国际会展中心

第三届中国-中东欧国家博览会组委会

2023年4月

（敬请持本请柬的贵宾于上午9:00准时到会展中心贵宾休息室签到）

范文10.12与范文10.13的撰写方式的区别如下。

第一种方式顶格书写被邀请者的姓名和称谓。在被邀请者不是很多的情况下，采用这种方式既体现了对被邀请者的尊重，又便于在活动过程中了解被邀请者的实际出席人数。但在被邀请者较多且具体出席对象不是很确定的情况下，这种方式在操作上难度较大。

第二种方式则解决了这一难题，即请柬上仅表示邀请意向，而不书写被邀请者的姓名和称谓。这就具有了较大的灵活性。

不管采用哪种方式，请柬正文都必须写明邀请意向，活动的内容、时间、地点及提醒被邀请者注意的事项，尤其应注意以下几点。

（1）活动的时间必须根据各种因素设定，撰写时做到准确无误。凡在日期后面加注"星期×"的（这是请柬的规范写法），应认真核对，以确保与日期相对应。

（2）活动的地点，除必须写明具体场所（如××宾馆×楼的×厅）外，还应当注明这一场所所在的建筑物的具体地址（如××路×号）。

（3）在请柬上注明一些需要提醒请被邀请者注意的事项。这类注意事项一般包括签到、着装、就座、人数限制和资料（礼品）领取等，可视不同场合不同需要而定。

（4）在请柬的结尾，一般应写上"敬请光临"之类的礼貌用语，并注上发出邀请的社会组织的全称和发出邀请的时间。

2. 邀请函

请柬作为对客人发出邀请的一种专用函件，虽然规格颇高，但因其内页篇幅有限，所以正文部分除写明邀请的意向，活动的内容、时间、地点及提醒被邀请者注意的事项外，不可能对活动的内容做进一步的介绍。有些时候由于对活动内容及主办者缺乏了解，许多人可能会不参加。在这种情况下，就需要用到邀请函。

邀请函作为对客人发出邀请的另一种专用函件，一般用 A4 纸打印，可套色，也可单色，外观形式上虽不如请柬考究，但邀请函最大的优点是有足够的篇幅，可对一次活动的背景情况、具体内容及规模和形式等方面进行较为详尽的介绍与说明，从而引起被邀请者的关注，如范文 10.14 所示。

范文 10.14

第三届中国-中东欧国家博览会暨国际消费品博览会开幕仪式

尊敬的 ××× 先生：

您好！

第三届全国电子产品展销会暨国际消费品博览会开幕仪式，定于 2023 年 5 月 16 日至 20 日在宁波国际会展中心举行。本届博览会为期五天，首次使用新场馆，400 多家境外展商参展，展品涵盖六大品类，展品数量超过 5000 种，重点聚焦中东欧国家农产品、食品和特色消费品。中国－中东欧国家博览会暨国际消费品博览会，按照推动"形成全方位、多层次、宽领域的全面开放新格局"的要求和开放创新、求实共赢、安全节俭的原则，统筹全省各市、各有关部门工作资源，加强与国际专业机构合作，创新办会模式，举办会议论坛、经贸洽谈、贸易展览、人文交流等系列活动。受本届展会组委会委托，特邀请您出席定于 2023 年 5 月 16 日上午 9:30 在宁波国际会展中心（宁波市鄞州区会展路 181 号）举行的第三届中国－中东欧国家博览会暨国际消费品博览会，并参观指导。敬请您准时莅临。

本次活动记者签到时间和地点：2023 年 5 月 16 日上午 9:15—9:30。

宁波国家会展中心东馆正门南侧签到处。

谢谢您的支持与合作。

宁波 ×× 公共关系有限公司

2023 年 4 月 25 日

如有垂询，敬请与本公司下列人员联系。

××× 女士　电话：×××××××

××× 先生　电话：××××××× 转 ××× 分机

10.3.2　公共关系发言稿

公共关系发言稿一般包括公共关系致辞和公共关系演说稿。

1. 公共关系致辞

在公共关系活动中，许多迎来送往的场合需要有关人员致辞。常见的公共关系致辞有欢迎词、欢送词、祝贺词和答谢词等。这类致辞一般由标题、称呼和正文三部分组成，详见范文 10.15、范文 10.16 和范文 10.17。

（1）标题。标题的写法：一种是只写"欢迎词""欢送词""祝贺词""答谢词"即可；另一种是在"欢迎词""欢送词""祝贺词""答谢词"前加上一定的修饰限定词语。

（2）称呼。标题的下一行顶格写致辞对象的称呼，称呼后加冒号。称呼要用尊称，一般在称呼前加上表示敬意、亲切的修饰语，如"尊敬的""敬爱的""亲爱的"等。在被称呼者的姓名后加上职务。称呼对方单位名称或个人姓名时必须用全称，不得用简称。

（3）正文。正文包括开头、主体、结尾三部分。开头应表明这一致辞的主旨。主体部分则是结合活动的特定内容和出席对象的具体情况，围绕致辞的主旨进行适当阐述。结尾比较简单，一般是向致辞对象表示祝愿、祝福或希望。

范文 10.15

欢 迎 词

尊敬的来宾，女士们、先生们：

值此 ×× 厂 30 周年厂庆之际，请允许我代表 ×× 厂，并以我个人的名义，向远道而来的贵宾们表示热烈的欢迎。

朋友们不顾路途遥远专程而来贺喜并洽谈贸易合作事宜，为我厂 30 周年厂庆增添了一份喜庆……

在此，我再次向朋友们表示热烈欢迎，并希望能与朋友们密切协作，发展相互间的友好合作关系。

"有朋自远方来，不亦乐乎。"在此新朋老友相会之际，我提议：

为今后我们之间的进一步合作，

为我们之间日益增进的友谊，

为朋友们的健康幸福，

干杯！

范文 10.16

祝 贺 词

×× 厂：

首先，请允许我代表 ×× 公司全体员工，并以我个人的名义，向贵厂成立 10 周年表示诚挚的祝贺！

贵厂技术力量雄厚，已建成年产 × 万米的 ××× 生产线，现已生产 30 多种适销对路的产品，×××× 年晋升为国家一级企业，贵厂成绩卓越，经济高速发展……

贵厂成立 10 年，取得了辉煌的成就，为繁荣我国经济做出了贡献，可喜可贺。

最后，祝愿贵厂更加兴旺发达！

范文 10.17

答 谢 词

尊敬的 ××× 先生，尊敬的 ×× 集团公司的朋友们：

首先，请允许我代表 ×× 代表团全体成员对 ××× 先生及 ×× 集团公司对我们的盛情接待表示衷心的感谢。

我们一行五人代表××公司首次来贵地访问，此次来访时间虽短，但收获颇丰。仅三天时间，我们对贵地的电子业有了比较全面的了解，与贵公司建立了友好的技术合作关系，并成功地洽谈了××电子技术合作事宜。这一切得益于贵公司的真诚合作和大力支持。对此，我们表示衷心的感谢。

......

最后，我代表××公司再次向××集团公司表示感谢，并祝贵公司迅猛发展，再创奇迹。我希望彼此继续加强合作，共创美好的明天。

再见了，亲爱的朋友们！

2. 公共关系演说稿

撰写公共关系演说稿是公共关系人员日常承担的工作之一。演说稿和致辞相似的地方在于，二者都是在一定的场合、面对特定的公众所发表的讲话。但相比之下，致辞主要用在一些礼仪场合，主要用来表达某种情感和意愿；演说则较多地用在展示性的场合，主要用来宣传某一观点、树立某一形象。

在撰写公共关系演说稿时，应注意把握以下几点。

（1）标题。通常演说稿的标题为"在××场合的演说"，以免和其他演说稿相混，但在实际演说时不必照背照念。

（2）称呼。演说稿的称呼，一般情况下，可以对这一活动的主持人特别提出加以称呼，而对在座领导不必如此，即以"尊敬的×××先生（女士、小姐）"称呼主持人，再以"尊敬的各位领导、女士们、先生们、朋友们"这些泛称涵盖所有在场人员。如果演说的场合并无明确的主持人，则可以省略对主持人的称呼。在某些比较随意的场合，只需要简单地称呼"各位朋友"。

（3）正文。演说稿的正文分为三部分，即开场白、主体和收尾。

演说稿的开场白事关能否马上吸引听众的注意力，但一般字数不多。在撰写时，一般可采用下列几种方式：一是开门见山，直奔主题，一般用于比较正式的场合；二是先做简单的自我介绍，让人们对自己产生兴趣；三是由某一看似不相干的话题切入，激发人们的好奇心；四是抓住现场情境，即兴发挥，适当调侃，活跃气氛。

演说稿的主体部分是整篇演说的核心部分。主体部分的撰写，根据内容需要和具体场合、听众的不同，可有各种方式，但不管用什么样的方式，有三点是必须注意的：一是要突出演说主题，不在次要问题上多做解释和说明；二是逻辑严密，结构紧凑，围绕主题层层推进，具有较强的说服力；三是表述通俗流畅，力求口语化。

演说稿的收尾部分，一般有下列几种方式：一是概括演说的主题，加深听众的印象；二是提出希望或发出倡议，激发听众的热情；三是提出一个或几个问题，让人感到意味深长，意犹未尽。这几种方式可以根据不同情况灵活运用。但都应注意，收尾应尽可能干脆利落，不拖泥带水。

10.3.3 公共关系书信

公共关系书信是在公共关系活动中使用的一种书信体的礼仪类文书。

1. 贺信

贺信是表示祝贺的专用书信。贺信既可以宣读，也可以通过邮寄送达对方。

贺信的写作格式与一般书信大致相同，由标题、称谓、正文、结语、落款几部分组成。写作要求内容切合具体的祝贺情境，感情真挚，喜庆色彩浓郁。贺信以书面表达为主，语言力求简练、明快、生动、流畅，恰当地使用对偶、比喻等修辞手法，使贺信显得优美文雅。

范文 10.18

贺　信

××计算机公司：

贵公司落成开业，是商界也是企业界的一件大喜事。在此谨向你们致以热烈的祝贺！

贵公司拥有一支由软件专家组成的庞大队伍，技术力量相当雄厚，必定能够开发出具有竞争力的软件系统。对于满足用户的需求，活跃我国的计算机市场，定会起到重要作用。

祝贵公司开业大吉，宏图大展！

××公司全体员工
××××年××月××日

2. 感谢信

感谢信是一种礼仪文书，用于商务活动的许多非协议的合同中，一方受惠于另一方，应及时表达谢意，使对方在付出劳动后得到心理上的满足，它是一种不可少的公共关系手段。

感谢信在写作时应篇幅简短，200 字左右即可；把对方给你带来的好处都写清楚，不要含糊其词；表示感谢的话要合乎商家往来习惯，语气不应过于卑怯。

范文 10.19

感　谢　信

江苏××电缆有限公司于××××年××月××日在南京举行隆重的开业典礼，此间收到全国各地许多同行、用户及外国公司的贺电、贺函和贺礼。上级机关及全国各地单位的领导，世界各地的贵宾，国内著名的电缆线路专家等亲临参加庆典，寄予我公司厚望，在此一并致谢，并愿一如既往地与各方加强联系，进行更广泛、更友好的合作。

江苏××电缆有限公司
董事长：×××
总经理：×××
××××年××月××日

项目训练一：新闻稿撰写训练

任务编号：10-1	小组成员：
任务描述：为一则校园新闻撰写一篇新闻稿。	
实施步骤： 1．搜索校园新闻稿范例； 2．组员一同分析范例； 3．拟写校园新闻稿正文。	
任务成果展示：	

项目训练二：拟写宣传广告词

任务编号：10-2	小组成员：

任务描述：假如你所在的学校要扩大招生，学校为此要做广告，宣传学校形象，请你为学校拟写宣传广告词。

实施步骤：

1．搜索校园宣传广告范例；

2．组员一同分析校园宣传广告范例；

3．拟写你所在学校的宣传广告词。

任务成果展示：

项目训练三：拟写领导欢迎词

任务编号：10-3	小组成员：
任务描述：为你所在地的文化节或其他重大活动拟写领导欢迎词。	

实施步骤：

1. 搜索领导欢迎词范例；

2. 组员一同分享领导欢迎词范例；

3. 拟写领导欢迎词。

任务成果展示：

项目训练四：演讲稿撰写及演讲训练

任务编号：10-4	小组成员：

任务描述：联系自己的大学生活，准备一份演讲稿，并在班上进行演讲。

实施步骤：

1. 搜索演讲稿范例；

2. 组员一同分析演讲稿范例；

3. 拟写演讲稿并演讲。

任务成果展示：

【思政探讨】

一、党的二十大精神进课堂

1. 党的二十大精神学习。

《中共中央关于认真学习宣传贯彻党的二十大精神的决定》提出："牢牢把握正确导向。要坚持团结稳定鼓劲、正面宣传为主，弘扬主旋律、传播正能量，巩固壮大主流思想舆论，着力用党的二十大精神统一思想、凝聚力量。要严格按照党中央精神全面准确开展宣传，把准方向、把牢导向，牢牢把握宣传引导的主导权、话语权。要加强对热点敏感问题的阐释引导，全面客观、严谨稳妥，解疑释惑、疏导情绪，最大限度凝聚社会共识。要落实意识形态工作责任制，按照谁主管谁负责和属地管理原则，切实加强对各类宣传文化阵地的管理，防止错误思想言论和有害信息传播。"

2. 在公共关系文书的撰写过程中，如何把握正确的政治方向？

二、思政素养探讨

1. 在撰写请柬时，如何做到尊重他人？请举例说明。
2. 在撰写新闻稿时，如何保证时效性和真实性？请举例说明。
3. 我们可以通过哪些方式提高发现问题和解决问题的能力？

【本项目小结】

公共关系文书是为实现公共关系目的和开展公共关系活动而制作、使用的各种书面材料。公共关系文书的特点是鲜明的目的性、反映的客观性、传播的主动性、很强的针对性。公共关系文书的写作要求有沟通性、竞争性、时效性、务实性、可信性、简洁性、规范性、精美性、准确性等。

公共关系事务类文书包括公共关系企划书、公共关系简报、公共关系新闻稿、公共关系广告、公共关系危机事件处理书等。

公共关系企划书是企业系统地、科学地策划公共关系活动时使用的书面材料。公共关系企划书通常涉及活动主题、活动目标、综合分析、活动程序、传播与沟通方案、经费预算等。

公共关系简报是机关团体组织内部交流、汇报情况的文字材料或刊物，包括工作简报、信息简报、会议简报、动态简报等。动态、简讯、内部参考等都属于简报的范畴。

新闻稿是组织公共关系人员撰写的以目标受众为宣传对象的文字作品，包括提供给媒介

的消息和通讯。新闻稿一般由标题、导语和主体组成。

公共关系广告是公共关系实务活动中塑造组织形象、传递新信息的一种方式。公共关系广告文案一般由标题、正文、广告词和随文四个部分构成。

公共关系危机事件处理书是企业在面对公共关系危机时所采取的应对策略的文字材料。公共关系危机事件处理书通常包括背景介绍、主要问题、公众分析、传播渠道分析、应对计划与措施等内容。

公共关系礼仪类文书包括公共关系柬帖、公共关系发言稿、公共关系书信等。

公共关系柬帖是一种简便、亲切、自然的沟通形式和礼貌的传播、交际工具，是组织在公共关系活动中最常用的文书。柬帖常用的形式有请柬、邀请函。

公共关系发言稿一般包括公共关系致辞和公共关系演说稿。常见的公共关系致辞有欢迎词、欢送词、祝贺词和答谢词等，一般由标题、称呼和正文三部分组成。演说稿的正文分为三部分，即开场白、主体和收尾。

【延伸练习】

一、选择题

1. （　　　）是组织公共关系人员撰写的以目标受众为宣传对象的文字作品。
A．公共关系简报　　　　　　　B．公共关系广告　　　　　　　C．公共关系新闻稿
2. 对新近发生或正在发生的事件和活动的报道称为（　　　　）。
A．动态性新闻　　　　　　　　B．经验性新闻　　　　　　　　C．评述性新闻
3. 以企业的名义率先发起某种社会活动，或提供某种有意义的新观念的广告称为（　　　）。
A．企业广告　　　　　　　　　B．倡议广告　　　　　　　　　C．公益广告
4. 公共关系简报的写作应采用（　　　　）。
A．第一人称　　　　　　　　　B．第二人称　　　　　　　　　C．第三人称

二、填空题

1. 公共关系文书的特点包括鲜明的目的性、＿＿＿＿＿＿、＿＿＿＿＿＿、＿＿＿＿＿＿。
2. 新闻稿的导语一般有＿＿＿＿＿、＿＿＿＿＿、＿＿＿＿＿、引语式、描写式等写法。
3. 公共关系广告与商业广告相比有＿＿＿＿＿、＿＿＿＿＿、＿＿＿＿＿三方面的不同。
4. 常见的公共关系致辞有＿＿＿＿＿、＿＿＿＿＿、＿＿＿＿＿和答谢词等。

三、简答题

1. 简述公共关系企划书通常应明确的内容。
2. 简述一篇新闻稿通常应包含的基本要素。
3. 简述新闻通讯的写作要点。
4. 简述撰写演说稿的开场白可采用的方式。

【延伸阅读】

企业新闻稿，长还是短？（二维码 10-5）

扫一扫

二维码 10-5